珍藏本
纪念版

汉译世界学术名著丛书

十九世纪欧洲史

〔意〕克罗齐 著

田时纲 译

2017年·北京

Benedetto Croce
STORIA D'EUROPA NEL SECOLO DECIMONONO
根据 Editori Laterza 1981 年版译出

汉译世界学术名著丛书
（120 年纪念版·珍藏本）
出 版 说 明

2017 年 2 月 11 日，商务印书馆迎来 120 岁的生日。120 年前，商务印书馆前贤怀揣文化救国的理想，抱持"昌明教育，开启民智"的使命，立足本土，放眼寰宇，以出版为津梁，沟通中西，为中国、为世界提供最富智慧的思想文化成果。无论世事白云苍狗，潮流左右激荡，甚至战火硝烟弥漫，始终践行学术报国之志，无改初心。

迻译世界各国学术名著，即其一端。早在 20 世纪初年便出版《原富》《天演论》等影响至今的代表性著作，1950 年代后更致力于外国哲学和社会科学经典的译介，及至 1980 年代，辑为"汉译世界学术名著丛书"，汇涓为流，蔚为大观。丛书自 1981 年开始出版，历时三十余年，迄今已推出七百种，是我国现代出版史上规模最大、最为重要的学术翻译工程。

丛书所选之书，立场观点不囿于一派，学科领域不限于一门，皆为文明开启以来，各时代、各国家、各民族的思想与文化精粹，代表着人类已经到达过的精神境界。丛书系统译介世界学术经典，引领时代思想，为本土原创学术的发展提供丰富的文化滋养，为推动中国现代学术和现代化进程做出了突出的贡献。

为纪念商务印书馆成立120周年，我们整体推出“汉译世界学术名著丛书”120年纪念版的珍藏本，寄望既利于文化积累，又便于研读查考，同时向长期支持丛书出版的译者、编者和读者致以敬意。

两甲子后的今天，商务印书馆又站在了一个新的历史时间节点上。我们不仅要铭记先辈的身影和足迹，更须让我们的步伐充满新的时代精神。这是商务人代代相传的事业，更是与国家和民族的命运始终紧密相连的事业。我们责无旁贷，必须做好我们这代人的传承与创造，让我们的努力和成果不仅凝聚成民族文化的记忆，还能成为后来人可以接续的事业。唯此，才能不负前贤，无愧来者。

商务印书馆编辑部

2017年10月

译　序

贝内德托·克罗齐(Benedetto Croce,1866—1952年)是20世纪意大利著名哲学家、美学家、文学批评家、政治家,更是享誉西方的历史学家和史学理论家。

1866年2月25日,克罗齐出生在阿奎拉的贝斯卡塞罗里的名门望族,从祖父那代起家族迁居那不勒斯。早在少年时代,克罗齐就显露出对历史书籍的兴趣。17岁时,突发的地震夺去其双亲和姐姐的生命,他受了重伤;后移居罗马寄养在堂叔、著名自由派政治家斯帕文塔家中。到罗马的最初数月,因失去亲人、病痛折磨、前途未卜,常常夜晚蒙头大睡,清晨不起,甚至萌生自杀的念头。但他很快克服精神危机,到罗马大学法律系注册,他并不专注听课,也不参加考试,而是去图书馆博览群书,研究自己喜欢的题目。

20岁时,克罗齐离开罗马重返那不勒斯并在那里定居,立即开始历史研究。26岁时已完成《1799年的那不勒斯革命》、《那不勒斯的历史与传说》、《巴罗克时代的意大利》等历史学著作。但勇于探索的克罗齐对取得成绩并不满足,他通过对维科《新科学》的研读,眼界开阔、认识深化,对当时学术界盛行的实证主义思潮特别反感,决心粉碎“实证主义坚冰”。27岁时,他在彭塔亚纳学院

宣读题为《艺术普遍概念下的历史》的论文，这标志其历史理论研究的开始。

从此，克罗齐对历史和史学的研究从未中断。他历史研究的领域十分广泛，既有本国史（那不勒斯王国史、意大利史），又有外国史（西班牙史、欧洲史）；既有当代史，又有近代史（文艺复兴、巴罗克、19 世纪）；既有政治-伦理史，又有史学史、美学史、文学史、戏剧史。他广泛深入研究了历史和史学的许多重大问题，诸如历史的当代性，历史著作的历史性、真实性、统一性，史学同哲学、文学、政治、道德的关系。克罗齐在史学理论和历史研究的两个领域均做出独特贡献。

正是在法西斯统治时期，随着将哲学思想同政治史、文学史的不断结合，克罗齐极大地丰富了哲学思想；尤其深化了历史理论问题，他逐渐认清它们就是哲学问题。起初克罗齐把历史学作为其精神哲学的终点，继而把自己的哲学称作历史方法论、绝对历史主义。虽然克罗齐是个书斋学者，但他有着强烈的社会责任感和使命感，在历史的紧要关头从不退缩。1925 年 5 月 1 日，由克罗齐撰写的《反法西斯知识分子宣言》在《世界报》上发表。这令墨索里尼大为恼火，先是对克罗齐进行诬蔑，继而游说拉拢，最后派匪徒捣乱并监视、跟踪，把克罗齐排除在学术团体和公众活动之外。但在近 20 年中克罗齐始终未向墨索里尼低头，他成为意大利知识界反法西斯的精神领袖，他用自己的历史著作及哲学著作同法西斯作战。在法西斯倒台后，他积极参与意大利共和国创建和宪法起草等政治活动。1947 年后，克罗齐把主要精力转向学术研究。他先是在那不勒斯创建意大利历史研究所，后辞去自由党主席职务。

1950 年 2 月，他右半边身子麻痹。他预感到所剩时日不多，于是加紧整理未发表的文稿，并决定将他的私人图书馆（意大利藏书最丰富的私人图书馆）捐赠给意大利历史研究所。1952 年 11 月 20 日，克罗齐与世长辞，享年 86 岁。

在克罗齐的众多史学著作中，以史学三部曲——《那不勒斯王国史》、《1871—1915 年意大利史》和《十九世纪欧洲史》最为著名，而《十九世纪欧洲史》是其代表作。

《十九世纪欧洲史》成书于 1931 年，题献给他的德国挚友、著名文学家托马斯·曼，卷首献词引用但丁《神曲·地狱篇》第 23 首歌“此时你的思想进入我的思想，带有同样的行动和同样的面貌，使得我把二者构成同一个决定”。《十九世纪欧洲史》叙述并分析了从 1815 年（拿破仑滑铁卢战败后）至 1914 年（第一次世界大战爆发前）的欧洲（主要是西欧）百年历史。全书共分 10 章，前 3 章可视为导言——“自由的宗教”，“对立的宗教信仰”，“浪漫主义”；在后 7 章，克罗齐把百年历史分成 5 个历史时期——1815—1830 年，1830—1847 年，1848—1851 年，1851—1870 年，1871—1914 年。

时隔 70 多年，今天的读者仍会饶有兴趣地阅读此书，这不仅因为行文流畅、语言生动（克罗齐是继伽利略之后的另一位意大利科学散文大师），更由于某些精辟见解仍能发人深省。诸如：他把浪漫主义区分为理论与思辨的浪漫主义和实践领域的浪漫主义——情感与道德的浪漫主义，前者闪烁真理光芒，后者表现为“世纪病”。他对共产主义的看法同资产阶级政客相比判若云泥——只要共产主义同私人经济利益作斗争并有利于公共利益，

只要它能使排除在政治之外的社会阶级的任何政治理想活跃，唤醒它们并用纪律约束它们，还进行共产主义教育，它就仍能证明自己的优越性，从而摒弃它或希望它在世界上不存在都是愚不可及的。他对罗马天主教会反动本质认识入木三分——文艺复兴和宗教改革标志作为精神力量的罗马天主教的内在衰落，反宗教改革、尤其是19世纪自由主义运动加速这种衰落。即使罗马天主教会肉体得救，灵魂也未得救，它从事的是政治事业而不再是宗教事业。在支持保守和反动政权方面政治天主教起着举足轻重的作用。对平民、尤其对乡村平民它能煽动起暴动。他对自由主义同民主主义的相似性与差异性的独特分析——它们共同反对教权主义和专制主义，共同要求个人自由、公民平等、政治平等和人民主权；但在相似性中隐藏着差异性，自由派和民主派对个人、平等、主权、人民的理解完全不同。他对“自由体制国家”间分歧的看法颇具现实性——它们的分歧是次要的，是策略和方式上的，在根本利益上没有原则分歧。他对建立国家联合体的预见颇具前瞻性——由于更宽泛的民族意识的形成，譬如欧洲意识，各个民族国家将建立多民族国家或国家联合体。

作为自由主义思想家，克罗齐对欧洲“自由体制国家”在非洲和亚洲的殖民扩张轻描淡写，一笔带过，因为这是个难以解释的矛盾（以自由标榜的欧洲国家用暴力剥夺非洲和亚洲民族的自由）。但他毕竟承认扩张过程极端残酷，征服者和传教士紧密勾结，征服者惯于用未来福祉进行辩解。而当他称非洲和亚洲被侵略被压迫民族为野蛮或处于低级文明民族时，显现出其阶级局限性。

毋庸讳言，克罗齐的历史观是唯心主义的，他认为归根结底历史是精神的运动、发展过程。他甚至说过“历史是历史判断”,历史的主词是文化、自由、进步等概念。

然而,作为历史学家,克罗齐毕竟为后人留下浩瀚的社会史、文化史著作。克罗齐以其深刻的思想、渊博的知识、翔实可靠的史料及清新自然的文体,为西方史学的发展做出重要贡献。作为哲学家和史学理论家,克罗齐对传统史学种种弊端的敏锐洞察,对历史研究中“客观性”、“文献性”、“诗性”、“实用性”、“倾向性”的有力批判,对历史编纂学自身规律及其历史的关注,在西方史学界产生过深远影响。英国历史学家柯林武德受到克罗齐的明显影响,他的“一切历史都是思想史”可视为对克罗齐的“一切历史都是当代史”的引申。美国历史学家帕尔默和科尔顿将19世纪浪漫主义思潮划分为文学艺术的浪漫主义和政治的浪漫主义显然受到克罗齐的启发;他们对19世纪共产主义的认识与评价也同克罗齐大同小异。20世纪90年代出版的《新编剑桥世界近代史》一再引述克罗齐的观点,比如“克罗齐把1871年到1914年这个时期称作‘自由主义时代’。从这个时期的公众生活以及政治和社会制度充满着自由主义思想这个意义来说,‘自由主义时代’一词是适用的……”。

田时纲

2004年11月于那不勒斯

献给托马斯·曼

此时你的思想进入我的思想，
带有同样的行动和同样的面貌，
使得我把二者构成同一个决定。

——但丁,《神曲·地狱篇》第 23 首,第 28—30 行

目　　录

第一章　自由的宗教

当拿破仑冒险事业终结、那位天才暴君从其占据的整个舞台消逝后，其战胜者意见一致或竭力相互一致并达成协议，通过复辟旧政权和适时重新调整版图，以给予欧洲一个稳定形势，代替法兰西民族帝国相当持续但动荡不已的状态——在一切民族那里燃起希望之火并响起要求独立与自由的呼声。这种要求越是遭到拒绝和迫害，就变得越强烈和急不可耐；在屡遭绝望和失败后，希望迅速复苏，意志更加坚定。

在德国、意大利、波兰、比利时和希腊，在遥远的拉丁美洲殖民地，被压迫民族奋起反抗外国统治者和保护者；或被肢解的民族奋起，靠征服、谈判、王室家族的遗产权利，强行同民族同源、形态相同的国家实现政治统一；或被分裂为许多小国的民族，因如此破碎，同其他统一的大民族相比，感到它们在世界共同生活中理应担当的角色被阻碍、被减弱、被取消，它们的尊严受到侮辱。在那些或其他民族那里，需要司法保障，需要凭借新型或革新的代议制参与行政管理和统治，需要公民根据特殊经济、社会和政治利益结成不同的社团，需要借助新闻公开讨论“宪法”（正如当时所说）的观念与利益；在这样的宪法业已获得“文件”形式的民族，比如法兰西那里，需要保障它们并丰富它们；在代议制已长期活动并逐渐形成

的其他民族，比如英吉利那里，需要去除残存障碍和不平等，需要普遍现代化和理性化以使生活方式和进步更灵活更宽泛。

不同民族的历史前提和现实条件及其心灵、习俗千差万别，因此根据不同国家，那些要求在次序、程度、细节和特色上也千差万别。在一国首要要求摆脱外国统治或实现民族统一，在另一国则是用立宪政体代替专制政体；这里，主要是选举权的简单改革和扩展法定政治能力，那里，却主要是首次或在新基础上确立代议制体制；在一国因以前世代的活动，尤其由于革命和帝国的活动，业已拥有世俗平等和宗教宽容，人们为让新社会阶层参政而开始争斗，而在他国适宜初步限于反对封建阶级的具有奴役形式的世俗和政治的特权，摆脱教会压迫。然而，尽管它们的重要性不同，它们显现的先后次序不同，但所有这些要求都紧密相连，一些要求迟早引起其他要求，让在远处初见端倪的其他要求出现；一个词凌驾所有这些要求，它包含全部要求并表达引导精神——词汇“自由”。

诚然，在历史上它不是一个新词，正如在文学和诗歌中，甚至在文学和诗歌的修辞中，它也不是新词一样。希腊和罗马流传下关于无数自由英雄、崇高行为、为“如此珍爱”的自由慷慨献身的悲剧的记录。在几百年间，自由，呼唤基督徒及其教会；自由，呼吁公社反对皇帝和国王，自由还站在封建主和贵族一边反对皇帝和国王，而皇帝和国王反对贵族、陪臣和篡夺君主权利的公社；自由，激励各王国、各省份、各城市利用自己的议会、法律条款和特权反对专制君主制，而后者则清除或妄图清除阻碍和限制自己行动的东西。自由丧失，一直被视为艺术、科学、经济、道德生活上衰落的原因或标志，或是凝视恺撒们治下的罗马或西班牙人和教皇治下的

意大利的原因。就在不久前,“自由”同“平等”和“博爱”一起,用地震般的伟力动摇旧法国的全部建筑和几乎所有旧欧洲建筑,并使它们沦为废墟;自由令人畏惧的印象仍然存在,似乎必须去除那一名称的美好事物光环和新生事物魅力,其实,它从属的三位一体——“理性不变的永恒三角”,正如诗人文琴佐·蒙蒂[①]所说——业已声名狼藉并几乎令人憎恶;但自由独自在地平线上重新升起,作为一颗璀璨的星辰令人流连忘返。那一词语从年轻世代的口中说出,带有发现它是至关重要概念、过去与现在的解释者和未来向导的人的激动语调。

那一古老词语所具有的概念新含义,并未脱离当代人的情感和反思,正如从问题中所见,它很快导致关于自由差异性的问题——现代人的自由同古代希腊、罗马人以及同最近的雅各宾党人的自由的差异性:此问题最早由西斯蒙第和贡斯当[②](1819 年他在巴黎大学就此问题主持讲座)提出并研究,直至今日一次又一次地被重提。然而,若此问题具有其实在核心,提出古代和现代的对立则不正确,在这种对立中以希腊、罗马和追随希腊—罗马理想的法国大革命为一方,以目前时代为另一方:仿佛现在不是全部历史的汇集及其最后行动,似乎凭借静止对立就能割裂构成唯一进程的联系。结果,上文断言的对立所决定的研究,面临在抽象中迷失的危险,因为它将个人与国家、世俗自由与政治自由、个体自由与其他所有个体自由(个体自由感到在其中受到限制)割裂,诸如此

① 文琴佐·蒙蒂(1754—1828 年),意大利诗人。——译者

② 贡斯当(1767—1830 年),法国小说家、政治家。——译者

类，不一而足，把政治自由而非世俗自由给予古人，把世俗自由而非政治自由或仅限于次要政治自由给予今人，或这些判断互相抵触，把个人对国家的更大的自由给予古人，而现代民族不具有这样的自由。当人们试图通过司法区分界定自由理想时，则不断重蹈抽象错误的覆辙，司法区分具有实用性并涉及细枝末节和暂时原则，而不涉及包容一切并超越一切的最高理想。

在那一概念从属的历史、即人们所说的思想史或哲学史中探寻其内容时，则人们对其新奇的意识只能是对在思想中并通过思想在生活中出现的其新含义的意识，人类新概念、人类道路观——这是一条前所未有的既宽阔又明晰的大道。人们不是偶然和突然地达到这一概念的，也不是纵身一跳或振臂高飞就进入这条道路的，而是靠全部经验和哲学在其百年工作中解决才实现的，从而天与地、上帝与尘世、理想与现实之间距离缩小，它们之间的争执得以调解，它们不可分割的统一、即同一性得以承认并领会。当说到思想史和哲学史时，我们是指全部历史整体，也包括称作的文明史、政治史、经济史和道德史，它们提供养分并从思想史和哲学史中获取养分。因此不仅是柏拉图、亚里士多德、伽利略、笛卡儿、康德的历史；而且是如下历史：希腊文化反对野蛮，罗马让野蛮人变文明并成为罗马人，基督教赎救，教会同帝国斗争，中世纪意大利的和佛兰芒的公社，尤其是文艺复兴和宗教改革——要求个性获得实用和道德双重价值，宗教战争，英国“长期议会”，在英国、荷兰和美洲殖民地宗教教派确立意识自由，在美洲殖民地发布人权宣言，法国大革命赋予自由独特功效，技术发明和随后产业变革，所有其他历史事件和历史创造；这一切竞相构成实在概念和人类概

念，并把事物法则和规律置于事物中，把上帝置于尘世。然而在18世纪末和19世纪初它又向前迈进，更加果敢并几乎得出结论，因为它批判了理性与历史的冲突，这种冲突在18世纪理性主义和法国大革命中变得十分尖锐，后者用理性的光辉贬低和谴责历史：它借助辩证法批判并净化了冲突，正是辩证法未让无限脱离有限、肯定脱离否定，从而让理性和实在在新历史观中吻合，并重新发现维科格言的丰富内涵，他说柏拉图探寻的理想国只是人类事物进程。现在，人不再脱离历史被考察，或不再视为历史的复仇者，让过去远离自己，仿佛过去是对耻辱的回忆；而是把人视为真正的、不辞辛劳的作者，他在世界历史中沉思，就像在自己生活史中冥想一样。历史不再显现缺乏精神性而任盲目力量摆布，或被外在力量支撑并逐渐矫正，而显现为精神的活动和现实性，由于精神是自由，即自由的活动。自由的全部活动，其唯一和永恒的肯定环节，仅在其一系列形式中实现并赋予其形式意义，仅解释并辩护非自由的否定环节用其压制、压迫、反动和暴政所起作用，它们似乎是“灾难”，其实是“时机”（正如维科所说）。

这就是新时代的思想和哲学，这种哲学到处涌现，到处传播，挂在人人嘴上，被诗章和活动家格言证实，绝不比专业哲学家的公式逊色。它把过去的糟粕拖在身后，有时披上不合时宜的服装，矛盾缠身并不断挣扎，但总在开辟道路并沿着任何其他道路前进。鉴于在对手、落伍者、反动派、教士和耶稣会士那里发现其踪迹；新精神立场受洗（它从未如此期待过）这一事实就不能不带有讽刺意味：在一个对哲学和近代文化最为封闭，中世纪和经院哲学、教会和专制统治均赫赫有名的欧洲国家——西班牙，此时创造出形容词“liberal”[1]和其反义词“servil”[2]。甚至如下观察(以便避开人们常常遇到的暗礁)受益匪浅:时代的哲学不应仅在哲学家或大哲学家那里探寻,还应从那一时代的全部表现推断,甚至在专业哲学家或大哲学家那里根本找不到或很难找到。哲学家总是单独个体,除他们时代的某些问题之外,若他们提出并解决时代超前的其他问题,则这些问题不被他们时代感受和理解或深刻理解,有时还发生如下情况:由于个人的局限,在他们时代被提出并解决的某些问题,并未收集在他们的体系中,在它们的位置上他们保留陈旧、错误的概念。大哲学家,正如任何其他素质的人们一样,没有命中注定的固定位置,在同代人中既不是先头部队,也不是后卫部队,还不是中军,而是一次次地处于不同位置。自由雅典的大哲学家,那种自由的杰出精英,在触犯他们和谐感的民主动荡中,正如他们被其自然主义逻辑束缚,他们的理论未显示出同他们生活现实一致;我们讨论的时代的最大哲学家——黑格尔最适合此种情况,他比其他任何人都更加深入地思考和研究辩证法和历史,将精神界定为自由、自由界定为精神,然而,就其某些政治的倾向和理论看,应当确定为主要是“servil”而不是“liberal”。以致缺乏哲学天赋甚至通常视为非哲学家的人士,在这方面比他站得高,比他更好地代表新时代的思想:譬如,一位女士——斯塔尔夫人[3]。

作为自由的历史的历史观,把自由本身作为道德理想,是其实

① 西班牙文,意为“自由的”。——译者

② 西班牙文,意为“奴隶的”。——译者

③ 斯塔尔夫人(1766—1817年),法国女作家、文艺理论家。——译者

践的必然补充：其实，理想同一切思想和文明运动同步发展，这种理想传到近代，是从作为整体特权的自由过渡到作为自由权利的自由，再从这种抽象自由权利过渡到历史上具体的人的精神自由；它逐渐变得更一致更坚实，并且被相应哲学强化，对此种哲学来说，存在的法则同应在的法则是一码事。否定它，只能是以某种方式步割裂应在与存在的人们的后尘，后者同陈旧的超验哲学一致，或者尽管在他们的论证中阐述它，却没有发觉在背离它。于是，譬如，当人们批驳说，自由的道德理想不容许也不许诺把恶从尘世驱逐时，因此它不是真正的道德的；这样说没有注意到，道德性若在其观念上摧毁恶，则使自身解体，只有在反对恶的斗争中，道德性才具有实在性和生命，只有通过斗争，它才能弘扬。同样如此，当人们抱怨肯定和接受不断再生的斗争将阻截一直渴望的和平、幸福和极乐时，没有发现近代概念的伟大之处恰恰在于生活含义从牧歌式（因此，是挽歌式）向戏剧式、从享乐主义的（因此，是悲观主义的）向积极的创造性的转化，在于把自由本身变成不断克复、不断解放和不断战斗，在连续不断的战役中不能有最终的胜利，因为那就意味着所有战士、所有活着的人的死亡。这之后，人们很容易发现在那些方面重视那时提出、后多次重复的其他异议，比如如下异议：自由的理想因自身崇高，只是少数人的而不是多数人的，只是选民的而不是平民的，平民需要权贵、当局和鞭子的命令：这一异议同如下荒谬绝伦的格言如出一辙——真理是少数人的，对多数人适用非真理和谬误，仿佛真理成其为真理不是因其内在力量，这是一种扩张性的、朝气蓬勃的、以其逐渐赞同方式变革的力量。或正如另一异议：自由恰恰属于某些民族，正是这些民族在极其独特条件下建构了自由，就像岛国英国，或只属于血统高贵的种族，就像日耳曼种族，它们在未开发的森林中播种了自由。这一异议把精神贬低为物质，并让精神屈从机械决定论；另一方面，事实本身否定此异议：英国给人不少教诲，但同样从大陆民族那里汲取不少自由概念；德国在森林中长期忘记自由，反而过分崇拜当局和庶民地位。

因此，显而易见，面对什么是新生一代的理想这一问题，最好用无任何限定的词语“自由”来回答，因为任何补充都会使概念暧昧不清；冷漠者和浅薄者铸成大错，他们对此事物感到惊异，并把它变为嘲笑对象，他们指责那概念是空洞的形式主义，他们带着讽刺或挖苦的语调问道：“自由是什么东西？自由取决于谁和什么？干什么的自由？”自由因其内在无限性不能容忍形容词和经验主义限定，但并不因而自己不一次次地指出其局限（它们是自由的活动），于是它详细叙述并拥有内容。人们屡次区分的两种自由——单数的自由和复数的自由，显现为两个抽象的自相矛盾，因为单数的自由只能在复数的自由中存在。否则，自由从未适应并未在其某些独特表现、其创造的原则中穷尽，正如业已指出，因此不仅不能凭借其原则界定它并为它辩护，而且无须指出它和其原则之间的概念必然性联系，因为其原则是历史事实，它们根据历史必然性同它结合和脱离。

上文简要介绍的政治要求，当时大致构成其历史主体，在某种意义上构成其壮美和重新焕发青春活力、带着傲气和无忧无虑神态的主体。实体化的精神性、亦即精神化的实体性，其意义只能从趋向的目的中汲取，并且是对人生的深呼吸，带着更大强度和幅

度。民族性的观念，同前一世纪抽象人道主义相反，甚至同莱辛、席勒和歌德等作家对人民和祖国观念的愚钝相反，反对那时很少或尚未感到厌恶外国干涉，它想要在其具体形式、即个性形式中促进人道，这种形式既指单个个人，也指靠共同起源、回忆、习俗和天赋维系的人群，还指历史上存在并积极或有待觉醒崛起的民族；民族性的观念，本质上并不阻碍日益扩大和包容的民族形成，因为“民族”是精神的和历史的概念，因此是个生成的概念，而不是自然主义的和静止不动的概念，不像种族概念那样。人们为这一或那一民族要求的霸权或优势，如费希特等人为日耳曼民族，基佐等人为法兰西民族，马志尼和焦贝尔蒂为意大利民族，他人为波兰人或一般斯拉夫人，被灌输到所有民族的头脑中，被理论化为做一切民族的文明、人类完美和精神伟大的旗手的权利或责任。德国民族主义者说过，德国人民是选民，但立即补充说，因为它是世界性的，而不是纯粹民族的。代议制宪法和政府应当让能力出众、愿望良好的人士和社会阶层有效参与政治活动，而其他人士和社会阶层尚在练习此种活动或效法前者。新闻自由是为思想交流、激情的冲突与节制、澄清形势、争执与和解开放的领地，正如有人天才地发现，新闻自由想要在大国、欧洲和世界履行集会在古代小城邦的职责。构成议会的两大政党——保守派与进步派、温和派与激进派、右派与左派——制度的恩惠，包含让社会运动冲力依次递减、避免革命震撼的损害与流血的意图，以使利益的斗争变得温和与人道。反对法国大革命和帝国、独裁复辟王朝的集权与行政专制，饱含忧虑地钟爱并渴望地方自治，出于对集权使生活一律化、从而导致生活丰富性贫乏并枯竭的恐惧，而自治却导致良好的行政管

理并成为培育政治家的园地。立宪君主制，以英国为例，介于专制君主制（历史悠久）和共和制（历史短促）之间，被建议为近乎适应各个时代的唯一共和制形式；此外，因为旧学派政治家把革命后的英国视为共和制而不是君主制。与此相似，一般说来，在地方规则与习俗、老贵族和农民及幼稚宗教信仰中，可能全面恢复历史传统，因受收集和保留对近代生活具有活力和效用的或相当时期内仍构成近代生活的东西的愿望驱使。粉碎阻碍工商业的羁绊，服从激励个人创造力与德行、促进竞争和扩大财富的需要，而不管财富由谁生产、被谁拥有，总之都是全社会的财富，并有益于全社会，还以这种或那种方式、或迟或早，最终通过服务有益于全社会道德水准的提高。总之，这些就是那些不同要求的方方面面和独特限定。

可能发生，或肯定会发生：某些或许多自由制度，因缺乏它们的实际条件，在历史的进一步发展中死亡，而另一些则变得无效力、不充实或不适应，不得不变革、甚至被推翻和替代；然而，这属于所有人类事物的命运，活着和死亡，变革和恢复生机，或机械僵化和应当解体，无论如何，那些变革、那些调整、那些取消的动因，终归是自由——这样发育成朝气蓬勃或身强力壮的面貌一新的主体。于是，丝毫未阻止思维（在遵循自由概念本质的严格并具预见性的逻辑中）：源于冲突的过时两党制，可能变成根据特殊问题组成不同的变动的集团体制；自治政府屈从于更大规则性和集中的需要；立宪君主制将让位于共和制；各个民族国家将构成多民族国家或国家联合体（即因更宽泛的民族意识形成，譬如欧洲意识）；经济自由主义将减弱，并将被企业家联盟或公用事业国有化限制在狭小区域。诚然，一般说来，前几代自由主义者不思考这些可能性，甚至有时或通常否定这些可能性；然而，在他们提出的原则中并非不包括它们，还需要牢记它们，因此，正如我们现在发现它们一样，在一个多世纪的丰富经验和坚持不懈的思维劳作之后仍会如此：忠告适用于我们提及的幼芽时期的一切，在那一时期，仿佛必须如此，我们在幼芽（它是大树的幼芽）中看到大树，并且因其为可塑幼芽而非夭折细胞才能生长。还可能发生（因此可不再用直线而用螺线描绘歌德的进步新形象）：在回光返照的危机中，自由制度屈从于反动和专制制度（渊源不同、规模或大或小、持续时间或长或短）；但自由在专制制度内部活动并侵蚀它们，最终自由东山再起，将更理智更强大。此外，在业已提到的精神化的实体性之旁，有时另一个非精神化的、因而不健康的实体性相伴；崇拜民族性，在其头脑混乱使徒中产生狂妄和滥用物质统治权势的迹象，或产生在某种种族阴郁贪欲中自绝于其他民族的先兆；崇拜历史和过去堕落为愚蠢的迷信，崇敬宗教堕落为伪宗教狂热，眷恋现存原则堕落为保守派的胆怯，遵守宪法形式堕落为缺乏对其进行必要改革的勇气，自由经济堕落为保护这一或那一社会集团的私利；诸如此类，不一而足。然而，这些弱点、这些错误、这些未来损害的预兆，同那时提出的要求、建议的体制的自身价值密不可分，也未降低自由运动的本质崇高性和强大伦理美德，这种崇高和美德被光辉诗篇所照耀，由逻辑和科学武装，执着于行动并准备夺取和统治。

诗人、理论家、演说家、报刊自由撰稿人、宣传家、使徒和殉道者，证明自由理想的深刻严肃性，由于围绕它他们不断涌现和壮

大，他们已不再寥若晨星，并变得日益坚定和强大，同其他理想相比，看到它朝气蓬勃和等待它的必然胜利。不仅事实，而且学说也批驳割裂理论与实践、科学与生活、私人生活与公众生活之间的联系，这种割裂是贬低和衰退的严重标志，似乎无需在行动中或行动愿望中既损害又激活真理就可能探寻并发现真理，仿佛让人脱离公民、个人脱离社会（塑造个人又由个人构成）是可能的。懦弱而想入非非的纯粹文学家和哲学家，运用最高形象但逃避那些形象呼唤并要求的责任的艰辛和危险的知识分子和演说家，他们倾向于奴隶主义与阿谀奉承，成为遭人蔑视的对象；当他们受宫廷和政府委任舞文弄墨，而不是期待恩惠和生活资料（作为劳动的报酬）来自公众的认同，就成为口诛笔伐的对象。人们期望信仰真诚、性格率真、言行一致，人们在道德上更新个人尊严概念，从而更新真正贵族（已成为自由的、因此完全是精神的贵族）的情感连同其规则、严格性和排他性。萦回脑际的英雄形象是为自己理想英勇善战并壮烈牺牲的诗人—战士和知识分子：这种形象，在心醉神迷的想象和教育范式中不复存在，它是在战场上和欧洲任何地方的街垒上涌现的血肉之躯。“传教士”以自由“十字军骑士”作为同志。

现在谁把握并考察自由理想的所有特性，就不会怀疑它被命名为一种“宗教”：如此命名，显而易见，只关注每一宗教在实在观和相同伦理中存在的本质和内在的东西，却不考虑每一宗教的神话要素，这种要素次要地使宗教有别于哲学。符合自由主义的实在观和伦理，正如已指出那样，产生于近代辩证的和历史的思想；为赋予其宗教性，无需其他，因为拟人化、神话、传说、教条、礼仪、求神、赎罪、教士等级、教皇法衣及诸如此类，不属于内在东西，而是被个别宗教糟糕地抽象化，并被作为每一宗教的要求提出。在19世纪精心炮制的某些人造宗教或“未来宗教”就起源于此，因其伪造和荒诞，它们全都沦为笑柄，真是自作自受；而自由宗教用自己的形式和原则显现出其宗教本质，它是应运而生，不是人为炮制，不是冷静、故意地穷竭心计，以致起初它甚至认为可同陈旧宗教共处或来做它们的伙伴、帮手。说真话，自由宗教同那些陈旧宗教对立，但同时将它们包容于身并跟随它们：像收集哲学动因一样，它收集最近和悠远的宗教动因，在苏格拉底之旁和之上放置耶稣——救世主（人、神），并感到经历异教、基督教、天主教、奥古斯丁主义、加尔文主义的经验，以及代表人类宗教生活的最好要求及其净化、深化、强化的其他经验。因此，它没有指出年代学上的起点和标明新时代——同过去一刀两断，不像基督教会和其后伊斯兰教所为，也不像民族和解效仿那些教会和教派，用法令回应其自由和理性的抽象观念，此法令在难以维持同样抽象的生活后，在废止之前就被人遗忘。然而，“革新世纪”再生的呼喊到处传扬：几乎是对“第三时代”、精神时代的致贺，这是约雅敬[①]在12世纪预言的，而现在向为它做准备并期待它的人类社会展现。

① 约雅敬（1132—1202年），中世纪基督教神秘主义思想家，生于意大利卡拉布里亚。他认为人类历史经过三个发展时期：过去为“圣父时期”、即“旧约时期”，人是上帝的奴仆；现在是“圣子时期”、即“新约时期”，人是上帝的儿女；将来为“圣灵时期”、即“自由时期”，人是圣灵之躯。——译者

第二章　对立的宗教信仰

竞争并敌对的种种宗教同这种新时代宗教展开较量和对抗，尽管它们已明确地或潜在地被后者批判和超越，它们清点信徒、收罗改变宗教信仰者，并构成巨大的历史现实，这些历史现实符合不断重新出现的某些观念环节。

在那些宗教中，首先考察并值得考察罗马教会天主教。它最直接地和逻辑地否定自由观念，自打那种理想刚刚露面，它就感觉到、认识到并坚定不移地这样做，它还让人们听到其他喧嚣声——在禁书目录、教皇通谕、在教皇及各级教士的布道和教诲中（除转眼即逝的偶发事件和表面花招外），在实际生活中它永远这样做，在这方面它可以视为所有其他反对派的典范，或它们的纯粹形态，即用不共戴天的仇恨揭示其宗教对手——自由主义的宗教性。天主教反对如下思想：生活的目的在于生活本身，责任在于丰富并提高生活本身，方法在于自由首创性和个人创造性；天主教针锋相对提出：目的在于尘世之外的生活，世俗生活只是来世生活的简单准备，它有待通过遵循在天国的上帝的、其在尘世的代表及其教会的命令去信仰和行动来完成。然而，虽然这种超世权威观缺乏同现实一致的那种逻辑性和连贯性，但在推理的思路上或同其他结构更欠坚实的观念相比，尚有逻辑性和连贯性。在历史上观察到的天主教会的行动，或它为文明、知识、习俗、政治社会体制、尘世生活、人类进步的目的所实施的行动，尤其正如在伟大时代所见，当它保存大部分古代世界遗产，并反对蛮族和反对帝王的骄奢淫逸，捍卫意识、自由和精神生活的权利；或者，由于它丧失这种作用或丧失在这种作用中行使的霸权，并被它促使产生的文明所超越，从而沦为无文化、无知、迷信、精神压迫等陈腐死亡的形态的保护者，从而可说它也骄奢淫逸。历史，即自由的历史，证明远比自由学说或纲领强大得多，它粉碎后者并迫使后者在事实领域自相矛盾。文艺复兴是对基督教以前古代文化的看似不可能的恢复，同样宗教改革是对原始基督教的看似不可能的恢复，但无论文艺复兴还是宗教改革都是近代实在观和理想观的开端，标志着作为精神力量的天主教的内在衰落；而这种衰落没有导致革新，也没有被反宗教改革的反动所遏止，相反倒使衰落无可挽救。即使旧教会的肉体得救的话，其灵魂也未得救；即使其世俗统治得救的话，其精神统治也未得救，它从事的是政治事业而不再是宗教事业。作为文艺复兴和宗教改革支持者和合作者的科学，证明了特定道德与政治的理想的优越性，舍弃了天主教会。所有杰出天才、创造者、哲学家、自然主义者、历史学家、文学家、报刊自由撰稿人都转向或被迫转向对立营垒，或受到对立营垒的欢迎并成为那一营垒的战士。因为，就其本质来说，天主教会只能修复中世纪经院哲学建筑；出于必要或政治计谋，它从科学和异端文化中可以采用的其他材料，也只能用于该建筑的次要变化或装饰效果，它对科学和异端文化从未正眼看过。宗教战争的结束，新的宽容原则，英国自然神论，宗教的自然史概念，理性主义与启蒙运动，政教分离，反教廷主义，

日益破坏对天主教会有利的条件;于是,法国大革命发现它精疲力竭,而且在政治上几乎解除武装。千真万确的是:从法国大革命本身中,从这场革命使天主教会遭受的损害和痛苦中,从对那场革命形成的抵抗和造反中,一股意想不到的力量汇聚到天主教会,无论是政治力量——为了重新支持被战胜或受威胁并为自卫而战的国家和阶级,还是情感力量——出于逃避动荡、严酷、乏味的现在,对往昔世外桃源景象的令人神往的怀恋。但前种力量永远是纯粹政治力量,只有当为政治成功才被使用;后种力量极不可靠,极易转化为不同和对立的力量,正如摇摆不定的想象和变化不定的愿望,根本不能信赖,正像教会很快所做那样,可以说,它一般并不信赖后种力量。思想和科学继续疏远教会;教会核心给人贫乏无力印象,好像受到神的惩罚一样,由于它犯下反对真诚精神的罪行;至多在那些动荡和恐怖之间,它看到某些空谈并好辩的作家挺身而出为它辩护,他们狂热,热衷逻辑和抽象推理,还酷爱极端并荒谬的东西,从这类货色中与其说它得到有效帮助,不如说它找到不信任的理由,察觉到其外在精神和危险的独立。尤其是天主教方面的历史学,在同自由方面历史学较量时,其天主教思想的贫乏、甚至粗俗或可笑暴露无遗;因为这种历史学欣赏、遵从并重构罗马帝国最后几百年和中世纪的基督教及教会史,在某些方面甚至夸耀近代海外传教和殉教者,正如众所周知,它把近代历史的全部运动视为堕落和破坏,它控告路德们、加尔文们、伏尔泰们和卢梭们等罪大恶极的作者以及其他“教人堕落者”和“教派”(用它的话说)秘密地谋划诱惑陷阱,并取得暂时和恶毒的胜利;总之,它不是历史,而是为吓唬小孩正在讲述的关于鹅的童话。然而,这一切最为严重的是，对手渗透到信徒圈子内，信徒中的优秀分子，由于智慧高超和意图纯洁，他们感受到政治自由、民族独立、民族性与国家统一、宗教意识与教会本身自由、文化传播、技术与工业进步的无穷魅力，感觉到对近代哲学家、作家和诗人的创造的认同和同情，开始以不同方式研究和思考历史，也包括教会史，即他们曾经钟爱的、不同于16世纪以后及当代的教会史。这种接近和和解的努力，因掺和或混合千差万别，在不同国家精神呈现差异有时甚至相异，被称作“自由天主教”。在这种称谓中，显然实体在形容词上，胜利不是由天主教而是由自由导致，显然那种天主教决意接受自由主义，这种自由主义把一种酵母注入旧世界。天主教会用怀疑目光注视自由主义并且谴责它，大致像对待詹森主义[①]那样，尽管它十分谨慎，还是继承并继续了詹森主义的活动，包括在世俗与政治领域的活动；尽管它谨慎小心并非常圆滑，正如它通常所为，只要有可能，竭力避免对某些属于自由主义的人士进行人身攻击，他们通常是家喻户晓、声名显赫的作家和受到尊敬的真诚天主教徒，谴责他们会造成巨大丑闻并引起心灵混乱。

由于所有这些原因，天主教观念和使它系统化、理性化并捍卫它的学说，在思想领域不是同自由主义针锋相对的思想；这方面最

① 天主教神学中非正统学说，于17、18世纪出现在法国、意大利和低地国家，反对“教皇永无谬误”和“圣母无原罪”等教义。1653年教皇英诺森十世发表通谕，谴责詹森主义在上帝恩宠与人的自由问题上的5个观点。1665年教皇亚历山大七世宣布该学说鼻祖——荷兰神学家詹森为异端分子。1705年教皇克雷芒六世重申对詹森主义的谴责，并于1713年发布通谕，谴责詹森派领袖格斯奈尔的101个论点。1730年法国政府宣布以上通谕为法律，詹森主义由此衰亡。——译者

可靠的证据是自由主义放弃甚至厌恶继续在前几百年用武器和著作（尤其由伏尔泰和百科全书派）进行并获得成果的战争，这恰恰由于坚持这场战争既无益又多余，其余任其自然发展足矣。不仅是无益，而且欠文雅和人道，因为伏尔泰及其信徒没有注意到旧信仰是减轻和平息苦难及痛苦、解决折磨人心的生死问题的方式（虽然它想以幻想的方式），因此不应当用暴力摧毁它，也不应当用嘲讽冒犯它。此外，坚持这场战争也很少政治性，因为对多数人来说，基于那些信仰、基于来自信仰的慰藉、基于那些信仰的教诲，形成的社会责任的公式和权威，以及从这些公式和权威中产生的救助与慈善行为和原则、秩序与纪律的动因，当不知用何种方式代替或实际尚未代替它们时，它们不是要被摧毁，而是有待逐渐吸收并转化的全部力量和能力。正像对待任何过去的被超越的事物一样，对天主教和教会形成的立场是公正的、彬彬有礼的，甚至是崇敬的。另一方面，洞悉自己历史渊源的自由理想，并不拒绝同基督教的联系（虽然基督教在天主教会中幸存，变得既功利又奢靡），它还把福音书灵魂视为自己的姐妹，它同福音书精神心心相印（超越不同的学说外壳），并以相同情感工作。从那时起诗歌情愿描绘好修士、好主教或好教区教士的形象，他们单纯、正直、英勇和果敢，对他们的崇敬不亚于对美貌、贤惠的女英雄及其他英雄：虽然通常乐于把他们同其他教士和罗马教会对立起来，尤其同高级教士和耶稣会士对立起来。高度警觉及战争的需要转而反对政治天主教，在支持保守和反动政权方面政治天主教起着举足轻重的作用，对于平民，尤其对乡村平民，它能够煽起暴动，并且已经在大革命和帝国的风暴中挑动、迷惑和引导平民，比如旺代人[①]、神圣信仰和马利亚万岁的群众、基督教和罗马教廷的武装，并且在不同条件下，它还能蛊惑人心地再次挑动和激起他们，目前利用他们，正如以后利用他们一样，以威胁并阻止自由的发展和文明的进步。最终通过创造或通过转向新的或更加频繁的用法(约在1860年)，词汇"教权主义"标志此种斗争的特点并有别于反对基督教或作为基督教的天主教的斗争；人们说不是厌恶天主教，而是厌恶"教权主义"、"黑暗的教权主义"。

这里不适宜详述其他教会和宗教派别，它们或成为国家教会并同政府联合行动，或先变为理性主义的启蒙运动的，其后变为唯心主义的和历史化的，它们不但不敌视反而拥护自由运动(以致罗马教会把新教、共济会和自由主义相提并论)，因此它们不代表，或者有时仅以欠完美形式代表天主教对自由主义的彻底敌对立场。同样它们同天主教敌对立场相比极不彻底，甚至只是政治技巧和策略，从而缺乏宗教背景，自由主义仿佛面对、并要进行最初的、主要的和艰难的战役以抗击的是另一敌对立场：即国家的敌对立场，或更确切地说，是专制君主制的敌对。这里专制君主制是唯一值得重视的政体，因为贵族国家很少幸存，此外贵族国家大体上已转化为专制君主制国家。然而，归根结底，没有任何理想不依靠一种

① 旺代为法国佩伊德卢瓦尔大区沿海省份，因历史上的旺代战争而闻名。法国大革命时期，1793—1796年在该地区发生反革命叛乱，叛乱军队先称天主教军(后改称天主教王军，后又称作大军)，约6.5万人之众，主要由农民和王党贵族组成。后叛乱被共和国军队镇压。此后，1799年、1815年、1832年在旺代还爆发三次小规模的王党叛乱。——译者

实在观，从而理想应当是宗教的；专制君主国把国王设想为人民的牧人，而人民是有待驱赶到牧场的羊群，让它们交尾、繁殖，保护它们免受恶劣天气、豺狼和其他猛兽的侵袭。其实，路易十三的首相黎塞留[①]称呼它们“公驴”，而路易十五的大臣——仁慈的阿尔让松侯爵[②]以类似态度对待它们并想让它们构成“一群幸福的人”；梅特涅亲王[③]也形成同样的观念，当他声明只能由君主们引领各民族的历史时；或那位复辟时代普鲁士大臣用“凌驾于臣民有限智慧之上”的政府措施回应埃尔布隆格城[④]的抗议。这样的观念，对于比其代表人数多的不信教者来说，涉及君主制的神性体制和远古君主的祭司性质；早在中世纪当教会和帝国开始冲突时，帝国的理论家就从未抛弃其神性体制这点，正如在但丁及其两个太阳的学说中所见；更晚的路德主义也显现出对君主和国家的尊敬，路德主义让国家起源于神的秩序，有力地促使其神圣化，对德国的思想和习俗产生深远影响。因此，专制主义，尤其路易十四时代的法国所采用形式，在法律上也以君权神授论实施；复辟时代的君主，通过拿破仑的战胜者中最有思想、最神秘人物的设计，结成神圣同盟以“作为上帝的代表”（在同盟条约中明确写道）统治人民，它们是“同一个家族的支系”，在这样的政府里实行“神圣宗教的教规”，正义、仁爱和和平的教规；梅特涅亲王在上述箴言中补充说国王“只

① 黎塞留（1585—1642 年），法王路易十三时代的首相和红衣主教。——译者

② 阿尔让松侯爵（1694—1757 年），法王路易十五时代的外交大臣。——译者

③ 梅特涅（1773—1859 年），奥地利政治家，曾出任首相。维也纳会议和神圣同盟组织者之一，极力恢复欧洲专制制度和镇压革命及民族独立运动。——译者

④ 波兰城市，1772 年被普鲁士侵占。——译者

向上帝”对自己行为“负责”。然而，专制君主制的功效并不在于这种意识形态，它早就被政治学所驱除，并被英、法革命者通过审判查理·斯图亚特和路易十六并把他们送上断头台，将政治学生硬地翻译成散文，他们的鲜血没有成为君权神授的新国王的洗礼和坚信礼。在历史上从未出现的伟大但不够虔诚的人物之一（怎能怀疑这种缺点是否同真正伟大相容），就没有这种意识形态，或者只采用其中某些动人心魄的警句，就重新塑造一种君主制，此种君主制在许多东西上，尤其在专制主义上，成为那些复辟君主制的典范。神圣同盟并未笼罩其设计者曾设想环绕它的宗教光环；国王和大臣开动神圣同盟的机器，并未关注由冷嘲热讽构成其理论序言的信仰表白。正如在天主教会中，真正优点恰在这里，在于专制君主制国家一直为文明服务，因为它们已经抛弃封建制，控制了教会权力，将小国合并为大国、民族国家或大民族国家，简化并优化了行政管理，预见到财富的增长，捍卫了荣誉并向国民购买光荣。在大革命和帝国之前时代，它们自发地或模仿地、强迫地或自觉地近乎完成对封建特权及习俗的废止，并且改革为“行政的”君主制，正如人们所说那样。法兰西共和国和仿效它的其他共和国的经验败坏了共和国的声誉，而帝国的典范使君主制恢复了元气。因此，君主制尚能驾驭历史还能满足人民要在政府中有代表并共同参政的要求，尚能开始或完成民族独立和国家统一大业，尚能让民族伟大并体现它们的渴望；而自由理想准备向君主制提供其精神，它在君主制中大胆试验其观念，这种试验导致其观念把未来与过去、新生与古老相结合，让其观念保持历史连续性，以避免丧失艰难获得的体制和才能。然而，那时出现的不是独立和自由国家的神圣同

盟，而是出现一个业已提及的由专制君主制国家构成的神圣同盟，一部分国家是祖传形态并由多民族构成，一部分国家从民族观点看是不完整的；当危险过后，在反对拿破仑霸权和专制的多数战士胸中点燃的许诺和希望并未兑现和实施；复辟君主制几乎到处开始捍卫老盟友——民族爱国主义和攻击新敌人——自由主义，正是自由主义鼓舞了民族爱国主义，同时自由主义也受到民族爱国主义的鼓舞。落后反动的力量、王室成员、贵族和半封建阶层、教权主义者、城乡平民，尤其是那些仅因政府稳定才是政府的稳定力量，站在君主制一边。站在君主制一边的，还有素质卓越的力量——传统的行政和外交人员，强大并战功显赫的军队、国家的专家和忠诚服务员、几百年来伴随其人民成长的王朝（似乎同人民的命运息息相关，并赋予他们个人美德和享受荣誉的仍有价值的原则）：即深深植根于过去的保守力量，但并不为此就能等待它们解体和消逝。问题在于说服或强迫专制君主制变为立宪君主制，迈出它们不情愿的一步，走出深陷其中的矛盾形势，由于半途发生的事情，既不能重返 18 世纪开明君主制，或更远返回到半封建和贵族的君主制（主张贵族统治者竭力要倒退到那里），也不能充分采用拿破仑专制主义的措施，因为没有军队和帝国的共同冲动，这样的冲动使人民接受并忍受那些措施，同时光荣的光环笼罩并掩饰了那些措施；从而专制君主制沦为古代与近代的混杂物，并凭借警察、新闻检查和残酷镇压让其结构紧密。通过自由宪法，所有值得保留的东西都保留下来，与此同时，一切都变革：国王形象已去除祭司和羊群牧人的最后痕迹，虽说尚未变成“国家第一公仆”（正如在 18 世纪所说那样），也变成民族权利的保护人和民族活历史的富有诗意的象征。让他们重做国王的“民族意志”同“上帝恩惠”并非不一致，从前正是“上帝恩惠”选择并支持他们：这样，接受过去同现在、同未来希望并不矛盾。

尽管天主教和专制君主制的某些成员同自由主义亲近，尽管自由主义准备接受这些成员并变成自己的成员，两种制度对它仍保持敌对关系，它也把它们视为敌人，这样就产生第三种制度和第三种信仰——民主的理想，仿佛同自由主义融为一体，或至少同自由主义结为密不可分的一对。这里，一致不仅是否定性的，它们共同反对教权主义和专制主义（这就解释了它们的努力经常汇合），而且是肯定性的，共同要求个人自由、公民平等、政治平等和人民主权。然而，恰恰在这里，在这种相似性中隐藏着差异性，因为民主派和自由派对个人、平等、主权、人民的理解完全不同。对民主派而言，个体是平等力量的中心，正如他们所说，其实应给予个人相同空间或平等；对自由派而言，个体就是个人，他们的平等只是人性的平等，因此是理想的或法律上的平等，是活动和竞争的自由，人民不再是相同力量的总和，而是一个富有差异的机体，其成员和其社团都不同，其统一整体包括被统治者和统治者、一个开放并流动的领导阶级（总为那一必要功能所必需），主权在于其综合的整体，而不在于其分析的部分。民主派在其政治理想中要求一种量的、机械的、计算理性的或自然的宗教，就像18世纪的那种宗教；而自由派要求一种质的、活动的、精神性的宗教，就像19世纪初出现的那种宗教。于是，在这种情况下，冲突仍为宗教信仰的。一种信仰是另一种信仰的前例和先祖，应当赞同在一般含义上——即使天主教神权政治和专制君主国也是自由主义的前例，

在特殊和最近含义上——即近代思想从自然主义和理性主义逐渐向唯心主义进步地和辩证地过渡，伽利略和笛卡儿助康德和黑格尔一臂之力；在另一抽象否定和抽象肯定含义上——在人的一生中，基本青春阶段通常重演。然而，一旦实现过渡，两种信仰，蒸蒸日上的和日薄西山的信仰，一直面对面，一次次地用友善和敌对的目光对视。唯心主义哲学摒弃卢梭的自然法论、契约论和原子论、他的"普遍意志"，正是"普遍意志"很糟糕地描述神意和历史理性，个人与国家及国家与个人的对立，而它们是处于密不可分关系的术语。在真正的政治领域，自由主义完成了同民主主义的脱离。民主主义在其雅各宾主义的极端形式中，因疯狂、盲目地力求实现其抽象目标，不仅破坏了社会机体的活的生理组织，而且因把一部分或一种表现错当成人民，这又是人民中缺乏文明的部分和表现，是无组织、喧闹、冲动的人群。雅各宾主义因以人民的名义实行暴政，它就滑向其主张的对立面，根本不是平等与自由，而是开辟通向平等奴役和专政的道路。当时人们就感受到对革命的厌恶，并且这种厌恶贯穿整个 19 世纪，尽管这个世纪不得不发生多次革命，其实是对民主的雅各宾的革命的厌恶，因其令人痛苦的痉挛，因其硬要徒劳尝试实现不可实现的东西，因在专制统治下随之发生的沮丧，这种专制统治贬低智力并扼杀意志。巨大的恐惧渗透到基本社会情感中；某些人徒劳地捍卫那种方法，因为他们认为那种方法必不可缺，那种方法仅仅保障了法国大革命的受益者，仅仅能够保障酝酿中新革命的受益者；因为其他更富批判精神的天才很快就发现并证明那种推理的荒谬。再晚些时候，法国大革命景象将其不幸投射到阴影里，从而凸现其激情与行动的奇迹，凭借遥远更凭借倾向性和美化的历史的作用，于是那一事件特别接近，并因对其乏味庸俗现实拥有特别多的直接证明和特别生动的印象，从而民主理想不能从中汲取力量和光辉。因为，即使民主理想狼狈不堪地走出那种现实，也要被许多不同角色普遍地否定。某些幸存的革命发动者和恐怖制造者，在老雅各宾党人中并非对有效事业无所作为者，那些在经验中修正和培育天赋能力者，全都转向为拿破仑服务，其后又为拿破仑的专制统治服务，在反对民主和自由的战争中他们也充当肆无忌惮和毫不留情的炮灰。这同头脑极为冷静的诗人观察一致：当狂热者 30 岁时就应当送上十字架，因为幻想家一旦神经恢复正常就变成无赖。其他心灵纯洁的人们仍抱有幻想并作为冒失鬼幸存下来，他们在痛惜中糊里糊涂地重新经历错误、背信弃义和事变，这一切粉碎了他们关于平等和人民主权的纯洁美好理想——很快实现并在幸福瞬间一劳永逸地造福人类。尽管在那个时代，词汇“共和国”听起来并不悦耳，它时而尖厉，时而低沉，但某些年轻一代仍然钟爱共和国，由于令人尊敬的经典回忆或过于单纯及理性主义的优雅。然而，无论是共和主义者还是民主主义者，那时都没有被列入起作用的伟大力量；而自由主义——在哲学和政治上超越他们并在其中引起许多信仰转变的自由主义，一方面利用执着的民主派和共和派结成某种联盟(自发地倾向自由主义)，另一方面高度警惕：在决定性时刻和大转折日子，阻止他们用过激行为、癫狂、混乱去败坏努力奋斗获得的成果，阻止他们无意识地不情愿地让教权主义和专制主义东山再起。

在那个世纪初，另一支反对派所起作用更微不足道，它恰恰在那时诞生，很快让人认识并变得日益猛烈和令人恐惧，因此最好从现在就研究其面貌，洞察其特性并认识其渊源——共产主义，我们用其本来的经典的名称称呼它，而不用“社会主义”名称称呼它，因为它用“社会主义”已经经受考验，并逐渐变成另一种东西，化解为自由主义、民主主义，甚至天主教。我们说它在那时诞生，因为那种一直伴随人类并在几百年进程中多次重新出现的古老观念，那时才具有近代形态，并且不再同过去的乌托邦及幻想结合，而是同新思想新行动所创造的条件结合，不仅同过去的共产主义不同，而且同 18 世纪的共产主义不同，甚至同巴贝夫[①]及其平等会的共产主义也不同，在巴贝夫及其平等会的共产主义中带有禁欲主义特征——倾向于贫穷，纯朴、简单和粗俗的习俗，厌恶城市，重返田园；在 19 世纪初出现的共产主义，同自由主义一样，形成自己内在论的和尘世的生活观，它要享受幸福和不断扩大财富，推动科学、技术发明、机器及经济进步的一切其他手段的发展。共产主义同自由主义的相似性就在这里，自由主义包含相同目标；但并不像人们相信和某些理论家认为那样——自由主义在实质上并不同共产主义对立，因为共产主义致力于这些、那些或一切（若说一切具有某种意义，恰恰不是如此）生产工具的社会化，相反，自由主义在其基本原则中维护这些或那些生产工具的不可动摇的私有制和不受限制的自由竞争。正如现在已经无可置疑，自由主义同所谓经济自由主义并非一致，尽管过去同它并存，可能现在仍并存，但总是

① 巴贝夫（1760—1797 年），法国大革命早期政治鼓动家。1789 年创办《自由新闻》；在雅各宾政权垮台后创办《人民论坛》。1795 年因攻击热月派被捕，在狱中提出平分土地和平均分配收入的学说。获释后领导“平等会”，策划起义；但因事泄被捕，后被处死。——译者

以暂时的和偶然的方式，不要归因于只让经验论价值有效的原则，这一原则在某些情况下有效，在截然不同情况下无效。因此，自由主义不能在原则上拒绝对这些或那些生产工具实行社会化或国有化，其后实际上也不能拒绝社会化或国有化，因为它甚至完成不少此类事业；自由主义仅在特定情况下指摘和反对社会化或国有化，当它认为这将阻碍或降低财富的生产并造成相反结果——一种整体的贫困，而不是社会成员的平等经济改善，并提出这种贫困也不平等；不是在世界上扩大自由，而是缩小自由和实行压迫（即野蛮或衰落）。因为对任何改革的唯一判断标准是看能否促进自由和生活。“所有制”本身具有这种双重特性和双重含义，它们一次次地产生两种截然不同的东西，即一方面是单纯经济体制，为了提高道德的和人道的品格，可以改变并且在多数情况下已改变，另一方面又是这种品格的必要工具和形式，只要没有破坏和践踏道德的进步的生活，它就不会被破坏和践踏；正如人们所说，未同人类本性冲突，或更确切地说，未同人类的职责及使命冲突，即不是贪图享乐，而是要创造人类自身的更高形式，类似于诗人和艺术家，去构思历史的永恒史诗。此外，共产主义本身在其早期，为了其实践和完整实施，在建议成立科学家和技术人员政府，或建立典型小社会（它们具有不可抗拒的魅力），并把令人神往的幸福范例展示在世人眼前之后，在多次运用民主主义和雅各宾主义的手段，设想并尝试粗暴建立和突然袭击之后，公开声称其实现的条件是，事物历史进程到达十字路口：要么保留资本主义体制、即私有制，从而造成对财富生产的破坏和减少；要么废除私有制，以保障并增加生产。共产主义认为在经济危机和破坏财富中确证和检验了这种形

势,资本主义必然产生这样的后果,凭借那些动荡和失败,它一次次地恢复平衡。如果事物确实如此或这样发展,那么自由主义就不能不为自己也赞成并呼吁废除私有制;关键只是实际是否如此发展或是否按那些理论家想象的规律和速度发展,或者说这是经验问题而不是理想问题。共产主义和自由主义的理想冲突存在于其他地方:在于唯灵论与唯物论的对立,在于共产主义的唯物主义的内在性,在于其创造有血有肉的或物质的上帝。在19世纪共产主义最初使徒中诞生唯物主义的共产主义,尽管很晚那一哲学名称才被承认并赋予共产主义,不是由对手而是由其理论家中的佼佼者承认并赋予的。经济作为一切其他生活形态的基础和根源的观念是其原则,所有其他生活形态都是那种、唯一实在的派生、外观或现象学。现在,如果经济活动,在它从其他活动产生又导致其他活动的生机勃勃的精神体系中,也是精神活动,但脱离精神体系,被孤立地作为基础(如同一块基石),就变成物质。在贫瘠的物质上,无论是道德与宗教,还是诗歌与哲学都不可能产生并且繁荣;从长远来看,即使经济本身也不可能产生并且繁荣,因为经济也要求生活激情、才思敏捷和爱好追求。其实,19世纪共产主义者先驱,所谓乌托邦主义者,业已提供脱离精神生活的证据,他们全都专注于机器的奇迹、工业组织的优越,渴望社会通过经济改革获得稳定、幸福的状态;于是,他们对历史一无所知或一知半解,并很快开始伪造历史,把自由主义解释成资本家利益的面具;他们去除近代文明的人类文明特征并把近代文明视为阶级斗争学说的和资产阶级的;他们把政治斗争还原为经济阶级之间的斗争,宗教被视为让无产者备受奴役和浑浑噩噩的鸦片,哲学作为构建的概念体系，其目的同样是捍卫剥削者；诸如此类，奇谈怪论。但一个社会，若根据这种唯物主义观念构成，只能是一种机械装置；由于是一种机械装置，不同于有机的和精神的生命，它不会自己劳作而需要有人让它运动并操纵它；这样的社会必然被连续不断的专政所支配，专政迫使其成员围绕某些指定圆圈活动，迫使他们表白某些信仰并摒弃其他信仰，迫使他们抑制并扭曲自己的智慧、愿望和意志。类似社会若不是为了天国如此苦修的修道院，就会是一支为了让人们牢记在专政下顺从专政的军队，或是奴隶的乌合之众，只要营养充足和训练有素，就能竖起惊人的金字塔；无论如何，这种社会缺乏自主性，正因为这种自主性，社会才成其为社会。即使该社会劳动没有摩擦，但也没有竞争的刺激，虽说仍能让土地出产和劳动力增长，但永远使利用那些财富的心灵贫乏，归根结蒂使真正财富的源泉枯竭，对该社会来说人们变得完全一样——即列奥纳多·达·芬奇界定的“酒囊饭袋”：当然这也是一种宗教理想，但这是一种不折不扣的而不是寓意的愚笨。诚然，魔鬼从未像人们描绘得或我们必须描绘得如此丑陋，这样做旨在将其理论和逻辑推至极致并且推断出理想的结论。当共产主义尚未达到必须重构的程度——即破坏人类生活，实行持续专政和暴政时，当它运用其新闻检查、要求、甚至威胁同私人经济利益的利己主义作斗争并有利于公共利益时，当它用其神话使排除在政治之外社会阶级的任何政治理想活跃，唤醒它们并用纪律约束它们，并开始一种共产主义教育时，它就仍能证明自己的优越性，从而摒弃它或希望它在世界上不存在就十分愚蠢，正如在理论上摒弃并去除其指导原则和其唯物主义宗教一样愚蠢。

这些就是自由主义在其诞生和早期活动时所遇到的已形成的或刚开始的反对思潮。正如某些反对思潮已经衰落并几乎消逝，另一些反对思潮继续存在并充满活力，而新的反对思潮正在产生，在后文我们将讨论它们，不仅因为它们很晚才进入阵地，还因为不具有以前反对思潮的独创性，可以把它们视为派生的、折中主义的大杂烩。

用格言*你死我活*表达的前述不同宗教的根本对立，就其特征看，不能同自由主义自身包含的多样性相混淆，也不能同自由主义派生出的冲突及政党相混淆：这些都是同其本性一致的东西，甚至就是其本性本身，其游戏规则在于探寻适合的和优秀的，并通过讨论、结社和反结社、说服与解决展开，借助这种多数的或那种多数的优势，确定在特定的及改变的条件下可能要求并获得的东西。相反，那些反对思潮阻止并从事推翻自由制度本身，自由制度不可能战胜它们，如果没有以一种方式，说到底以政治方式，最大范围地使用力量。力量是任何行动和政治调整的必要环节：运用人民起义的、战争的、武装护卫的、压迫的力量。非常奇怪：人们往往把自由方法描绘成没有武器的先知的方法，竟然没有上溯到其概念和任何政治概念，事实好像是人们从未同任何其他观念发生冲突，也未在艰难困苦的战役中获胜，没有坚忍不拔战斗血染疆场，没有乐于牺牲的大无畏精神。但那种温顺和柔弱的坏名声影射其他东西，自由主义存在及其骄傲的理由：即自由主义遵循的法律，甚至用强力坚决维护的法律，我们已称作游戏规则的那种法律，它恰恰以自由作为游戏规则——需要尊重他人意见，准备倾听对手并向对手学习，无论如何准备认真地了解对手，从而不准备让对手隐

藏，包括隐瞒他们的思想和意图。因此，伴随自由秩序的确立，所有理想——天主教的、专制主义的、民主主义的、共产主义的理想，全都享有言论和宣传的自由，仅有一个限制——不推翻自由秩序：由于这条途径，它们的矛盾显而易见，那些理想一次次地坚持并捍卫的所有特殊合法要求和一切利益动因都能结出果实，同任何其他形形色色的要求与建议一样；无论如何，那些对手的出现与对立，就像任何宗教中的异端和教派一样，能起促进作用——让信仰更活跃更警觉。正如上述，这是自由主义骄傲的理由，但仍建立在谦逊和卑微的理由之上：因为各种理想在理论上可以清晰区分出好与坏、高与低，但人们和人反对人的实际斗争不能这样区分和比较，每个人千差万别地融真与假、高与低、精神与物质于一身；声称或自诩是反对派的人可能具体地捍卫或传播自由，认为自己是自由派的人可能走向反面；总之，所有人作为个体，都以肯定方式或否定方式合作向善，善使用所有人并超越所有人。正如弥尔顿[①]说道，在古版书中无论在哪儿和谁那里，近代自由都窒息真理、真理萌芽或可能性；这比消灭肉体生命更加不幸，因为丧失真理往往全人类要付出代价，伴随可怕的灾难和不可言喻的痛苦。

如果一个哲学体系的优越性可由驾驭其他哲学体系的能力来度量，由于它在更加广阔的范围内接受其他体系的真理，让它们的真理各就各位并变为自己的真理，同时通过再思考它们的随意和想象的部分，以便把这些部分转化为逻辑问题并加以解决，一种道德和政治理想的优越性，就在于对对立理想的优点和要求的类似

① 弥尔顿(1608—1674 年)，英国诗人，代表作为《失乐园》。——译者

接纳、去伪存真、应用和转化。相反,谴责对立理想是因为它们没有能力完成相同活动,因为它们无益地整体地抛弃同它们对立的理想。自由理想不想逃避这种尺度,反而充分自觉地遵从这种尺度,因为自由理想坚信自己能经受住考验。

第三章　浪漫主义

在唯心主义和自由主义诞生并成长的同时，浪漫主义通常在相同人士那里产生并扩展：这种共时性不是并列，而是一种关系或多重关系，这仿佛有益于澄清而不致迷失。

首先，为了上述目的，必须重申被讨论浪漫主义并撰写其历史的人们（最近几年人数颇多，现在也不少）几乎一直忽视的区分：若不作这种区分，就不能避免谴责的阴影落在某些肯定性精神表现上，恩惠之光照在某些否定性精神表现上，而人们想要叙述的历史将矛盾百出、杂乱无章。要将在理论与思辨含义上的浪漫主义同在实践、情感和道德领域内的浪漫主义加以区分：对于不想停留在有差异甚至相反的表面和外观的人们来说，这是截然不同的两码事。

理论和思辨的浪漫主义是对在启蒙运动占统治地位的文学学院主义和哲学唯理智论的论战和批判。因此，它唤醒纯真、伟大的诗性，在被称作美学的新想象科学中提供诗论；它理解自发性、激情、个性有多么重要，并把它们引入伦理学；它承认并让人承认根据地点和时间在其所有类型中具体存在的权利，它创立近代历史学，再不是对过去时代的轻蔑和嘲笑，而是把过去时代的智慧作为现在与将来的部分；它使历史本身方方面面完整充实并面目一新，

既是文明史和政治史，也是宗教史、思辨史和艺术史；它把自然科学和数学及相应思维方式限制在它们的范围内，并证明离开自己的领域它们无力解决思维遇到的二律背反，比如那些不得不处于抽象和割裂中的二律背反；它在积极的战斗性的价值中感受到自己的生命力，从而这样确定自由主义的理论前提。即使在其非理性概念中，比如有时归于情感和心醉神迷的首要性中，也存在反对抽象唯理智论的正确论战，理性真理的内核以非理性和暂时形式存在；即使在其错误的尝试中，比如凌驾于历史之上的历史哲学和凌驾于自然之上的自然哲学的尝试中，也提出深刻要求——历史同时是哲学，自然被理解为发展和历史性，这种历史性处于分类和常规的深层，所谓真正科学家以分类和常规为基础并运用它们工作。总之，这种浪漫主义不仅一点不同于近代哲学、唯心主义或常言所说的绝对唯灵论，而且就是这种近代哲学或这种哲学的某些特殊学说，在这种情况下，即伴随相应误解和字面荒谬的重复命名，正如人们把从康德到黑格尔的哲学界定为“浪漫主义的”时，就会让人想象这种哲学是道德浪漫主义的学说形式。

在实践领域所说的浪漫主义、即情感和道德的浪漫主义是属于截然不同领域的东西；如果那种思辨的浪漫主义闪烁着真理的光芒，如果批驳它的企图均以失败告终，如果它被多次判定为极端和冒失，但从未贬低到患病、软弱和癫狂；相反，这种道德浪漫主义立即拥有软弱外表，并且总是伦理谴责的题材，只是侧重不同，时而宽容和怜悯，时而严厉和讥讽，并且总告诫必须治疗直至痊愈。多数挣脱唯理智论枷锁者，用批判性与思辨性概念表达的唯心主义和浪漫主义的伟大作者，歌德和黑格尔，就是这样看待、躲避和谴责道德浪漫主义，说它是反常的和可耻的；晚些时候对浪漫主义的赞美也肯定不指向它，即把浪漫主义界定为“哲学中的新教”或“文学中的自由主义”。两个概念——一个积极、一个消极——的差异，在历史学家所作区分中显现：在“第一代”浪漫主义和“第二代”浪漫主义之间，在繁荣期浪漫主义和动荡衰落期浪漫主义之间加以区分；然而，其实真正意义的区分不是或不仅仅是人物和年代学的区分，而是内在的和观念的区分。在拉丁健康和日耳曼病态之间惯用的对比中反映的差异更不清晰；因为，如果德国人具有那种道德病的早期严重症状，那么在德国人中同样涌现思想与伦理的主张者，他们能够自己治愈那种道德病，于是这种思想和连带的伦理如同疾病，在德国之外也拥有先驱者和追随者，因为前者——思想创造，后者——心理条件，都属于近代，在每个民族那里都存在或可以发现。其实，疾病还有其他命名——“世纪病”，这更符合真理。

它已不再是同祖传古老信仰（感受和愿望在这种信仰中享受踏实和安宁）决裂的结果，像人们多次想解释并介绍那样；因为，当一种新信仰接替老信仰时，对新信仰的满腔热忱刚刚让人感受到同老信仰脱离并决裂的痛苦。在 19 世纪，社会在其知识阶层和领导阶层广泛实现非基督教化，并未因此形成一种分裂的和反常的精神状态，比如像浪漫主义那样的精神状态，相反，进程仿佛兴高采烈地发展。狂飙突进运动斗士，由于猛烈冲击现存社会的法律、习俗与思想，在某些方面被视为浪漫主义先驱，在他们否定和疯狂破坏的冲动中，与其说是提供迷失和软弱的证据，不如说是提供一种混乱力量的证据。然而，伦理浪漫主义、作为疾病的浪漫主义、

“世纪病”，既不拥有过去的传统信仰，也不拥有现在的理性信仰，伴随相应的实践与道德表现，恰恰证明缺乏信仰，受到渴望塑造一种信仰的折磨，伴随它无力完成这点，无法满足一次次断言的东西，或无法确立它们作为思维和生活的准则；因为信仰自发地必然地从我们良心深处述说的真理中诞生，从来不会通过愿望与想象的焦急组合去探寻而获取。

这种疾病与其说是因同传统信仰的脱离，不如说是同真正适应新信仰并激活它的艰难有关，为了体验和实施这种新信仰，需要勇气和男子汉气概，并放弃某些恭维与慰藉的旧动因（变得不可能），为了理解、思考和捍卫新信仰，需要富有经验、文化和训练有素的头脑。如果这些事情交给智力强健和体魄健壮的人们去做，其一般进程就不会被打乱，并经过内心的风暴而抵达彼岸；而如果交给头脑清楚单纯、性格直率的人们去做，它们会被其美德与善的光芒迷惑和征服，将直接掌握、采用并实践其结论；妇人心灵——敏感、伤感、不连贯、反复无常、理不出头绪，在自身激起怀疑与困惑，其后又难以驾驭，钟爱并追求危险，并在危险中自消自灭。由于它们未发现自然中心（它们曾怀疑这一中心），就时而贴附这点时而贴附那点，却未能形成中心；由于粉碎有限与无限、感觉与理想的联系，就绝望地将无限与这一或那一有限视同一律，理想与感性视同一律；由于真正上帝消逝，就想象出偶像，其后它们自身解体或偶像自身解体，因为部分不可能作为整体成立，由胡言乱语和胡思乱想构成的幽灵也不能作为坚实的概念成立，因为坚实的概念是智慧与力量。

这就是妇人的心灵，这些“浪漫派”梦想：重返宗教超验和和平

（似乎曾许诺），在寂静与放弃中中止思想的怀疑和忧虑，准则因强制这一特征才被接受，摆脱自身解决自己意识冲突的责任；由于这种超验和这种强制准则的最高表现颇像天主教信仰，不仅是那些天主教民族的和从童年起就接受天主教熏陶的教徒的，而且包括新教徒、路德教徒或其他教派的，甚至原先信仰其他宗教者或不信教者，通过适当仪式皈依天主教，尽管在内心并未真正变为天主教徒，而且在真正天主教徒眼中他们的身份暧昧。他们那种天主教过于沉迷于感觉与想象，尤其热衷于色彩、音乐、歌谣、古老教堂、圣母像和圣徒像，觉得罪恶、赎罪苦修和哭泣妙不可言；虽然他们在教义上装出极端天主教徒的样子，但对罗马教皇及其准则、政策并未表现出相应的尊崇与效忠；他们自称或自认为反新教，但只限于不经常地提及新形式或改革的必要性——新形式和改革基本上是天主教的，却将新教和天主教熔为一炉。其他人或就是上述人，开始疯狂反对天主教甚至基督教，并开始捍卫复兴的异教，用维纳斯女神形象（时而希腊的，时而日耳曼—中世纪的）对抗圣母形象；那些热衷于当时开始的东方语言文学研究的人们，在那种研究中去除观念中的古老崇拜，或以折中主义组合奇异的新崇拜，或再次尝试巫术仪式；最终，另一些人沉浸于某种泛神论，他们崇拜自然，在仿佛由自然引起的感觉中消解，正如他们所说，回归日耳曼先人的原始宗教。

在更具形而上学及僧侣倾向的人们之后，涌现出在性爱上更和谐的人们（有时他们还同前者联手），他们在爱情中探寻解救，在所爱女人中探寻神性。这与其说是由于13世纪新风格和文艺复兴柏拉图主义动因的复苏，不如说是由于肉欲的提纯与升华，即由

于爱情浪漫主义宗教本身。从这种浪漫主义宗教中涌现的形象，不再是贤淑和贞洁的伟大女性，她拒绝、惩罚并教育爱恋她的男子，激励此男子净化情欲——摆脱低级、尘世的欲望，并把如此净化的男子和她一起提升到至尊、至善——即上帝的高度；而是一个敏感和怀春的创造物，她被创造成恰恰为了爱情受苦受难并牺牲生命，这是被崇拜和神化的创造物，其魅力四射——赋予人生热力与意义。有时，这种爱情创造物崛起，举止庄重，就像上帝的女祭司，主持启蒙和崇拜的活动。期待、劫持、陶醉、绝望与失望的交替哀婉动人，从中总会复活关于那种爱情形态和那种女性形象的观念，那种观念一次次地从天而降，给它在人间花坛上遇到的这位或那位、长着金发或棕发的女性头上冠以神妙光环。

在其他心灵中，或在其他环节中，幻想立场主要是伦理和政治的（"政治幻想"的立场，因为一种"浪漫主义政治"，即浪漫主义病的政治，其概念本身就自相矛盾），在此种情况下，在异于现在的社会生活方式中，尤其在复辟过去时代中探寻信仰和极乐。由于最近的过去，即旧制度的过去，在记忆中特别清晰，其局限特别精确，从而不易于理想化和神圣净化，进而渴望转向更为悠远的过去（这也是研究的结果，这类研究致力于再次确立历史发展的连续性，探究并更好地理解中世纪）和中世纪时代。在中世纪时代，人们看见或隐约看到一些影子（仿佛是将忠诚、正直、纯洁、慷慨、守纪律和无纪律熔为一炉既坚实又奇异的东西），意想不到事情的通常交替，在平和小圈子内的纯朴生活，伴有去广阔并充满神奇的未知世界冒险的魅力。对古老城堡和古老教堂或多或少经典地修复，在欧洲到处盛行伪哥特式建筑，浮浅模仿中世纪形式的史诗、抒情诗和圣诗的伪诗歌，趣味文学叙述骑士与马上比武、城堡贵妇与恋爱的少年侍从、游吟诗人与江湖艺人，普鲁士亲王（以后成为腓特烈·威廉四世国王）和巴伐利亚国王路易一世（带有某种欣赏）感到着迷的精神，这些都归因于中世纪宗教；人们竭力把浪漫主义面具和立场给予某些复辟王朝，有时人们看到复辟王朝滑稽可笑地用纹章乔装打扮，穿上从古玩店淘换的服饰。然而如果中世纪宗教是主要的和传播最广的宗教，也不是唯一的宗教；在这种宗教之旁，血统及民族宗教已经崛起并逼进，同它一起瓜分人群，由于缺乏消息和历史沉思，那种氏族宗教把日耳曼人尊为中世纪创造者和统治者，在欧洲（历史上提及它，不得不首先发现罗马性是其共同基础——赋予它统一性和意识）各个角落，现在都在探寻、发现和赞誉日耳曼人的美德，并把这种美德歌颂为朝气蓬勃的纯粹因素，它产生了西班牙和意大利的历史，同样也产生了法国和英国的历史，尽管现在这一因素在这些国家已经疲乏和退化，但仍然年轻有为，并准备以日耳曼和现代德国方式重构世界。其他血统或自诩的纯粹血统没有这么幸运，拉丁人和凯尔特人，伊比利亚人和斯拉夫人受榜样的驱使，也都纷纷涌向中世纪群众大会会场。其他具有伦理与政治倾向的宗教也有着或多或少的信徒，正像回归自然、田园和农民纯朴习俗的牧歌式宗教一样，浪漫主义的主要先驱之一——卢梭从中获取灵感；而那种激烈的、狂热的、异乎寻常的宗教反对上述宗教，狂飙突进运动的冲力就在于后种宗教。但首先要指出的是，由于其创造改变信仰者的能力，由于其产生的形形色色分支旁系，生活作为激情、想象、美和诗的美学化人生观，其后却成为生活的对立面，因为生活希望尊重，从而希望一切形式的和

谐，不接受反常的叠加，不允许一种形式欺凌其他所有形式，它们同样必须尽自己的职责；美学化人生观同样反对诗，因为诗在宇宙沉思中超越行动，宣布实践活动停歇，即使为新行动做准备；因此，浪漫主义在腐蚀生活的同时，也或多或少延伸地腐蚀诗歌形式，使诗歌沦为实际事物、激情事实的直接与混乱的表现、呼喊、怒吼和发狂。

所有这些在源头上考察的东西，都是反常倒错，因为是用个别代替普遍，用偶然代替永恒，用受造物代替造物主；但在形形色色复杂混乱的感觉中，还掺杂更加倒错的东西，即不仅是夸夸其谈和欺世盗名，而且是各种价值的颠倒：色欲与淫荡，津津乐道的残酷与恐怖，乱伦、性虐待狂、撒旦主义及类似乐趣，都被置于理想性的位置，所有这些既庞大又愚蠢；正如在诗人和文学家，包括其中佼佼者，如夏多布里昂、拜伦、雪莱那里可见或隐约可见，幸好不仅仅存在这些，而且它们通常偶然地或短暂地存在。

这里，我们不想在以形形色色颜料组合描绘“世纪病”的图画中耽搁，此外，这幅图画已经被他人不止一次地或好或坏地描绘；为此只需要澄清其起源同自由哲学及自由宗教的关系。正如已指出那样，源于它无力适应这种哲学和宗教，同时又在这种哲学和宗教中获取某些要素，在这种行动中，由于对过去的伤感和对复辟的缅怀而伪造历史性，从而在对血统和种族的狂热中腐蚀了民族性，在超人哲学和无政府主义中腐蚀自由，在生活—诗歌和诗歌—生活中腐蚀诗对生活的价值。另一方面，不要忽视自由信仰能对这种浪漫主义产生不少影响，自由信仰如何根据不同情况以不同方式超越它、抑制它或让它屈从自己。那种情感疾病对于任何形式的理想和纯宗教性都构成危险，不仅对自由主义，而且对同它相反或对立的思潮都构成危险，如果这种疾病恶化，所有这些东西都将解体，一切思想与意志的力量，都将在色欲中、在混乱不堪的愿望中、在放纵的激情中、在毫无活力的想象中、在反复无常的动荡不安中解体和削弱。当对付它的抵抗力量越少，这种危险也就变得越大；就其道德本质看，这种危险属于所有时代，但在现代社会这种危险尤其严重，由于现代社会庞大而复杂，这种情感疾病在蔓延，还由于内在冲突的扩大，这些冲突的崇高性降低，这种情感疾病更具危害性。其实，更晚些时候，它蔓延到艺术、思想、情感、习俗、国家与国际政治中；最明显最可怕的事情是，它接受“颓废主义”的名称，它通常用此名称加以掩饰，其后它只是愤怒的丑陋的老道德浪漫主义，即属于那种重复基本动因并应用于不配的题材、举止也不高雅的浪漫主义。

然而，在 19 世纪的最初几十年，自由宗教充满青春朝气与热情，它与之战斗的对立面——传统宗教、传统王朝、民主自然法论都拥有令人起敬的庄严东西，而后来崛起的对手则缺乏这类东西。道德浪漫主义存在于大量希望、愿望、慷慨行为中，这一切包容它、考验它、通常引导它向善。然而，那些仿佛参与当时时代的思想精英，似乎也染上这种疾病，但作为一种成长发育的疾病，一旦它们痊愈，就可从中获得经验成果、纪律美德、人类更博大的理解力。从他们之中涌现出对浪漫主义的敏锐洞察者和严肃批判者，比如我们已经提过的歌德，他把浪漫主义诗歌界定为“医院式诗歌”，并表示出对“多愁善感人士”的厌恶之情：这种人一遇考验总是失败，还暴露出自己的渺小与低劣；还有提过的黑格尔，他对浪漫主义的

愚昧与空虚进行过最全面分析和最辛辣讽刺，他面对它们，仿佛面对一面魔镜，通过其坚持不懈的工作，伴随其生理上的痛苦与快乐，旨在注视实际生活的饶有兴味的精彩戏剧。

当然，绝非少数浪漫主义者因思维能力未能驾驭并平息他们胸中激起的动荡，也未能通过忘却和重过简朴市民生活而克服它，他们多数走向堕落：一些人以发疯或自杀告终，其他人以道德沦丧、荒淫无耻或在不严肃不深刻宗教的不真诚仪式中告终，游手好闲者和无病呻吟者在孤独与厌烦中告终，就像拜伦的曼弗莱多，他用“厌恶生活”界定自己的感受方式，他本来能成为（一位正观察他的人说）一个高尚的人，却沦为“可怕的混乱，一个乱线团”。然而，还有一些人，虽然他们不会战胜敌人也不会忘记敌人，但不想这样终结生命或可耻地度日，其实在行动时或在决定行动的时刻，他们抓住那种自由理想，但不会在理论上思考，在情感上吸收，而仅仅因为其美的纯粹光辉对他们心灵产生影响。于是，他们中的一些人，因未能理顺自己思想的乱麻而变成悲观主义者；或因爱情背叛或落空而绝望；或因不能忍受懒惰和厌烦，为被压迫人民解放事业去战斗并献身；还有人将爱国者和公民的热情转变为浪漫主义疯狂和沮丧。一般说来，生活在那一时代的所有人都有强烈的浪漫主义气质，正如在他们的信札和传记中所见，甚至只要凝视他们的肖像足矣：那种面貌，那种眼神，那种发型，那种姿态和服装式样。若在争取自由的情感和行动尚未居第一线的国家，浪漫主义者（他们在政治上微不足道，因为他们简直成了神经质和异想天开的病人），通过他们赞同或反对的话语，通过他们好心绪或坏心绪的表现，能被视为保守派和反动派；而在心脏剧烈跳动、知识精英是自

由派的民族那里，他们的名字几乎成为“自由派”的同义词，教士们和警察们怀疑并警惕着那些浪漫青年。世界的痛苦，宇宙的奥秘，对至高无上爱情与英雄主义的冲动，对梦想却不能实现的至福的悲伤与绝望，在亲切月光下漫步，对墓地哈姆雷特式的拜谒，罗曼蒂克的苍白，罗曼蒂克的胡须和发式，罗曼蒂克的风格，这一切和相似东西提供倔强精神的征兆，从这种征兆中可期待可惧怕：他们结成秘密团体共图大业，一旦时机来临，立即拿起武器造反。

这就是我们看到崛起并要为 19 世纪原则较量和战斗的精神力量，只有它们才具备为 19 世纪欧洲史提供主线的资格：为欧洲的宗教与道德的精神史，这种精神建构、支撑、纠正、改造称作政治、军事、行政、外交、农业、工业、商业的实践活动，总之各类致力于特殊效用的活动，因此全都由这种精神决定。当然，这些实践活动均可单独考察其功利的和经济的作用，其中一种活动置于叙述中心，让它成为主要主题，从而将拥有、其实拥有军事家史、外交家史、国家行政官员史、农业家史、企业家史，诸如此类，不一而足；但这不是那种历史，不是那种全景历史，即恰恰关系到超越特殊职业的、在更高级更完整的生活中真正作为人的历史。

无论如何，这是历史；而不是那种事件相叠的历史，虽然如此命名，但至多是编年史。因为被回忆的事件，如上溯到它们的起源，就会发现它们或是以前行为产物（也包括所谓自然行为），或是伴随、竞争和对立的行为，所有这些东西，从构成历史的行为观点看，不是其材料，就是对其具体确定、其不同体现及发展的促进，没有这些东西，无论如何构成历史的行为就不存在，如同水磨，若没

有东西可磨，水磨就不能磨碎。谁若没有遵循此观念，最终总要说（正如思想贫乏者所说）历史是事件的叠加与交织，或说一方面历史提供“规则的进化”，另一方面提供“中断的进化”——即扰乱、动荡的进化，或它们导致意外标记，同起初趋向标记相异或相反。结论既不合逻辑又令人沮丧；再也不存在历史虚无的可靠证据，从这些已发生事件的所谓叙述中产生令人沮丧的效果：因为真正的历史总为生活的战役擂响战鼓。

从另一方面看，由于必须清晰认识任何历史决定论的不确切性，我们不想仿效他人，把这一或那一事件置于我们研究的历史前面：如所谓的产业革命或惊人的技术发明，或美洲新大陆土地同欧洲旧大陆土地之间关系的变化，或近代殖民帝国的形成，或人口的迅速增长，诸如此类，不一而足。它们是事实，但不是那种历史的动因。还需警惕勿让一系列精神动因投入战斗，一个取决于另一个并限制另一个，或彼此之间处于所谓相互作用关系：在唯心主义外表下，其实是另一种自然主义决定论。我们在上文描述的各种力量，如果注意我们解释与阐述的方式，就会知道它们不是动因，不是一种多样性，而是构成一种统一性：统一进程，在统一进程中，我们曾界定为自由的宗教的那种力量，通过同自己的必然的对立面的斗争和成长，由于以新方式对待从对立面汲取的要素，或伴随在这场斗争中为了获胜而创造的新形式，得以立足。正如对立面，从它们方面看，靠新要素得以加强，或按不同方式安排旧要素。它们同样在新进攻和新防御中，在新抵抗和新阻碍中，显示出某种创新精神。在这种精神劳作中，自由的宗教不断地感染并战胜相应疾病——浪漫主义，虽然浪漫主义也在改变面貌。

在 19 世纪进程中，这样的过程在枯竭？在今天——20 世纪，此过程已枯竭，于是可以说 20 世纪不仅作为编年体部分，而且作为道德本体，是用新精神开始新过程？这等于问：在 19 世纪的最后阶段或 20 世纪的最初阶段，一种新宗教（它是宗教却比宗教更宽泛更强大，以致要超越并代替宗教）诞生了。对这一问题的回答，成为 19 世纪末 20 世纪初欧洲历史叙述的最高任务；其实，无论愿意与否，意识到与否，已有的历史叙述和人们在浩瀚的历史著作与教科书中读到的所有叙述，都围绕这个或多或少模糊地提出的问题展开。当然，我们不想细枝末节地从头重复这些叙述，因为这将徒劳无益，只要构成叙述的事实及一系列事实家喻户晓，就可仅提及引证它们甚至省略它们。然而，我们想力争进一步澄清并强调这一问题，继续并详述上文开始的叙述，指出业已描述的基本动因的实现、以后的冲突和随后的形式，自由理想的事业与幸运，即一种精神战争的历史，这是真正“伟大的战争”。

第四章　抵抗与反对专制统治及战胜专制统治(1815—1830年)

从拿破仑倒台到1830年七月革命的15年,人们通常认为构成一个历史时期并有一个核心主题,这一主题展开会得出相应结论。这一主题在于复辟的重建活动和神圣同盟的相应活动,这类活动反对、击退并妄图消灭自由运动;然而,若洞察那15年进程及其积极环节和发生的事件,就会更为准确地说,在那15年里自由理想反抗专制制度,同它进行了殊死卓绝的战斗,最终对它获得决定性胜利,因为那是实质性胜利。

从某种意义上讲,神圣同盟只存在于沙皇亚历山大一世的幻想中,作为一种基于保守派、和平主义者和自由派(一种慈父般地被允许和守护的自由主义的)、宗教的或至少带宗教色彩的动因的梦想或乌托邦。在相同领域,即意识形态领域,当人们在其中预感到欧洲各民族必然在未来将相应的邦联或联邦主义的形式赋予它们的文化同一性时,就特别提高了其意义:在同一时期圣西门很好暗示的观念,为了变为政治概念,却要求扩大自由制度、各个民族的独立与统一,这之后还需要经过幻想与绝望、误入歧途与痛苦考验实现缓慢而艰难的建构。于是,那种神圣同盟的思想很不一致并相当软弱,神圣同盟未引起任何思想运动,未传播到很大范围,也未产生原创的论文和文学。

让这一名称具有或补充上实际内容,则是复辟的君主保护他们的统治制度,妄图阻止革命或改革(在期望与要求的宪法中宣布,在社团与密谋中力争实现):他们为扑灭到处隐含或燃起的革命烈火,联合起来并相互支援,从而避免邻家的火灾殃及自家。1815年9月26日,奥地利和普鲁士的君主为使俄罗斯君主满意,签署成立神圣同盟的巴黎声明(或未签署),在本质上对那些利益及相一致行动的存在和力量没有丝毫影响。英国不赞成那一条约,除宪法的障碍外,还由于英国国务活动家怀疑论及实在论的洞察力。教皇未参加条约,因为他不能以宗教的名义,同信仰东正教和新教的君主们坐在一起,但并不妨碍他们合作进行反革命的国际防御,一次持续多年但同样消极,另一次因内在相似而合作持久。奥地利并不依靠神圣同盟,已经采取措施严控意大利各个小国,一方面通过属于其皇帝家族的君主,另一方面靠其他君主的努力,比如像两西西里王国国王那样,从不把宪法施舍给他们的臣民。虽然俄罗斯、奥地利和普鲁士结成神圣同盟,但它们从未为共同目的而牺牲各自特殊的有分歧的利益,正如人们不是在亚历山大一世倾向自由主义(很快就放弃)的个人立场中,而是在三大强国在对待反抗土耳其统治的起义的希腊人和西班牙及葡萄牙统治的美洲殖民地(业已声明或陆续声明独立)的不同态度和不同政策中所见,其后在对待法国和比利时革命的态度和政策上的分歧公开化。英国,早在其他强国之前,因其巨大而复杂的政治与商业利益,因其国民的公共舆论,因其深厚的政治情感,不惧怕自由及相

应的冲突与危险，1823 年英国通过坎宁[①]之口说："人人为自己，上帝为大家，请你们让沙皇懂得权贵聚会时代已一去不复返"；英国方面放弃充当复辟捍卫者的职责。此外，梅特涅在维罗纳会议上提出警察之警察计划，即在统一领导下建立意大利各小国的警察联盟——这个计划同样受到比他更反动的那不勒斯大臣卡诺萨亲王的推崇，后者或因纯粹确信或因虔诚信仰——若没按此方式组建部队，但某种部队还是组建了：各小国警察具有相同的智慧并且协同作战。受国际派遣的军事行动，虽说并不永远一致，但总是针对那不勒斯、皮埃蒙特和西班牙的立宪派；由于奥地利的意愿，限制性措施被强加于德意志各小国，这使得普鲁士、最终连沙皇都步其后尘，虽然沙皇妄图实施神圣同盟纲领的不同部分：这种监视和施压活动也扩展到瑞士。

然而，自由派没有作为战士反抗神圣同盟的幽灵，也没有反抗各个专制君主国达成的非幻想协约，没有用他们的自由国家联盟反抗专制君主国协约，不像从前新教曾用君主联盟反对君主联盟，更近的法国革命是用共和国反对国王，其他共和国正是以法兰西共和国为榜样逐渐建立的。自由派起初艰难地运用业已拥有和能够获得的手段反对他们是臣民而非公民的国家的专制制度；他们让保守君主国的共同利益和其他特殊利益间的冲突在所谓神圣同盟的反动军团中打开裂缝，并为自由行动提供有利时机与便利（对神圣同盟相当严重，对自由行动相当有利，先是海上强国——英国的温和立场，后是英国脱离联盟），自由派以自己的方式缔结了联

① 坎宁（1788—1856 年），英国政治家，1827 年一度任英国首相。——译者

盟,不是国家的而是精神的联盟,“人民联盟”,正如当时人们称呼或者呼吁那样。这种联盟因其思想与道德的力量得以巩固,而在另一种联盟中则缺乏此种力量,甚至把位置让给对手;这种联盟通过生机勃勃的自发性表现,在所有国家发现并汇集其成员,并靠天才及智慧的作品、论战、演讲、诗歌,靠受难者和战斗者的同情,靠慷慨的相互帮助,靠独立与自由国际志愿者抗击瑞士人组成的国际雇佣军(瑞士人被某些专制君主国招募)来实现。诚然,为行动准备生力军的民族性或国际性的秘密团体不可或缺,正如在18世纪和拿破仑帝国时期不可或缺一样,那时它们曾冠以神圣信仰主义者、卡尔德拉里①、使徒的名称,它们还受教权主义和专制主义影响;19世纪自由派秘密团体中最重要的是烧炭党,它从意大利南方扩展到全意大利,在法国重新发展,甚至在俄罗斯都有模仿它的团体;类似秘密团体在被压迫国家,如波兰也纷纷建立。然而,秘密团体的作用远比对它们感到恐惧的人们想象和认为得要小,并且同伟大精神的有效联合与合谋相比几乎可以忽略,无须掩饰也不能掩饰,这些秘密团体为伟大精神的有效联合与合谋提供某些服务,但服务往往不周。梅特涅的一位顾问,1820年提供关于伦巴第精神状态的情报,他说至于相信反对派存在于烧炭党,并希望它是某种类似教派的组织,但很不幸,它却是一个真正的政党,它由大部分中等阶层组成,由贵族中智力、见识和社会状况优秀者构成。

专制制度(它缺乏具有独创性的天才建设者)并不拥有那种重

① 复辟时期两西西里王国的秘密反动团体,卡诺萨亲王曾利用它反对烧炭党人和共济会,以巩固专制政权和天主教。——译者

构的反动力量，能战胜那时业已存在的自由秩序，并能去除在经济、习俗、文化中发生的变化（在尚未发生变化的地方也产生这种变化的需要），总之，能将欧洲恢复到悠远时代的稳定，其后那种社会也不像人们想象那样稳定。因此，专制制度适合接受在征服者法国和拿破仑的力量直接或间接扩展到的民族那里引起的所有或几乎所有经济和司法改革，这些改革是对旧君主国类似措施的继续，并且是它们的原则所要求的，因此它们施压并逼迫那些君主国面向未来。流传下不少逸事，根据情况与心情，人们面带讥笑、哈哈大笑或无比愤怒地看待它们：复辟上台的撒丁王国国王无疑想要重新施行 1770 年王国宪法（除去死人的选票）和 1798 年皇历，仿佛在那个国家和世界什么都未发生；摩德纳大公妄想一笔勾销所有或几乎所有在 1791 年后颁布的法律；黑森的选帝侯对于局势的随意性与丑陋无比愤怒，他废除法国占领时期的所有改革，声称国家财产分文不卖，公债分文不借，他重新梳起小辫却保留不断加重的税收；教皇也类似地废除法国人制定的法典和法庭，妄图恢复旧时代秩序，把犹太人重新禁锢在犹太人居住区，并强迫他们参加一种不属于自己的宗教仪式，甚至禁止种牛痘，因为牛痘把牲畜和人的淋巴液掺和；这都是徒劳无益的挣扎，其后大约均屈服于时代的必然性。在维也纳会议上，外交家们嘱咐在拆毁时要有节制，并提醒教皇庇护七世在归还的各省施行行政改革和利益代表制；奥地利通过卡萨兰察条约，向那不勒斯王国保证由约瑟夫·波拿巴[①]

① 约瑟夫·波拿巴（1768—1844 年），法国律师，外交官，军人；拿破仑的长兄。1806—1808 年任那不勒斯王国国王。——译者

和约雅敬・穆拉特[1]完成的全部事业不改变,反对国王从西西里隐蔽所返回那不勒斯。少年已长大成人,人们看到或发现他经受住考验,他再不能身着昔日服装回乡。只有最愚蠢最爱空想的归来流亡者才相信靠某种魔法和魔杖可以使他重做少年;而那些居住国外的流亡者,比如大臣黎塞留公爵,他们经观察、比较和沉思,在政治和道德上接受教育,知道这既不可能也不可企望。于是,专制制度采用并非反动的而是保守的形式。它被迫违背自己理想施行妥协,不仅应让反对它的古老政治制度和永远危险的范例存在,而且不得不赞同其他政治制度形成,甚至那些制度正是对革新者和造反者的激励和鼓舞。虽然英国扮演了反对法国革命和拿破仑帝国的角色,并且同旧君主国合作,但它未使历经百年的宪法受到丝毫损害;再没有比托利党人更顽固不化地走专制主义道路,而斯图亚特们不仅以其体力上的衰落出名,而且以其精神上的衰落著称。虽然法国曾两次被专制制度联盟打倒并屈服,但法国的宪章从来未能被否定:在第一次复辟时让与的宪章,被拿破仑用另一宪章代替,他称之为附加文件,在滑铁卢战役后,后一宪章被第二次复辟王朝再次确定。如何让法国重返 1789 年以前的形势?而其他君主立宪制度在同比利时统一的荷兰王国中,在某些德意志小国中建立起来;由于沙皇亚历山大的意愿,一段时间内他赞成在波兰也施行德国立宪政体。魔鬼力量——自由主义总在世界上存在并让它落入陷阱;然而,最为

① 约雅敬・穆拉特(1767—1815 年),1808—1815 年任那不勒斯王国国王。——译者

糟糕的是，人们了解它的统治范围，它同自己宣扬的有益原则的明显矛盾。

如果德意志和波兰的君主立宪制是虚假的、或多或少无能的和无足轻重的，荷兰—比利时的君主立宪制也绝不更好些，很快就发生比利时同荷兰的初步但尖锐的冲突；相反在英国和法国，自由主义再次或开始走上崛起之路。在和平后的最初几年，英国被迫在某些情况下求助于特别法，中止人身保护法并控制新闻界；对因失业及其他经济困难引起的混乱和暴动（多数情况是当时工人发泄对机器的愤怒），它采取镇压行动，有时是血腥的；通过卡斯尔雷子爵[①]同大陆专制主义强国结盟；甚至正如那些强国所为，妄图得到神职人员支持，不惜重金修建教堂以免受视为革命的不信教和反宗教的侵害。然而，即使在保守派收缩的短暂时期，议会及其辩论，法庭及其审判以及其他保护法仍然牢固，有时还废除特别措施；与此同时，公共精神根据政治方向波动和工作，以便用不同或对立方法解决社会问题。文学与诗歌充满反击反革命的战斗精神，并同反抗外国侵略者和国内专制暴君的起义人民站在一起；组织援助他们的委员会，自愿者出发上前线，征募外籍军团，派遣军事专家：拜伦继续用实际诗歌去帮助希腊人，并以在米索龙齐的牺牲结束并确认诗歌，他变成不仅是亲希腊的、不仅是英国的激昂慷慨的象征。在另一种秩序中，边沁[②]思想和“激进”党，从共同反对托利党和辉格党中涌现，它们建议在英国生活的方方面面进行改

① 卡斯尔雷子爵（1769—1822年），英国外交大臣。——译者

② 边沁（1748—1832年），英国功利主义哲学家、经济学家、法学家。——译者

革,因为英国生活背负着太多过去残余,无论是悠远时代和中世纪的,还是宗教斗争时代的:封建所有制的政治特权,严酷的刑法,议会代表名额分配的不平等制度,某类公民被排除行使政治权利。经济的发展,首当其冲的是工商业的发展,受到现行海关制度、农业保护政策的阻碍;1820 年商人递交请愿书,走在后来自由贸易主义者剧烈骚动前面。公共舆论禁止英国动用武力镇压宪章运动和民族独立运动。因此,反动危机很会被超越:在 1824 年,一位英国下议院议员可以惊叹不已地欢呼:就在几年前,一切皆"收缩",而现在一切皆"自由"。从 1822 年至 1827 年,通过坎宁内阁实现过渡,当英国在国内改革刑法时,遵循自由贸易倾向废除许多条款,承认工人联合的自由,这是在发生大量罢工后作出的决策,因此是有限的自由,但一直保持到 1825 年,还颁布反对狩猎及类似法律;对外,拒绝参加反对西班牙革命的行动,在葡萄牙拥护君主立宪党,承认脱离西班牙美洲殖民地而诞生的新国家,在外交和军事上支援希腊人的起义,重新调整自己的海外殖民地,并在那里废除黑奴制。不像近视的唯物主义者和唯心主义者空洞地解释那样,由于英国扩大跨洋航行,并坚决把俄罗斯排除在君士坦丁堡和地中海之外,在这种外交行动中英国保护并促进自己的力量与经济,证明那种外交政策的自私性,而仅证明一种道德理想在事实进程和利益交织中一次次发现的可能性和便利性,而可能与便利仅以那种指导观念的存在作为前提。这如同说到一个人时的诡辩方式:某人完成一件善事,这是事实条件允许他做的,在这些条件下,所做善事不仅未损害他,反而使他受益,他培育了自己的利己主

义。在1829年，恰恰在威灵顿公爵[①]的保守内阁时期，实现解放天主教徒，他们把如此长时间延迟的正义归因于自由情感；与此同时，劳动就业增加，围绕根本改革、即选举改革的辩论日益频繁和普遍。在英国，面对边沁和激进派的抽象主义，人们能有另一次特殊机会沉思自由，边沁和激进派由于迷信英国古老宪法的不可侵犯性而中断这种沉思，并走向对立极端，根据功利数学计算来草拟新体制；在那里虽然自由精神反对迷信，但并不因此反对过去本身，而是使温和概念占上风，从而导致1832年改革。法国大革命用其理性主义逻辑对其多数敌人产生影响；在某些情况下，那些敌人也以某种程度需要那种逻辑；此外这些敌人也拥有传统和后天才能，从而使他们的危险、无益的推理不伤害人；道德意识教育对英国社会产生广泛影响，循道公会[②]使这种教育生机勃勃并经受考验。

法国所处形势截然不同，从最初时日就被迫反对一个自负政党以捍卫其宪章，这个政党勉强地并恶意地装扮，骨子里并不赞成宪章，虽然未想过在形式上废除宪章（其某些狂热者除外），却旨在阻碍或牵制其实施及结果，旨在让它沦为没有相应习俗的法律，旨在超越或通过它，同国王、贵族、教士一起，当需要时同平民一起，实行有效统治。宪章是让与的而不是议定的——一种司法与形式上的差异，在各方冲突中就变成政治的和实质的差异，在冲突中居

---

① 威灵顿公爵（1769—1852年），英国著名军人和政治家。在滑铁卢战役中大败拿破仑。——译者

② 18世纪在英国出现的基督教新教一个教派。后成为仅次于圣公会和天主教会的英国第三大教会。宣称忠于《圣经》和基督教教义。——译者

主导的一方将真正性质赋予宪章:从而自由一方的问题在于能够获得仅仅让与的东西,还是实际上而不是形式上将让与宪章变成人民宪法。在这 15 年里法国的事变只沿着单向运行。首先,进攻多次表现为对新闻界形形色色的挤压和重新恢复新闻检查,挖空心思改变选民资格以便把政权交到大封建主手中,再通过大封建主交到贵族和王室手中;直接对立的手段——普选制并非同上述手段矛盾,贵族中的极端分子心甘情愿地抓住这一手段,当他们估计会吞没资产阶级和有教养阶级而高抬教士和贵族时。对已没收和出售的流亡者的土地进行特殊赔偿,恢复长子继承权和禁止划分财产权,也是为同一目的服务。交由教士主办的教学与教育,受宠的修会,受到热烈欢迎的耶稣会士,竞相协助;他们不遗余力地给予或恢复统治方式的威信,于是他们想确立回忆起的君主制礼仪,正如查理十世在雷姆斯大教堂表演的献祭和涂圣油的仪式,更要确立不断更新的庄严战争,比如 1823 年支持波旁家族的一个国王重登专制君主宝座的战争,或如为希腊基督教反对伊斯兰教的战争,以及更近的反对阿尔及尔的野蛮人及统治者的战争。防御方也有自己的极端派别,存在于拉斐特[①]和法国烧炭党的共和派中,更不用说主要由老雅各宾党人和拿破仑军人活动,到处密谋和尝试——煽风点火和武装起义,特别是在复辟王朝的头几年;但真正骨干是中间派议员,他们一直反对选举沿着反动方向变化,他们一直反对新闻检查和对新闻界的迫害,反对教权主义和教会对学校的领导,反对由贵族和幸存的逃亡者要求的津贴、奖励和恩惠,

① 拉斐特(1767—1844 年),法国银行家和政治家,木匠之子。——译者

对法典微小或严重的违犯，他们怀着同专制主义者截然不同的情感，像捍卫自己事业那样捍卫希腊独立事业，像欢庆自己胜利那样欢庆在纳瓦利诺摧毁土耳其舰队。那些年法国政治的走向是连续波动，颇像秋千——忽而是或多或少对宪法的遵循和崇敬，忽而是对宪法或多或少的违反和违犯；普选制受这一目的制约，或被那一目的制约；贵族议会，或是自由议会（充斥贵族，或充斥资产阶级）；新闻检查及起诉新闻界，或新闻界被放开手脚；保障教士教育权或世俗革命，罢免教师或召唤教师上讲台；总之，存在一个维持某种平衡（尽管还不稳定）的时期——路易十八王国和黎塞留及德尔卡塞内阁时期；一个不平衡日益加剧的时期——查理十世王国和维莱尔伯爵内阁时期，在马蒂尼亚克的温和主义间歇后，随波利尼亚克内阁又起风波。在长期对抗中，古老制度大贵族们已和盘托出其不多的东西，路易十八及其大臣对过激派感到不安和头疼，他们把过激派称作“和平的真正破坏者”和“白色雅各宾党人”，其实后者倾向于同红色雅各宾党人结盟反对自由派和温和派；教士党或神父党变得面目可憎；嫡系波旁王朝萎靡不振；反动和保守主义的手段与计谋已声名狼藉，相反，中等阶层人士摆脱这些东西，变得朝气蓬勃，他们不仅凭借天才、雄辩和执着（另一方在向过去开战时缺少这些品质），而且依靠表达时代必然性的意识投入长期战役，此种意识捍卫堡垒般的心灵，赋予它信念、坚忍不拔和果敢。“自己救自己，上天将帮你”，这是当时由基佐领导的相当活跃的自由青年团体的口号。

此外在复辟王朝巩固其统治制度或推翻通过革命建立起的立宪政体的国家里，相同性质的发展进程不可遏止，即使人们看起来或认为这一进程中断或消逝。在意大利,受到奥地利的直接监视;奥地利用其军队粉碎在那不勒斯形成的立宪自由,帮助镇压皮埃蒙特的类似革命,挫败并严厉惩罚烧炭党人在伦巴第和威尼托的密谋,促使并保障教皇及其他小君主发挥类似作用,到处建立某种恐怖,这不可能是和平,因为生活的平静和充满希望的习俗不可能建立在恐怖基础之上,而只能产生(若不是经常的话)绝望和沮丧,此外发生这类情感,在人类那里不会持久,或许在驯养者的皮鞭和怒目之下的牲畜那里持久些。秘密团体继续活动或尝试重建,密谋造反并点燃起义烽火,虽然起义是孤立的和弱小的,并且很快被镇压下去,但已显现出地下炽热岩浆沸腾的迹象。然而,知识分子活动更为积极和奏效,因为他们关注更普遍和实质的东西。他们从意大利各地出发去流亡,在英国、法国、比利时和任何可能地方聚集起来,他们都是英勇无畏、富有教养和信仰的优秀人士,他们在意大利境外形成另一个意大利,把自由战士派往西班牙、希腊、美洲和波兰,所有境外意大利人的杰出代表桑托雷·迪·桑塔罗萨[1]同拜伦在斯法泰利亚并肩战斗牺牲,永远活在人们记忆之中。那些人数不多的政治流亡者,其留在意大利的众多志同道合的同胞,遭到各国政府及其警察的欺压,但他们准备重新起事,反思过去的幸运并汲取苦涩的经验,沉思先进的思想并构想合适行动方式。1820—1821年那不勒斯发生的立宪剧变,还有在皮埃蒙特发

① 桑托雷·迪·桑塔罗萨(1783—1825年),意大利爱国者,在1821年皮埃蒙特立宪革命中,任临时政府战争大臣;后流亡希腊,在反抗土耳其统治的战斗中牺牲。——译者

生的动荡，虽然自由的火炬此起彼伏，但还不是深刻的激变，即不是整个心灵的更新：尤其前一剧变，为拿破仑战争的军官们所期待——他们受到侮辱，心怀不满并对自己命运感到不平，也为近期获得财产的有产者所期待——他们对拥有这些财产的安全担忧；被糟糕地代替道德认同和精英（人民需要的解释者）一致的一种宗派系统所实施；被思想上忽视国际形势和实际政治力量的政治智慧所孤立。因此，为教育意大利青年，有待完成伟大的工作，这是一项十分艰难的工作，因为必须在来自上层的怀疑、阻碍和禁止中进行，因此需特别谨慎；但这一工作毕竟开始。现在，如下真理显得千真万确，正如以前未被或未被普遍地认识：在意大利各地，自由生活和文明进步的条件，都在动摇奥地利的统治，不仅指外国的统治，而且指本质上反自由的统治，因此必须把政治教育同意大利的民族的教育相结合，必须通过这种教育以获得对意大利全部历史及其发展轨迹的认识。从而开拓并走上新道路，而以前根本想象不到；于是种下意大利自由天主教的种子，它朝着民族独立和自由发展，并激起对中世纪教皇们的回忆：他们捍卫拉丁性反抗伦巴第人，他们同城市公社结成联盟反抗德意志皇帝们。在像意大利这样的天主教国家里，这是具有重大意义的回忆与联想，因为自由主义可不断地争取从前敌视它的社会广泛部分，消除对它反宗教与反基督教的怀疑，即消除对它伏尔泰主义和唯物主义的怀疑，并且允许它进入那类地区并发展，即没有同天主教和解就不易渗透的地区。另一方面，虽说同为专制主义政权，但决不甘愿从属于奥地利，在领土问题上它们是奥地利的对手，无论如何它们珍惜自己的独立，在反动措施上也不放任，起初它们彼此支持，因为不得不进行统治,但长远看来,没有精英的共谋,不可能维持统治,在落伍者中肯定找不到精英;因此精英等待那一时刻:放松缰绳,颁布大赦令,召唤流亡者,完成期待的改革和文明活动,证明美好意图和良好愿望;如果撒丁的卡尔洛·费利切们和两西西里的弗朗西斯们不了解或不能解决这一切,人们就期待他们的继承人或接班人能够做到。在意大利的某个地区,在托斯卡纳,人们可以松口气,因为洛雷纳家族的统治既理性又温和;在这里不仅居住着意大利其他小国的流亡者,而且多年出版一种杂志——《文选》,它是对在伦巴第发行的刊物《调解者》的继续,这本杂志仿佛适宜同具有崇高才智之士进行对话。奥地利最终让人扼杀这一刊物,但此时它已产生良好影响并结出果实。

西班牙在完全投入捍卫其国王反抗法国人的战争时,首次建立自己的立宪秩序,通过 1812 年 3 月在卡的斯宣誓的宪法组成唯一议会,一方面按古代王室留下传统,一方面按 1791 年法国的范例,其后那不勒斯烧炭党人采用这一宪法,但不能清楚认识其渊源和特性。同时进行抗法战争的西西里,在 1812 年也确立一部宪法,一方面继承其古代议会的传统,一方面按英国议会范例,并靠英国的帮助、近乎英国的保护。第一部宪法,即西班牙宪法,在形式上被波旁国王废除,他重登自己舍弃的宝座,他也曾受到自己人民的保护;第二部宪法,其实被另一位波旁国王废除,当他能够返回其那不勒斯首都时。无论第一部还是第二部宪法都是突然来到世上的;在西班牙,如果说民族情感几百年来就非常强烈,而最近奇迹般地显现其生命力,但因缺乏近代思想与文化(因为西班牙的旧文化和旧科学,伴随驱逐耶稣会士在 18 世纪就终结了),也缺乏

近代形态的民族性;于是,可以说民族性是本能的,自由宪法是抽象的,国家的主力并不理解宪法,也不知道用它做什么。然而,正如对西西里来说,人们永远记得宪法并努力争取再次拥有它,同样对西班牙来讲,突然来到的1812年宪法,似乎标志新民族形成的开端。卡的斯宣言之后,紧接着是废除宗教裁判所,查禁修道院,分配公产,缩减王室财产,各种公民均要纳税及类似措施。当国王斐迪南七世废除此宪法时,他不能让发生的事情不发生(至少在人们头脑中),也未能去除宪法中表现出的需要,还不会通过其他途径暂时地临时地满足这些需要。他于1816年徒劳地颁布法令,想要取缔两个对立的政党,甚至执意要停止使用"自由的"和"奴隶的"词汇;因为这些东西不是通过法令实施的。他的政府属于那些复辟王朝中最坏最笨拙的政府,被臭名昭著的教士与修士、弄臣与低劣仆人构成的"奸党"操纵,恢复宗教裁判所,重修修道院,重新免除教士的赋税,监禁在法国国王时期服务过的人士,也包括某些参加过卡的斯议会的人士,在剥夺购买原教会财产的人士时,就触犯了公众信仰。其实,在天主教国家西班牙,正如在神父党重压下的法国,伏尔泰、百科全书派、法国报刊撰稿人及论战者的著作再次时兴,人们争相阅读,为革命准备所必需。活动家、军人不耐烦地、激动不已地观望着,他们曾为古老西班牙的独立与荣誉浴血奋战,曾富有崇高精神和光辉希望,而现在他们看到在壮丽史诗之后是如此丑陋的散文;生活在极端经济贫困之中的军人,在西班牙正如在其他国家一样,那时构成有助于造反的准备要素——易燃物。1820年在西班牙爆发起义,通过军人暴动而宣布1812年宪法;这部宪法在几个月后被国王恢复并宣誓,议会也统一起来,经过三年半时间,面对教士与专制主义者、欧洲列强国王与教皇的敌视,军人的纪律涣散,立宪政权人士的不成熟及蛊惑人心,西班牙仍未找到平静,直至法国干涉才结束那种动荡混乱局面。但随之而来的是可怕的反动,不断地对抗自然,即抗拒历史,不仅使人们更加珍惜曾在短暂时间内拥有的东西,而且最终使掀起反动的国王处境尴尬、困难重重并身败名裂,人们发现他被一个宗派支配,被铁杆保皇派、"使徒派"、"查理主义者"(正如人们根据国王兄弟的名字称呼那样,这是蒙昧主义的标志)的制约和指挥,还看到他为支持其最后一次婚姻所生女儿而颁布的王位继承法遭到强烈反对。由于他感觉到缺乏反对派的那种力量,为恢复平衡和进行统治,就必须想到防备专制主义支持者并研究某些司法措施,最终他本人想不再把立宪思想全视为荒谬并隐约看到那些思想中的好东西:他关注的感觉,在年轻的王后和不久后的摄政马利亚·克里斯蒂娜[1]那里变成现实。通过相似事变转到邻国葡萄牙,从军官们和自由派为建立议会发动军事政变,到由国王堂·米格尔(受到平民拥戴)的兄弟举事推翻立宪政权,到因佩德罗的反行动导致自由派发动起义,这一切同女系或男系的王位继承问题交织在一起。在这些事变进程中,巴西赢得独立,这颇似西班牙殖民地所发生的情况:专制主义因缺乏力量,自由主义因逻辑一致的理性,都不能有效地对抗独立,而不得不适应独立。

无疑,德国的自由形成(整个王室、军队、官僚和对平静生活的

① 马利亚·克里斯蒂娜(1806—1878年),西班牙国王斐迪南七世的妻子,1833年斐迪南逝世后,她当摄政,使全国陷入一片混乱。——译者

钟爱)是断断续续和软弱的,更不用说奥地利了。其理由在上文论述宗教改革和路德主义时已提到,通过自由考察和回归意识深处,它们经历了自由研究、批判和哲学,但同时也确立了对君主与国家的崇拜,留下两种截然不同的活动形式,思辨形式和政治形式,在某种二元论中,两种形式彼此尊重,却没有紧密联系和活跃交流。黑格尔说(我们可以赞同他的观察,但不赞同其指责、贬低的判断),自由主义,其不平静及其革命,是没有像德国那样经历路德革命的民族的疾病;他认为在秩序井然的普鲁士国家发生复辟后,在政治上再也无事可做,只适合回归内在性、上帝的天国和哲学思维。在德国人们所说的那种内在自由十分宽泛,没有遇到政治障碍,也没有达到为维护自身转化为政治行动的高度。人们接受由君主及其官员从事的成功政治行动,善良的臣民对他们的政治行动只能服从和合作;思想沿着自己的道路大胆地前进,没有发现它未遇到政治障碍,可能它不想这样或不会冲撞,由于接受的限制和表达的敬意。德国哲学不认识烈士,譬如,就像意大利哲学,其贵族家谱图就源于此。它也未注意到那种接受分离和弃权导致德国学术的学院气、学究气、迂腐气、繁冗气、不具体、不实际,即其他民族批评德国学术中的缺陷。德国学术在内容与形式上,妨碍在欧洲的传播;如果部分障碍被排除,仅限于其某些概念的深刻性与重要性被理解,限于将那些概念翻译、澄清、展开和详细叙述的人们的良好愿望和活动。某些外国人惊奇地倾听德国学者反对思想自由的论证,不是根据政治动因,而是根据新闻业拥有思想自由会给严肃学术带来的危险——破坏严肃学术的纯洁性。卖弄学问的瓦格纳确实生活在那些学者之中,生活在他们心中,在那儿诗人发现这些,他倾听他们的格言,他观察他们的习俗,他开怀大笑或面带微笑地享用或让人享用这些。而国家方面也未认识到如此顺从、虔诚、对政治争吵如此节制的臣民使它缺乏灵活力量;国家致力于国防、良好行政管理、官僚与军队的建设,以致一位德国历史学家(他是那种国家观的最后一批和最热忱的代表之一)想说人类和文明归因于普鲁士,就赞扬1814年9月3日义务兵役法,是"标志一个时代的并让人理解历史真正存在于何物的那些法令之一"(其后,似乎没有法国大革命及其征兵的先例,即没有民主思想的先例,这一法令也可产生)。然而,如果在内在自由与外在自由之间,在理论与实践之间,没有适度的交流与过渡,自由的一种特殊表现(当时已经上路)就以某种方式分道扬镳:民族冲动,日耳曼个性情感,给予并发展日耳曼个性在世界上力量的愿望。这种冲动有时打扰德国学术和文学的从容,使学术沾染上外在激情,使文学带有倾向;有时造成德意志各个小国的尴尬与恐惧;然而,这种冲动没有或很少或极不稳定地同政治自由理想相融合,这是事物本性的必然结果,正如在其他民族那里发生那样,即使它们尚未同日耳曼民族站在同一高度,即登上思辨的高峰,也没有像后者那样吹嘘军事制度如何牢固,但它们却拥有更简单更清晰更一贯的实在观与生活观。因此,有种说法:当爱国主义使所有其他民族心胸开阔时,却使德国人心胸狭窄和小肚鸡肠,使德国人远离理解与同情。说实话,甚至在他们对其他民族的兴趣中,也反映出他们的偏好或想象:于是,德国人对希腊文明的热爱之情就不同于英国人、法国人和意大利人的,主要不是针对实际呈现的希腊人,而是针对由古典文献构建的艾拉德古城、爱奥尼亚人、多利安人,德国人在意大

利没有看到民族复兴运动志士，而是乐于在古代建筑废墟中和平民百姓习俗中发现古代异教罗马人的痕迹，他们用考古学家的目光满意地注视它们，还欣赏它们——血统的可能遗存。复辟王朝和梅特涅亲王（他在奥地利、整个德意志和普鲁士捍卫和领导复辟王朝），恰恰不是首先同自由派发生冲突，而是同那些狂热的爱国者和民族主义者发生冲突，后者炮制了词汇“德意志性”，他们乐于鲁莽和粗俗，而外国人观察他们，惊愕地发现他们仿佛染上疯狂症和狂热症，并且都以“日耳曼疯狂”被施洗。一位年轻的意大利自由派、诗人和歌德迷——亚历山大·波埃里奥，在1825年前往德国，带着如饥似渴的头脑，开放、宽阔的胸怀，满怀对德国思想与诗歌的热爱之情，但同那里狂热的大学生一接触，立即被冒犯，带着愤怒与厌恶之情离开那里。复辟王朝政府镇压那种运动，惩罚其种种表现，吊销或查禁其报刊，迫害其首领并把他们投入监狱，连某些解放战争的演说家和英雄也未放过；因为，即使在那种杂乱、异常的形式中，它们也闻到与之对立的新时代气息，还由于在沸沸扬扬深处存在一个实际问题、德意志统一问题，这个问题威胁到在维也纳会议上艰难构建的安排，并且必须通过一场德意志诸小国间的战争才能解决，而当时没有一国敢于冒险。这个问题和那场不可避免的战争本身就拥有煽动者，他们不可能把这个问题同政治自由问题相结合，他们也不善于指出明确方向；他们在空洞混乱的观念中浮想联翩，许多人设计出某种类似神圣罗马帝国的建筑，但由于这种建筑的核心或穹顶难以适合当时半斯拉夫的普鲁士，他们就把目光转向奥地利，几百年来奥地利就是神圣罗马帝国所在地，而其他人看好南德意志各国，这些国家被视为最纯粹的德意

志国家，有别于“北方人的”和“普鲁士人的”“日耳曼民族的”国家。当时在这方面获得具体成果的，不是他们的事业，而主要是普鲁士的事业：德国海关统一，当然是国家统一的前提和承诺，它是向着国家统一目标迈出的一大步。由于这一切，即使那种怠惰的国家机构也开始闪烁自由之光；在1815年后改革或建立的议会并不重要，它们是顺从并充满官僚气的，刚有抵抗的迹象就被解散，那些巴伐利亚的、符腾堡的、巴登的议会(普鲁士国王不给予议会期望和承诺的宪法)，及其他有时可笑的小议会，不断受到联邦议会和主持该议会的奥地利的阻碍，如果奥地利想做的话，就可将所有议会从德意志大地上铲除；由教授和学者所办的政治报刊可能不够专业，总受到怀疑和监视，有时受到惩罚甚至查禁，此外，发生这些情况，也是1819年卡尔斯巴德决议的结果；然而，尽管如此，仍意味着不可能完全排除类似体制并阻止它们表现的需要不断壮大和扩展。在青年民族主义者联盟内，猛烈的条顿精神中混入对暴政的愤怒和对各种自由爆发的激情；说实话，这是有点陈旧的、狂飙突进式的思想状态，或(正如我们意大利人所说)“阿尔菲艾里式的”，是自由意志论者的而不是自由派的，却是一种情感生活，从这种生活可以产生政治生活。另一方面，在学术与宣传领域开始解释和灌输一种更实际的自由的政治概念；如果某些人凝视着介于中世纪和近代之间的英国式制度，即地方自治与封建特权、各阶层或各阶级的代表并存(即他们想让德国在19世纪重复英国制度发展进程，而恰恰在英国那一进程陷入理性化危机)；其他人则更喜欢法国范例，虽然这里也有某些延误的东西，他们记住1791年宪法，却未看到或未全神贯注地注视当时法国激烈的宪法斗争。莱

茵河区人民和南德意志人民已经进行了改革并且了解法国行政制度，他们没有掩饰对法国及其生活方式的热爱，有时大胆地鼓动“获取新拉丁人权利”，他们以条顿人的愤怒和敬畏，公开声称自己是“自由派”，而普鲁士人是“封建派”（这是民族运动脱离自由运动的后果），他们因厌恶奥地利或普鲁士（尽管两国不同，但都反自由）而对德国统一表示怀疑。与此同时，波兰自身证明立宪制度同民族独立之间的不可调和性：俄国沙皇让与一个议会，但它因内部分裂而多年停止活动，而且议会辩论记录禁止发表；而波兰的其他自由，根据情况时而享有时而中止，时而限制时而废除。然而，由于波兰没有顺从也没有满足于这种命运，一直向往独立和有保障的自由生活，起初接受意大利文化强烈影响、其后接受法国文化影响的波兰属于欧洲，虽然波兰社会结构独特并落后，欧洲人为它而悲痛，分享并领会其不幸和希望，当然不是没有错认为与自己的相同。相反，不能说俄罗斯也属于欧洲，尽管沙皇主义从欧洲专制主义那里模仿行政与军事制度，尽管俄国贵族对欧洲方方面面只是一知半解，军官们模仿欧洲秘密团体，并在1825年进行高尚但不够明智的尝试，所谓“十二月党人”起义，在起义中受密谋贵族的唯心主义者的军官鼓动的近卫军欢呼宪法相信宪法，正如康斯坦丁大公夫人知悉那样。还有反动派的“泛斯拉夫主义”（那时只提出某些观念与情感的前提）从欧洲浪漫主义中诞生，尤其从日耳曼“历史哲学”中诞生，甚至是对后者的模仿并几乎是滑稽的模仿。

一位专制主义的拥护者，回顾1830年前数年和那些似乎兴高采烈地向理想微笑年代的欧洲各民族：立宪革命被镇压下去；奥地利（为奥地利服务的梅特涅亲王）统治了德国和意大利；斐迪南七世在西班牙,堂·米格尔在葡萄牙,查理·费利切在撒丁,弗朗西斯一世在两西西里,尼古拉一世在俄罗斯在位统治;波利尼亚克亲王在法国执政;他很难从中得出令人满意和愉快的动因及安宁的证据。一个隐秘的声音低声告诉他:一切没有改变,因此什么也没有变——复辟王朝维持自己统治地位,但欧洲精神没有变化。梅特涅供认,那个时期公众舆论是反对他和他所代表的政党的;他们的胜利被视为罪行,他们的观念被视为谬误,他们的计划被视为疯狂。夏多布里昂在 1829 年访问被粗细不等的条条锁链团团锁住的意大利,他判断意大利"为发动革命已成熟"。其后,对遥远的外国民族的奇怪激情,大家奋力比赛似的对像土耳其人一样野蛮和残酷(正如当时不可能不注意到)的希腊强盗和海盗的理想化,是什么呢?而在所有国家观察到的另一神秘理想化变化是,对拿破仑的欣赏、狂热、痛惜、同情,对那个践踏自由的暴君,现在不仅在青年当中,而且在亲眼目睹其行为的人们当中,几乎成为自由的英雄或将自由(正像其他许多伟大有用的东西一样)赠与人民的伟人,又是什么呢?与此相比,不是对合法君主们的慈父般形象的厌恶,不是对那些战胜科西嘉冒险家的英勇统帅、惠灵顿们和布吕歇尔[①]们的形象的冷漠?为什么失败者被置于圣坛之上,而胜利者却被放置一旁?难道不是记起那个人用他的军队使欧洲变得年轻;在人们心中倾注英雄主义;动摇那些习俗和体制并抛掷于地,以致人们不可能想再恢复它们,在他之后,为了向其新形式发展,

① 布吕歇尔(1742—1819 年),普鲁士陆军元帅,拿破仑战争中任指挥官,在滑铁卢大捷中曾起重要作用。——译者

适宜践踏它们，人们在他那里而不是在复辟王朝那里，发现新形式的前例，那种前例凭借想象不是变成了期望甚至开端？

另一方面，在自由派人士及团体中智力生活十分活跃，正如早已指出，因为最大最直接最系统的反对派，即天主教反对派，除了其哲学、神学和神学院式的辩护术外，就是对“世纪谬误”的谩骂、反对和批驳。某些来自世俗世界的很有教养的思想家，起初为某些偶然目的为天主教服务，但从未接受天主教传统，并且既未改变也未扩大天主教学说的本质。譬如，迈斯特尔[①]和哈勒(此外他们并不著名)，前者主张教皇——最绝对的君主凌驾于地上所有绝对君主之上的学说，而后者主张恢复不合时宜的国家遗产概念，虽然二者都对18世纪自然法论和契约论的某些特征进行了批判，都重新将权威性赋予事实和历史，赋予产生国家的力量、教育人民的天意，为此目的引起革命和所有其他恐惧：根据这样的学说观点，他们同自由派的类似论证和理论相一致，有时还先于类似论证和理论，从而他们在自由派中的读者远超过在教权主义者中的读者，他们的读者和学者把那种偏颇、片面的学说按最好意义引述，以更大客观性与完整性来理解。在那一时代，通过斯塔尔夫人的、某些法国流亡者和中间派的作品，德国的哲学、历史学和美学，还有德国民族诗歌和文学(充满哲学问题与观念)，享誉欧洲各国：康德与费希特，谢林与黑格尔，米勒、尼布尔与萨维尼，均被翻译或被不同地理解，被概括和评述；席勒的悲剧被阅读并变得家喻户晓，人们开

① 迈斯特尔(1753—1821年)，萨沃伊外交家与作家，代表作为《论教皇》(1819年)。主张社会以教会权威为基础，批判近代社会契约论与理性主义。——译者

始欣赏艰难的《浮士德》,同时在新拉丁国家首次形成对莎士比亚的崇拜,把对所有民族一切时代的诗人的认识移至法国,这种认识用名词"世界文学"乞灵;那是德意志精神真正伟大的欧洲时代,远比蛮族入侵那一时代更好、影响更大,因为其后当人们讲述蛮族入侵故事时,日耳曼人不可能令人肃然起敬,也不得不让拜占庭和罗马的学校来教育并开化。那种日耳曼思想,汇集宗教改革与人文主义遗产,从罗马上溯到希腊,再从希腊上溯到印欧语系,又上溯到非常古老的东方,然后再用开阔的眼界,重新审视对近代世界的认识,正如我们已指出,此种思想为自由大厦奠定坚实的思辨和历史的基石,虽然那个民族的作者和文人在那个基础上放置陈旧的、修复极差的政治或国家偶像,尤其是那种保守主义的偶像,而多数人没有任何建树,他们认为那个基础自身完整,把它视为进程的终点、还无活力的学说和静思。然而,那种思想内在地是进步的,也是革命的,被共时性不自觉地揭示:费希特、黑格尔和其他人将两种革命——法国人的政治革命和同时的德国人的精神革命相提并论,这种共时性不可能原地不动,逻辑上要导致结论(它未被发现或被避开或缄口不提),正如雅各宾革命从抽象理性主义诞生一样,另一次革命应当从新的具体的理性主义或唯心主义中诞生,它具有不同精神与不同节奏,仿佛已经发动。其实,那时的法国已经广泛接受日耳曼思想,而在意大利通过法国、其后直接地运用此种思想并不断发展,这就得出结论;那些哲学家和历史学家在德国是保守的、甚至是反动的,但在其他国家,如果他们没有戴着弗里吉亚帽[①],肯

① 红色锥形高帽,尖顶向前倾斜,法国大革命时为自由的象征。——译者

定高举着自由的招牌，因为他们作为导师思考的恰恰是他们实际上不想和摒弃的东西。这种思辨思想同政治实践的融合对库辛等人产生历史功效，虽然有待承认他不是通过深化批判和思辨途径进行融合的，因为他是个虚弱的哲学家，而是通过不同环境的条件本身，甚至有误解。库辛在授课时的类似讲话，会使法国青年听众心情激荡，并且近乎黑格尔的相同讲话："历史，就其原则和目的来说，是自由的表演，是人类对禁锢自由表演的抗议，精神的解放，心灵的王国，哪天世上没有自由，那天历史就停滞"，他们的话在法国和德国发音不同所起作用也不同；从而海涅取笑库辛的"幸运的无知"，他向法国人致敬，如果法国人（他解释说）真正认识并理解德国哲学，就不会发动他们的七月革命：此外，他取笑，因为库辛没有深入客观逻辑的核心，超越个人的想象，抵达应当抵达的地方。于是，就可理解从德国涌现的整体思潮作为同盟力量，受到专制主义和天主教的致敬；而其他思想或相同思想作为日耳曼精神在天主教国家从事的有害腐蚀活动，却遭到反对。历史研究的新开端主要归因于日耳曼思想及其直接的或种种间接的作用，历史研究到处得到发展归因于自由的酵母，在拿破仑专制统治时代历史研究一片荒芜之后，因为只有人们对未来抱有希望并为未来而行动时，才会往后看，在规划和期望时谨慎，意识到自己的责任，并且只有当为之奋斗和急切投入的祖国是无比热爱的祖国时，由于其生命是其历史的生命，所以才研究其历史。在法国，在那 15 年中，奥古斯丁·梯叶里发表论法国历史的书信集和诺曼人征服英格兰史；其弟阿梅德奥·梯叶里发表罗马统治前高卢史；梯也尔和米涅发表他们的法国大革命史；基佐发表代议制政府起源史和法国及欧洲文明史，他把过去、英国革命史、即第一次伟大自由革命史同现在明确地联系起来；基内把赫尔德论人类的著作译成法文；米什莱翻译维科的《新科学》并撰写关于历史哲学和近代的论文；库辛、维莱曼和圣伯父完成关于哲学史和文学史的早期著作。同样，在意大利，西斯蒙第的《中世纪意大利各共和国史》被广泛阅读，叙述结尾处的告诫被聆听；曼佐尼和特罗亚研究伦巴德历史和意大利民族起源，不少人陪伴并快速跟随他俩沿这条路前进；维科及其思辨与解释受到赞誉；在英国，在哈勒姆著作中可见历史学以某种方式从18世纪向19世纪过渡，那儿的博学之士引入德国语文学构建的方法，格罗特从事希腊史的重构工作，麦考利为《爱丁堡杂志》撰写其首批论文。历史学是新世纪科学，这点很快就被关注和传播，而前一世纪科学是物理学。这并不意味着物理学和其他自然科学被忽视和无需发展，或它们未感受到历史思想的优点，正如在拉马克学说中所见，尤其不意味着它们拒绝承认培根所说加强人类活动的作用；而是因为在那些年代应用工业设备，尤其是新的运输与通讯工具，成为强烈兴趣与崇高希望的标志，几乎同政治问题及政治理想平分秋色，作为丰富人性的方式，以致拜伦在《唐璜》中说到，那时人类似乎全都专心致志和心醉神迷地沉思“宪法和汽船”。我们最早的自由派或烧炭党人在《调解者》杂志上不仅探讨文学、历史和哲学题目，而且像孔法洛涅利那样，也关注机器、江河汽船航行，注视着英国在这方面取得的进步。

类似的自由冲动贯穿全部文学，我们不仅指天才诗歌作品(甚至仅指这类作品的某些方面，因为恰因美好事物的崇高性，很难用以表现并论证历史倾向)，而是指诗歌作品和非诗歌作品的整体，感情奔放的、坦白忏悔的、想象的、规劝的和娱乐的作品的整体。那时驾驭想象的是拜伦，他是慷慨激扬的演说家和挥洒自如的鼓动家，他喜好论战、冷嘲热讽和揶揄奚落，其作品很少真正诗歌的光彩，却一直猛烈地或尖锐地抨击形形色色的暴君；他是英国保守派、教士、军人和战争的仇视者，因为他只接受争取自由的战争和莱奥尼达斯[①]们和华盛顿们的战士。对自由强烈的爱也反映在海盗和冒险家、被抛弃者和罪犯的形象表现上，正如其后其他许多类似形象，为戏剧、小说和史诗提供一个世纪的主角和主人公：具有伟大胸怀的强盗，为了美德的杀人犯，呼吁情欲权利并背叛丈夫的女性，在爱情中净化并为爱牺牲的名妓，感受深刻的弄臣突然发现自己隐秘的悲剧，荒淫无耻的才子，诸如此类，不一而足。这类支离破碎的、荒诞无稽的、道德上畸形的形象曾受到严厉的审查，它们似乎是有血有肉的人物，但因它们是情感的创造物，只需探究产生它们的情感，不可否认这些情感有同其他不配尊重、甚至不健康的情感交织，人们所说的爱通常制约这些情感，爱是如此强烈，以致指向的对象变形，反对不公正法律的爱这样叛逆，以致反对公正的神圣的法律，爱被对其愤怒的渴望搞得盲目，以致未发现同本质对立东西结合，未发现同样愿望被本质对立东西包裹。甚至连纯洁的西尔维奥·佩利科[②]那

① 莱奥尼达斯（？—公元前480年），斯巴达国王，公元前480年，他率领一小支希腊部队去抵抗波斯王统帅的大军，他命令大部分人后撤，只留下300名禁卫军，奋战到最后一个人。后来产生斯巴达人永不投降的神话。——译者

② 西尔维奥·佩利科（1789—1854年），意大利作家与爱国者。1815年，其悲剧《里米尼的弗兰西斯卡》上演，大获成功。因参加烧炭党活动被捕，先判死刑，后改判15年监禁，1830年被释放。两年后其代表作《我的监狱》出版。——译者

时也构思一个集通奸者及爱国者于一身的角色(其子孙连绵不绝),他把但丁笔下的亲嫂情夫型人物提高到这种尊严,他欣赏双重意义的造反——既反对外国人对意大利的奴役,也反对把可爱的弗兰西斯卡同丑陋粗野的简乔托捆绑在一起的阴谋纽带,他也欣赏双重的、同样高尚的激情。忧郁悲伤的浪漫主义同崇高政治感的神秘结合受到赞扬,拜伦正是这种神秘结合的典型代表之一;这种结合尤其在拉丁国家浪漫派那里发生,无论在文学还是在生活上他们都同德意志浪漫派不同,后者在那些年代,在经历艰难困苦的狂热之后,精神已崩溃,魅力已丧失,已经不仅被批评家,而且被嘲讽者和滑稽模仿者所包围。在某些病态情感上,夏多布里昂类似于德国人,此外,他虽然是个君主主义者和正统王权拥护者,当面对书报检查和对思想的其他压迫时,却果断地站在新闻自由一边。颇为相像的贡斯当从未让其情感生活和谐平静,却是自由制度最初最杰出最善辩的捍卫者与理论家之一。福斯科洛[①]受到死亡和一切事物在虚无黑暗中消解的噩梦的重压,拯救出唯一实在的东西——幻觉、美和英雄主义,不仅他的诗歌刚劲雄浑,而且他的生命伟大崇高,他把一生献给反抗奥地利复辟王朝的起义并志愿流亡。嘲笑文明与进步的莱奥帕尔迪[②],认为只有摆脱那些奇思怪想,绝望地承认万物皆空,才是自由思想,尽管如此,他仍被

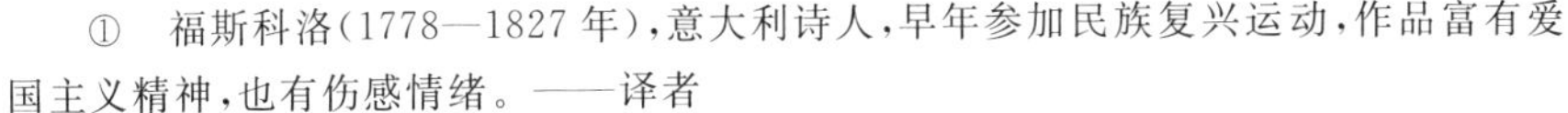

① 福斯科洛(1778—1827年),意大利诗人,早年参加民族复兴运动,作品富有爱国主义精神,也有伤感情绪。——译者

② 莱奥帕尔迪(1798—1837年),意大利诗人、学者和哲学家。因出色的学术、哲学著作及优美抒情诗,成为19世纪欧洲伟大作家之一。作品充满爱国主义精神,也有悲观主义色彩。——译者

同代青年视为不自觉的自由派，这与其说是错觉，不如说是对同情心的洞察，无论如何，这是青年受其倾诉痛苦的诗歌吸引的结果。那些尚未摆脱内心混乱仍在艰难梦想的浪漫派，当时为数不多，并且没有发现追随者，即使像司汤达这样的天才人物也没有，他不被同代人所理解，因此其精美艺术也不被欣赏。在追忆和美化中世纪的小说家和诗人那里，比如在司各特那里，存在保守派或君主正统主义的政治意图，这种意图在复辟王朝最初几年，在某些法国人那里，其后在雨果和拉马丁（他们当时非常年轻）那里也存在；然而那些青年很快就代之以截然不同的意图，司各特并未把此种意图融入小说中，其后自然也未传递到其读者那里，可以说他们都是当时会阅读的人，多数优秀读者从中只能增强对过去习俗与事变的兴趣和脉脉温情，对勇士、优雅女性的欣赏，对聪明、善良和机敏人士的好感。纯粹歌唱祖国、自由和民族独立的诗歌，介于英勇与忧郁、焦急与雄浑，从意大利人贝尔盖特这样的激动心灵中涌现。曼佐尼的天主教教义同上述情感结合；说实话，他及其学派弟子属于自由派圈子而不属于天主教或教士圈子。天主教或教士圈子，正如从不产生思想家或只产生异端的非正统的思想家，同样在意大利没有产生重要的诗人和作家。

因此，天主教会缺少生机勃勃的并能产生新形式甚至新宗教秩序的要素，比如在16世纪它仍能产生新宗教秩序，以致它至多只能恢复曾被它取缔的耶稣会，天主教会在其他领域根本赶不上其对手，正是在那些领域其对手活跃并逐渐转化为主要政治力量。在这方面，天主教会当然不是弱小的，也不是可忽视的，因为它甚至拥有以前缺乏的可能性、进攻与防御的方法、提供服务或造成损害的能力,总之,拥有用于谈判、不让步、不施惠、赢得可赢得东西的众多手段。法国大革命和拿破仑帝国,造成法国天主教自主运动与民族教会的终结,取消了教士封建制、教士特权及同国家其他阶级、世俗君主联系的纽带,把主教—君主的领土降为附庸国所属,还采取类似措施,但并不因此就废除天主教,却不自觉地促使产生那种称作"教皇集权主义",即让各国各民族教士心向罗马,把新的世俗权力交到教皇手中的东西。运用新世俗权力,天主教会首先在初期,正如上文已说,因得到专制君主制支持,它也支持专制君主制,反对自由派的革命尝试。当那些君主国代表孕育中的近代国家时,天主教会就视同敌人;现在当它们变得保守,并因此智力与道德的活力衰竭,却令天主教会非常满意,因为几百年来它处于智力低下条件中,已感受到势在必然并先行衰落。于是,它签订一系列条约,这些条约对其有利并夺回18世纪丧失的地盘,即使同那不勒斯也一样,要知道那是加诺内们、塔努契们和卡拉乔洛们的那不勒斯,某些条约特别可耻,譬如同巴伐利亚签订的条约。这样,耶稣会士、秘密耶稣会士、在法国成立的宗教团体,基督教学说兄弟会,操纵过激派,行使所谓布道、赎罪、苦修的使命,使教会大获成功,并在一段时间内使公共教育屈从于教会。在其他国家,比如意大利,情况更为恶劣,在那里教士重新出现在君主和大臣身旁,除政治新闻检查外,又加上主教新闻检查,到处弥漫着警察和圣器收藏室的混合气味;更不用说在西班牙,在那儿天主教会行为愚蠢透顶,它顽固地抓住过去不放,从而促使从那片土地的坚硬深处爆发猛烈的反教权主义,在那样的人们之中,又拥有那样的传统,这真是非常奇怪。然而,天主教会同各国的协议,由于是政治

性的，正如所有同样性质的妥协，掩盖了分歧和敌意：早在德意志就一再尝试用德意志民族教会对抗罗马教廷，而普鲁士同教皇有过多次重大冲突并把主教和大主教投入监狱或驱逐出境；在奥地利非正统作家的作品、甚至连《圣经》都被禁止发行，因为梅特涅政府坚持约瑟夫主义；在英国，反对解放天主教徒的理由是他们听命于一个外国政权；1826 年在法国正统派中，爆发由一位正统派封建贵族蒙洛西耶伯爵掀起反对王座和圣坛联盟及耶稣会士阴谋的抗议浪潮。反向但相似抗议却来自一位天主教徒和教士拉梅内，他给人印象最深的是严厉谴责天主教同专制君主国及其特殊利益结盟，他首先要求教会自由，最终不得不指出教会新任务——同自由主义与民主联盟，当然，正如他坚信那样，随着教会同国家的完全分离，通过自由的途径，那种联盟会将新胜利和新生命带给天主教。他在 1829 年写道："自由主义有理：自由将拯救世界；当然不是它的自由，而是它准备又未觉察的自由。"拉梅内的思想很快在法国和国外获得认同；但教会在起初兴高采烈之后，不得不向后撤退，正如预见那样，它意识到那种建议的危险性，最终坚决谴责其捍卫者的过于热忱和过于轻率。但与此同时，在不同地区发生相互适应，教会首先破坏同复辟王朝政治路线达成的充分一致，被迫同爱国者、自由派和革命派谅解并联合；发生这种情况，与其说在英国的天主教徒同激进派及民主派的频繁联盟，以争取包括自身解放的改革，并抗议爱尔兰不可容忍的条件，不如说在比利时更突出：不是没有拉梅内学说的影响，天主教徒和自由派共同抵抗荷兰并准备发动起义，当时比利时同荷兰合并为一个国家。更晚些时候，可见其他类似联盟，全带政治色彩，是由事件启示或强迫的，从而再次证实教会明显、纯粹的政治性；教会在把对不同形式政府一视同仁学说作为其公式，这个公式常挂在教皇利奥十三世嘴上，其后又成为敌对国家在其国际关系中施行的同一功利主义格言，尽管教会竭力用福音书上准备服从恺撒的说法为自己辩解，但它已经放弃一种宗教信仰的真正道德性，任何东西对宗教信仰来说都不能是无所谓的。

自由主义同民主结成的紧密联盟，是这类联盟中最少误会的，是更真诚更富有成果的，民主由于联盟的作用不断地变化，不是发生在观念上，而是实际发生在民主派及其策略上，民主几乎成为自由主义本身的极端一翼，因其激进立场，有助于同陈俗陋习斗争，因其果敢地走入广场，有助于反击对自由制度的侵害，这在绝望情况下是必不可少的。在法国这表现在：拉斐特集团和像富瓦将军那样的议员和演说家；其后在七月的日子里，卡芬雅克、拉斯帕伊以及其他青年共和主义者，一举粉碎温和派的迟疑不决，善于鼓动大学生和工人拿起武器构筑街垒。在意大利和西班牙，在英国改革和动荡的进程中，还可发现更多此类情况。共产主义尚未上升到社会运动和名副其实政党的力量；但在英国工人斗争中，已经发出为共同统治投入战斗的呼声，还提出类似激进建议，而最为重要的是，共产主义纲领的首批理论家与宣传家的思想业已成熟，比如圣西门、傅立叶和欧文，他们已开始引人注目。近代社会的实际条件，尤其是近代经济的实际条件促使共产主义发展。在那一时代，一位自由派作家西斯蒙第面对那样的条件，也感受到其严重性，并因他发现和预见的罪恶和危险而近乎迷乱；在非自由派中间，贵族和封建主从未把这种严重性作为观察、比较、谴责和讽刺的对象。

圣西门发展 1802 年《一个日内瓦居民信札》的思想，在 1821—1822 年推出新作《工业体系》；在他周围聚集了听众和信徒、科学技术工作者和年轻的历史学家及哲学家，比如梯叶里和孔德；在他离世不久，以昂方坦为首的圣西门学派开始声势不小的宣传活动。早在 1808 年傅立叶就发表了《四种运动理论》，1822 年和 1829 年先后发表《论农业及家庭联合》和《工业与社会的新世界》；他也有一个学派，人数少些但积极热忱。欧文在其新拉纳克纱厂多年提供救助工人的范例后，通过其 1812 年著作《新社会观》和 1820 年著作《论新世界》，上升到社会改革家高度，他坚持不懈地致力于种种使徒般的活动，1825 年在美国印第安纳州创办“新和谐”社区。这一切，时而构成简单好奇心的题目，时而构成更为严肃考察、普遍涉及仁爱的题目，但都处在真正与积极的政治范围之外。

因此，当自由主义在那几年发展其原则、其独特概念及其体制时，并未成为处于萌芽状态的共产主义的对立面，而是成为前三个反对派的对立面；随着专制君主制的崩溃，自由主义成为那活跃、创造性的 15 年的最重要事实，不仅自由主义胜出，而且在学说及相应习俗、实践整体上得以巩固加强，自由主义长期靠这种整体活着，并且可以说今天仍活着。显然，这样的理论发展在德国和意大利没有发生；然而在英国也没有发生，英国已拥有实际自由制度，无人反对这种制度，因此很少需要在其周围使用思想题目、用理论为其辩护，对英国来说从这种制度中发掘出进一步结论足矣。由于困扰英国的问题：工业增长，赋税、海关税，英国更喜欢培育为其很好服务的科学——政治经济学，当时已经涌现出马尔萨斯和大卫·李嘉图。以边沁及类似方向思想家所代表的英国哲学，却通过个人利益、整体利益及它们的和谐等概念在展开，在理论上为自由主义维护不少源于18世纪理性主义的抽象主义与功利主义的东西，而不是像新世纪思想要求那样，将自由主义辩证化和历史化。不同教派的宗教性都是实践的和道德的，关于天主教徒和英国教会的辩论，包括在中世纪—浪漫主义色彩显著的所谓牛津运动中的辩论，不具有思辨重要性。不是像当时和以后人们所说那样，英国降低或丧失对理想的热忱，完全投入到实践与事业中；但英国的注意力确实从一般问题转到特殊问题。真正实现那种学说发展的国家是法国，法国必须捍卫自由，反对专制主义者、封建主、教权主义者和共和主义者，它为迎接德意志的思辨及历史的思想已做好准备工作，用恰如其分政治措施去迎接。斯塔尔夫人满腔热情地从事这一事业，后由贡斯当接续，在该事业中他仿佛成了前者的学生，被所谓"空论派"集团推向前进，这一集团恰恰在斯塔尔夫人的女儿、布罗伊公爵夫人的沙龙内组成，该集团的主要男成员满怀政治激情、勇敢地投入议会与新闻斗争中，其中某些人像斯塔尔和贡斯当一样，居住在德意志和瑞士，其他人通过其他途径致力于德意志文学和科学，或者间接地感受到其影响。当人们阅读鲁瓦耶—科拉尔、基佐、布罗伊、乔丹、巴朗特、塞雷的理论、历史著作和政治演讲集时，就会发现其中精彩表达、充分意识——自由主义是什么并想要什么。1791年传统在国民议会[①]、五阁员执政府[②]和帝国的事变中丧失殆尽，而在19世纪初诞生的一代(正如基内

① 法国在1792—1795年间建立。——译者

② 法国在1795—1799年间的大资产阶级专政机构。——译者

在其自传中所叙述那样)再不会知道“宪法”、“吉伦特派”和“雅各宾派”、“法令”、“保证”意味着什么,它们几乎成为死亡语言的语汇,这种语言从百姓、士兵即所有人那里听不到,他们只说专制主义语言,后种语言通俗易懂,因为十分简单,只有少数词汇。情况也不是尝试恢复25年前某些概念,因为无论在事实上还是观念上它们都发生很大变化;然而需要从头重构,正如那些作家所为,在雅各宾党人之后,提供了非雅各宾的自由的革命的进程观念,在拿破仑之后,提供了非篡夺者的非专制的君主制观念,在多次粗鲁与暴力之后,提供了非暴力、不粗俗的政治活动观念,在强烈战争狂热之后,提供了国民作用的文明观念,最终在沦为王朝工具的乏味非宗教和空洞教会正统之后,提供了尊重自发进程并注意保留古老宗教伦理要素的人道—宗教观念。“空论派”完成了这一切,这个令人烦恼的称谓是从对手那里得来的,还来自他们国家许多轻率的头脑——对坚实的东西感到过于沉重,从而极不耐烦;从某种程度看,再晚些时候这种称谓可能恰如其分,因为他们停步不前,封闭在自己最初概念之中并从此衰落。然而,当历史注视他们有效的创造性环节时,就应以截然不同情感——感激之情说出那种名称。“同反动派斗争,支持复辟王朝”,基佐在其回忆录中给出的这一公式,恰恰体现出在1815年的问题与责任:有待收集和继续的保守与进步的历史问题,这一问题符合当时必然出现的形势。同这个问题和这个责任相连,他们将英国的政治经验、政治学说深化并系统化,以特殊方式构建君主立宪制基本原则,正如他们认为那样,立宪君主国过去强大、现在活跃,他们还设想选民资格只限于成熟社会力量,这样的力量能够理解什么是政府和民族利益,当时所谓资产阶级和文化界就是这样的力量，尽管文化界在那个社会圈子内繁荣昌盛，但因其文化特性，总要超越那个社会圈子。因此，他们反对间接选举制和两极选举制的企图，正如反对扩大选举制的建议，认为后种选举制变成过激派和教士们手中的反动工具；因此他们竭力保留历史保守力量，甚至世系贱民；但与此同时首先捍卫重中之重——自由基本原则、新闻自由及伴随的意识自由，从而没有赞同反天主教的严酷的启蒙运动。当时形成或草拟这样或那样的基本原则，并且随后加以完善、更加灵活、并适应新条件与需求，国会与符合宪法生活的范例，法兰西议会的辩论，这些都构成其他欧洲国家学习自由主义的大学校，那些欧洲国家尚未建立立宪政体，而当时法国所有人都为这种政体工作，他们利用让与的宪法，并且再不让它消逝或被夺走。1848年的宪章(譬如意大利诸国的宪章，其中卡尔洛·阿尔贝托宪章成为意大利王国宪法)汲取了那类工作的结果，以1830年宪章为蓝本。

因此，如果对那15年事实与事件作简要回忆，结果将是自由理想对于其他理想具有实际的而不仅仅是理论的优势，优秀战斗力量站在自由理想方面，这种力量不仅从外部而且从内部制服和统治敌对力量，那么七月革命是什么呢？根据某些历史学家的判断，如果国王查理十世不听从其波利尼亚克们的建议(他们反过来在虔诚地向圣母祈祷中获取建议)，或者在放弃再次解散自由派占多数的议会的任何意图和颁布法令后，再采取适当军事措施(然而没有采取)，一个错误的结果是否可能避免？或者根据另一些历史学家的判断，事件可能不会发生，但自由主义通过不同途径同样取胜？这些苦思冥想都是建立在抽象可能性之上的，它们这样被定

性，就不言明地被批驳，它们不应当脱离实际，即仅仅发生的实际。如果考察实际，七月的日子只是大家所见所知的：以不同节奏不同形式持续多年的自由主义同专制主义的斗争变为一种武装冲突，在这种冲突中，对立双方各自肯定在以往进程中已显现的自身特征，通过冲突行动本身，一方增强业已拥有的力量，另一方减弱并丧失力量，最终走向失败。

伴随失败，欧洲专制主义在道德上全军覆没，却对苦苦挣扎或遭受镇压而怒不可遏的欧洲自由主义提供在极端情况下对付对手的范例，提供一个证据：以那种方式就能获胜，一支伟大力量充分关注自由，其实就是帮助，是对临近转折充满信心。在15年之后，在各届政府的辛勤工作、各国警察的无数伎俩、宪兵与士兵的多次努力之后，专制制度在思想领域已显现出其虚弱性和不合逻辑，而且在更属于它的、它自认为更可靠的领域、力量的领域，即通常所说物质的领域内，它仍然被战胜。在那15年，自由主义取得如此巨大的进步，以致民主受它制约并把贵族与天主教徒中的优秀分子吸引过来。巴黎街头的那些战斗上升到世界战役意义的高度，并向热切的观察家展现：在欧洲政治生活地平线上笼罩着的浓密乌云，猛然被阳光、七月的阳光一扫而光。

第五章　自由运动的发展；同社会民主主义的最初冲突（1830—1847年）

在欧洲，生机勃勃的精神趋势是通常称作七月革命的“影响”或“诸多影响”，即那一庄严事件之后激烈的作用与反作用，那一庄严事件是对紧张局势的相对解决，是获得胜利的伟大战役，但不是终结的战争，在道德生活中从来没有真正结束的战争。自由派满怀强烈信心重新开始行动，专制主义者妄图亡羊补牢，他们把尚未受损的力量部署在阵地，并运用形势要求的计谋和策略，相互对比不似从前，无论是双方之间还是双方同其他各方的关系都是如此；1815年，专制主义为在欧洲世界立足，根据其概念为重新塑造欧洲世界而努力挣扎，它从一开始不是步步为营地进攻而是防御，造成现在地盘大大缩小，以致可以说“神圣同盟失败”；相反，自由主义获得不少优势，日益具有进攻的性质。另一方面，业已形成的各种不同自由体制，面对着不同性质的问题和冲突。

人们通常把比利时要求民族独立和伴随相当自由的宪法诞生的比利时新王国，归因于七月革命的首要“影响”，这部宪法不仅比同荷兰合并时的那部陈旧宪法自由得多，而且比1830年法国宪法更加自由，要求涉及城市和各省的条例更是如此。两个民族的不

和早在合并之初就已开始，尽管比利时各省从这种合并中获得不少商业利益；不和涉及比利时人在荷兰议会的代表不成比例、财政负担的分派、在比利时的荷兰雇员、最高法院集中在海牙，但主要是对宗教和语言的不同政策及新闻制度，冒犯天主教徒和自由派的心灵并促使他们造反。在 1830 年以前两年，这两个政治派别为民族的共同目的，为外在一致但内在不同的目的达成和解，双方都竭力实现这些目的。七月的日子在那里未立即产生反响，也未加速彻底解决——脱离荷兰，脱离荷兰尚处于不成熟的思想阶段。8 月 25 日比利时起义首先促成达成协议的谈判，只是在 9 月 23 日至 26 日布鲁塞尔街头战斗和击退荷兰军队之后，临时政府和召开的国民议会在 11 月 19 日宣布比利时独立，11 月 24 日奥兰治王室退位。在经过多次军事与外交事变，在法国和英国支持下，在法国军队干涉并把荷兰人从安特卫普驱逐出去后，以科堡王朝为名的比利时王国成立，由于五个强国的意愿，成为永久中立国：这个因交通和工业迅速繁荣的王国，成为首批铺设稠密铁路网的国家。

在英国选举制的伟大改革中可见业已开始的进展在加速，企业家和工人坚持不懈地要求这种改革，在巴黎事件后，他们通过动乱与示威、集会与游行，有时采取威胁立场，而威灵顿内阁徒劳地反对那种改革，并于 1830 年 11 月倒台，先由上议院后由下议院投票徒劳地反对这种改革，因为最终于 1832 年产生选举法，选民数量增加 30 多万，选民身份也发生变化，从而随后的选举使新阶级代表数额扩大，形成自由派和一定数量的激进派多数。即使在较小国家，如瑞士，反对 1815 年恢复的贵族制度的自由运动占优势，贵族制度受到批判和论战的侵蚀；1830 年 11 月在苏黎世爆发的示威标志宪法变革和在12个州引入相应基本原则,但在另外少数几州旧体制未被触动,还有几个州按新、旧体制城市同农村分离。这些都发生在1830年和1833年之间;之后不久,在葡萄牙看到年轻女王马利亚的立宪派同堂·米格尔的专制派之间斗争的结束。马利亚女王受到其父堂·佩德罗的支持,路易·菲力普的法国、自由派内阁的英国及西班牙的联军给予堂·米格尔致命一击,但他却受到威灵顿的青睐,并得到查理十世和斐迪南七世的承认。在斐迪南七世之后,敌视奥尔良公爵的西班牙,受到西班牙流亡者在法国准备好的入侵并予以反击,强化惩罚力度并加强各方面控制,然而即使西班牙,在国王去世后,经过太后克里斯蒂娜(女儿伊莎贝拉的摄政)同表兄卡洛斯之间的王位继承斗争,也摆脱了专制主义。摄政克里斯蒂娜试图得到自由派支持,在1834年颁布王国法令或首部宪法,靠自由派的帮助,她不仅驱逐那个觊觎王位的葡萄牙人,而且驱逐那个来自葡萄牙(隐藏在那里)的西班牙人。于是,西班牙发生连续变迁,因频繁的军事通报(这是西班牙从拿破仑以后最近时期继承的遗产),这些变迁似乎让人难以喘息和眼花缭乱,因频繁的或多或少暗含的专政,这些变迁的方向不是自由的,但也不再引导西班牙、至少在形式上走向专制主义。

在其他国家,人们进行了尝试,但都没有成功,比如在意大利,1831年莫德纳、帕尔马、博洛尼亚、罗马涅、马尔凯和翁布里亚等地区爆发起义,人们升起了三色旗,成立了临时政府并制定自由性质的法律,然而起义很快就被奥地利武力干涉镇压下去。在镇压之后,列强在它们的一份备忘录中向教士政府建议进行温和、初步改革,但其实那样的改革仍为沙漠荒原。在德意志,某些小邦,比

如不伦瑞克和黑森，送走它们蠢笨的小君主，并从继任者那里得到宪法；汉诺威国王被迫做出相同让步；1831年萨克森改革邦代表大会；那里曾存在过的议会，尤其是巴伐利亚和巴登的议会重新活跃，反对派士气大振；在卡尔斯鲁厄议会上罗特克们和韦尔克们的空洞演说受到全德意志的欣赏，列奥波德大公因让财政和行政其他部分受议会控制并因扩大新闻自由而受到赞赏；在莱茵河巴伐利亚，维尔特和西本斐斐尔发行了大胆的、几乎是共和派的报纸。多年来大学青年联合会就出现恢复生机的迹象，一部分大学青年联合会具有政治倾向。然而普鲁士仍然死水一潭，其国王通常追随梅特涅并同两位皇帝合作，实行最为残酷的镇压与压迫政策；恰好1832年5月为纪念巴伐利亚宪法颁布周年而举行的汉巴赫集会提供千载难逢机会，与会的3万人（大部分来自莱茵河巴伐利亚）在集会上欢呼人民主权、统一、德意志共和国和欧洲自由国家邦联。除巴伐利亚政府不得不采取起诉和宣判这些极端措施外，6月邦联议会禁止结社、集会、欢庆民间节日和展示国旗，重新制定关于大学的卡尔斯巴德措施，更为厉害的是强令君主们镇压任何缩小其主权的企图、任何宪法要求并严禁任何违犯指导议会准则的立法，命令各国的立法建议都要交由邦联议会指定的常务委员会审查。由于这一切，巴登不得不中止关于新闻的法律。1833年8月，由一小伙密谋者在法兰克福策划的谋杀，旨在驱逐邦联议会并用一个临时政府取代，造成黑森议会的解散（那些密谋者大部分来自黑森）和对所有国家的高度警戒。三个专制主义强国，在同年的柏林条约中强调它们对提出要求的所有君主提供救援的权利，不管是国际事务还是国内事务，而其他强国不能阻碍它们这样做。

波兰在1830年起义,直至翌年9月坚持英勇果敢的战斗,抗击强大无比的俄国军队,最终波兰失败得异常惨烈;因为,争取解放的巨大努力落空后,残酷无情的报复降临在波兰人民头上,波兰人民丧失由亚历山大沙皇钦赐或半钦赐的所有体制和保留的相当自治权,今后几十年再不能试图动摇强加的桎梏,并且枷锁会更加沉重。

这种起义和专制主义强国的这些胜利,中止争取独立与自由的革命运动的发展;奥地利猛扑向意大利,要窒息其任何生活气息,而未遇到任何国家反对;俄罗斯把波兰完全置于其专制统治之下,把爱国者驱赶到刑场和行刑台;大批波兰流亡者主要在法国汇集,在现在和以前的革命意大利流亡者之后来到,并同他们结为兄弟;对备受折磨并饱受蹂躏的民族性感到愤慨,对人们遭受的痛苦感到悲伤,对牺牲者表示怜悯,对运气不佳的大无畏精神表示赞赏;在最初时刻欢乐之后,这一切使一种苦涩绝望的情感油然而生,思考、确信并述说七月革命缺少其目的。在当时的观众那里如此发生很自然,在斗士和受苦者那里就更加自然;但那种情感不能是历史学家的判断,历史学家不把事实与希望相比,与希望相比(希望总是无限的),事实总是微小或较少,而只与以前的事实相比,并在此意义上观察条件是否改变,新的积极的东西是否诞生。这种新东西已经诞生:专制主义在整个西欧崩溃,而自由主义制度生机勃勃并且更好地适应经济和社会条件:以致1834年反对堂·卡洛斯和堂·米格尔的四国联盟,某段时间内仿佛是对上一年建立的中东欧三强国联盟的回应。在那儿正统主义正从实践与活动的理想衰变为想象的理想及牧歌般的叹息;从政党到上流社会、盛

装老贵妇及优雅绅士的小圈子，全都与世隔绝并撤到他们在圣日耳曼区的沙龙和地球上其他类似高贵角落。有时想象尝试走到现实中，正如走到贝里公爵夫人[①]的旺代壮举中，人们说到她就把过失归于司各特，此事富有讽刺意味，凭借独特生理条件的散文——金百合女英雄就像一位贫困软弱女子那样艰难度日，抗拒不住长期寡居的寒冷——就去除了司各特的魅力。在那种冒险中，有些人会为老国王们抛洒热血；另一些人等待向西班牙和葡萄牙的觊觎王位者提供武器和金钱；其他人（其中有布尔蒙[②]及其同伙）为那些正统主义君主奉献他们的剑，正如晚些时候向奥地利奉献那样（奥地利在很长时间内代表旧时代），甚至向强盗奉献，这些强盗以被废黜君主名义抢劫和屠杀：这是法国大革命时代逃亡者和旺代军团的残渣余孽或迟到的拙劣仿效。在西班牙本国——20年前各地爆发起义抗击法国人（理性文明携带者），现在只有热爱自己的自治法和中世纪习俗的巴斯克各省，直接参加拥护堂·卡洛斯的行动并为他提供一个据点。关于专制主义的论战因发生那些毁灭而变得激化，那些毁灭让人们预见到其他不太遥远的毁灭：正如卡萨诺亲王著作对意大利所作观察，莫纳尔多·莱奥帕尔迪伯爵对话集中充斥儿子害羞的脸庞和对拉梅内惊愕及恐惧的声嘶力

① 贝里公爵夫人（1798—1870年），两西西里王国弗兰西斯一世之女，法王查理十世之子贝里公爵妻子。1830年查理十世被推翻时，她竭力为自己儿子争取王位，事败逃往国外。1832年她乔装进入法国，到旺代发动反对国王路易·菲力普的叛乱，结果被捕。1833年7月获释，后与意大利贵族帕利结婚。从此浪迹奥地利和意大利两国，客死异乡。——译者

② 布尔蒙（1773—1846年），法国军人，政治家，阿尔及尔的征服者。——译者

竭呼喊。三个专制强国不得不冲动地和轻蔑地接受 1815 年条约构建事业的部分瓦解,其中有的国家,尤其是俄罗斯不是没有动用武力的严肃想法;在法国奥尔良家族代替波旁家族——较大家族;比利时,从荷兰独立出来;在西班牙和葡萄牙,驱逐觊觎王位者——它们承认或准备承认的宗教观念的卫士;在所有这些国家,自由宪法或形成或发展。这三个专制强国之间有一条特殊绳索,对付各族人民新意识的罪恶的协约似乎就是这条绳索——分裂与瓜分波兰,使用它们坚不可摧的军队和游刃有余的外交还可做更多事情;多年后凶恶的奥地利鹰甚至把魔爪伸向自由城市克拉科夫,身上沾满波兰志士的鲜血,在加利为镇压他们,曾肆无忌惮地屠杀卢特尼亚农民。然而,这些胜利等于失败,文明世界舆论越来越反对它们,反对它们的君主,反对它们的大臣,反对它们的军队,它们刚强、果敢行为并未成为赞赏的对象,反而成为怜悯和悲哀的对象,并未打动人心,那些心灵凝聚在一位意大利人小书的书页上,他当时叙述其"牢狱",既没有夸大其词也没有激扬论战,这是在奥地利压迫下为自由事业遭受牢狱之苦。

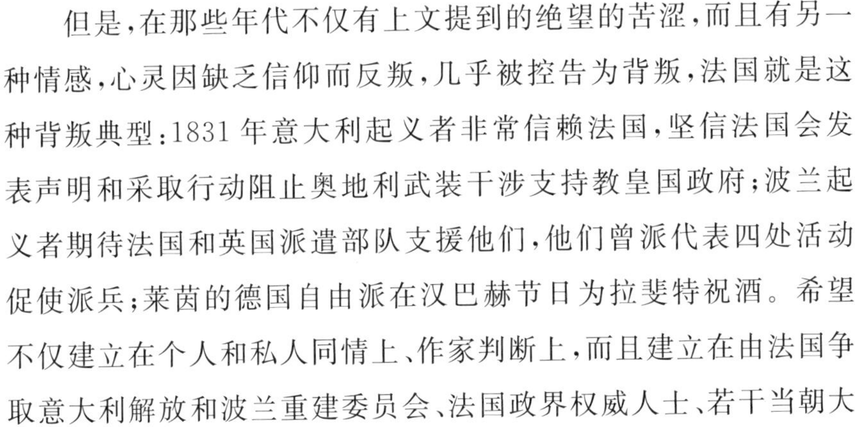

但是,在那些年代不仅有上文提到的绝望的苦涩,而且有另一种情感,心灵因缺乏信仰而反叛,几乎被控告为背叛,法国就是这种背叛典型:1831 年意大利起义者非常信赖法国,坚信法国会发表声明和采取行动阻止奥地利武装干涉支持教皇国政府;波兰起义者期待法国和英国派遣部队支援他们,他们曾派代表四处活动促使派兵;莱茵的德国自由派在汉巴赫节日为拉斐特祝酒。希望不仅建立在个人和私人同情上、作家判断上,而且建立在由法国争取意大利解放和波兰重建委员会、法国政界权威人士、若干当朝大

臣、甚至最初路易·菲力普国王所作的激励与保证上，正是路易·菲力普国王先赞同意大利流亡者准备征伐（他们本应在马赛集结），后改变命令。希望更广泛地建立在法国自诩在其长期历史中，尤其在其光荣的革命中，它是各民族的解放者以及压迫者的敌人，建立在它声称因最近这次革命，它再次成为各民族的解放者以及压迫者的敌人，它继承上次革命的事业，以截然不同精神继续拿破仑的事业，粉碎各民族身上的枷锁，并通过帮助所有这些民族，创造了一个新欧洲。此时此刻，法国历史学家基佐们和米什莱们因这种角色把优越性赋予法国，比如（基佐说）它是“欧洲文明中心与熔炉”；比如（米什莱说）在基督教革命之后，正在进行另一次同样伟大的、完全是社会与人类的革命；比如（布赫兹补充说）“只有它才能理解并完成大公无私事业”。然而，那种优越性，那些许诺，那种保证，法国都未兑现，在它激励各民族起义后，又把它们抛弃给暴君，它同国王们谈判，它用其大臣的嘴说出：“法国人的鲜血只属于法国”，并且冷漠地宣布“华沙秩序井然”。

在法国的这种立场中，存在现实与幻想，或主要是某种现实转移到另一种现实，变为幻想。现实是法兰西精神的实际支配，已由其巧言善辩的语言表示要传播理性并让它具有实际价值，这种理性是人道、平等、自由和正义的整体；现实还是一种高尚的冲动，即使有时掺杂追寻荣耀的洋洋自得，这种冲动可在中世纪骑士和十字军中寻出，并因1789年革命爆发而凸显，还构成了传统和学派。然而，培育这种感受方式并部分地加以实践的法国国民，不可能同作为法兰西国家成员的法国国民一致，因为，正如每个国家都服从政治法则，因此服从拯救和保护自身的法则；尽管感受方式在政治中并非无所作为,但仅限于政治接受这种方式并变为政治方式,即是中介地而非直接地起作用,而人们非常奇怪地奢望:感受方式启示政治规则或代替政治规则。这种差异性已被意大利的爱国者及雅各宾党人实际感受并遭受苦难,当法国人同拿破仑及其将军们一起冲入意大利时,他们渴望、企盼和期待解放者,而法国人为了法国利益榨取意大利人民,有时让意大利人民沦为手中的牌,甚至变成谈判的筹码,比如坎波福尔米奥和约牺牲了威尼斯。[①] 拉斐特及其朋友、志同道合者将截然不同两种性质结合得天衣无缝,他们许诺或让人对他们或他人根本不履行的东西抱有希望。法兰西国家随其新国王走出七月革命,国内外危险必须对付或克服,困难和利益必须采取措施。很晚才承认路易·菲力普的俄罗斯,若不是被波兰起义及时拖住,若奥地利不是被意大利事务缠身,可能同法国开战,并把奥地利拖下水;与此同时,奥地利将拿破仑之子握在手中,反对奥尔良王朝,并以波拿巴主义东山再起相威胁:在国内,共和派的信心倍增并激发剧变。法国新政权断言反对神圣同盟的、并让许多希望长上翅膀的不干涉原则,是并不能不是一个政治公式,连同引起的误会,连同一般政治公式的演说家效果,并意味着(正如后文适当时候再解释那样)法国拒绝任何外国对自己内部事务的干涉,还让外国干涉远离与其利益紧密的国家;但当其政治允许或要求干涉时,它就毫不犹豫地干涉,比如它在比利时和葡萄牙的所作所为,还放手让俄罗斯在波兰、奥地利在意大利武力干

① 1797年10月17日,法国与奥地利在坎波福尔米奥签订和约:奥地利把尼德兰南部割与法国,奥地利吞并威尼斯共和国。——译者

涉；当它阻止他国干涉时不能不卷入灾难性的或相当危险的战争，至多如它在意大利所为，占领安科纳以便向奥地利表明它不想赞同后者扩大在意大利的统治，并促使奥地利在完成军事和警察行动后撤离被占领土。但并不因此法国政治就缺少文明、自由和人道的特性，正如英国也不缺少一样，虽然英国也想类似地干涉和不干涉，虽然英国多次被诅咒为"背信弃义的阿尔比奥内"，人们肯定不想否定它为各民族的独立、自由和文明做出的贡献。在英国如同在法国，任何其他参与被奴役被压迫民族解放事业的形式是并不能不是私人事情；拉斐特及其朋友很好地利用这一点，法兰西国家不能在他们祖国帮助的那些意大利人和波兰人，在法国，正如在英国、比利时和瑞士，从自由派那里能获取友谊与慰藉，并往往受到保护，以反对法国和其他国家政府实行的某些强硬政策，并在那里组织民族与自由的战士队伍，这是上文提到的各国为生存斗争的民族间友谊的象征。

然而，关于那些民族确信的、被七月街垒战证实的、并期待那崇高义务履行的法国优越性观念，若需了解那些民族处于水深火热之中，在军事强国的重压下，被限制在堡垒和防区的包围中，孤立分散并手无寸铁，一言一行受到那些国家警察的监视，若它们热切希望，正如曼佐尼说的意大利人，在阿尔卑斯山出现一面友好旗帜，则必然是这样一个事件：它在锁链的某些环节上打开缺口，为它们起义和战斗开辟道路；另一方面，还应承认它们错误地对自己力量缺乏信心，从而从正确的谨慎堕入错误的沮丧和怠惰，却忘记只有凭借发明胆识和坚强意志的创造性力量才有成功的可能。除了不再沉湎于幻想——期待从各国政治中获得它不提供的东西或按本性不提供的东西,依赖法国优势和法国“主动”履行责任——的智慧外,还应当自己觉醒——坚信自己、自己的“主动性”,还应当加强意志与行动的教育,尝试再尝试,从不气馁,再次崛起,接受可能或肯定的失败,东山再起,坚信最终胜利而英勇牺牲,最终胜利要通过英勇牺牲去探寻,这才是通往胜利的大道,而不是靠特殊利益的巧合和幻想可能发生的幸运事件。

马志尼的真正伟大就在于对这一真理的感悟,在于坚定不移地按此真理行动,1831年皮埃蒙特政府让他去流亡,却不知道那次流亡为意大利、为追求自由的民族提供了生活大师。然而,不久奥地利警察和梅特涅就发现他并认识他,判定他是不安分青年宗派中“最危险分子之一”。马志尼发现,存在某些更为基本的东西,并非国务活动家操纵的政治,即当不能从事政治、在从事政治之前应从事的活动;即唤醒人们的普遍情感、理想,并用理想唤醒每人肩负使命的意识,因使命产生的责任意识,把全部自我献身责任的意识,这种责任感会增强力量,并使在缺乏信仰者看来不可实现的事情可以实现。因此,马志尼反对陈旧的烧炭党,虽然该组织仍在各地活动,而他本人也曾参加该组织,他设计政治战略并研究计谋,反对那些观念和习俗中的陈旧东西,在1832年创建青年意大利党,该党成为大无畏战斗精神的宗教源泉;他反对期待法国的“主动性”,在七月革命使他失望后,他反对对外国政府抱有的所有希望,他用自己的“主动性”谆谆教导意大利人和其他民族;他起草青年欧洲党纲领,以反对法国霸权。他反复说:“自由之树不结果实,若不用公民双手栽种,不用公民鲜血浇灌和不用公民的剑捍卫”。他的这种伟大(此外,被普遍感受和承认)是道德的伟大:一

位使徒为自己的信仰生活，同样用清澈如水、热情如火的语言和榜样行动，他还建议并促使受其领导的人们这样行动，并把他们团结在自己周围。从他思想的整体看，其余一切，或是他人的，或是次要的，或是空洞的和错误的。统一的意大利共和国观念属于过去传统，他可能从这一传统中汲取意大利雅各宾党人观念，他们就像他一样，因对颐指气使的法国在意大利的所作所为感到失望和厌恶，从而设计统一不可分割的意大利共和国的蓝图，在荷兰和瑞士共和国时代，它当然离19世纪变为现实的共和国更近：但他们又不像马志尼，不具有使徒的宗教情感与果敢精神，他们的观念（正如人们所说）没有扎根也没有能动功效。各个民族的和各个民族肩负使命的概念曾经属于德国哲学家和历史学家，也属于共同精神遗产，虽然被马志尼有效地促进、植根于欧洲意识并使之家喻户晓。而马志尼提及的代替法兰西优越的意大利优越，只具有说明应当崛起并战斗的民族自豪的神话价值；在此之前除法兰西优越外，还有德意志优越神话被费希特以类似条件肯定，随后有焦贝尔蒂的截然不同的“意大利优越”，和采什科夫斯基的波兰优越；如果人们想要的话，还有希泽尔的瑞士优越，他预言摆脱基督教并受近代哲学制约的欧洲共和国的产生中心在瑞士。马志尼在学说构建方面存在最大局限，这里，正如他本人那样，受到强烈自由情感和自由力量（促使独立和民族的运动产生）的鼓舞，但因缺乏思辨的深化的历史感，未能形成并在理论上推演出自由概念，反而在理论上损害它、近乎否定它，当马志尼从圣西门主义中接受结社原则（反对竞争原则），带有教条、神学、崇拜及戒律的人道主义新宗教（若没有恰恰带有教皇、加于各族人民头上的主教会议的话），以及为社会及类似目的服务的诗歌与艺术;正如他从民主意识形态接受人民的空洞观念,此观念在整体与部分之间滑动,其实是起义抗击法国人的西班牙农民和1793年共和国战争志愿者与士兵提供要素的一般表现,从而他梦想游击战和起义烽火从意大利这头燃向那头,正如其他有待解放的国家一样。尽管这一切,尽管马志尼不是彻底的思想家,也不是国务活动家,但在欧洲政治生活中他上升到思想的、道德的也是政治的力量的高度,各国爱国者和革命者都拥戴他为领袖,专制与保守政府使用间谍和阴谋诡计等伎俩每天都在进行反对他的战争。若在1830年以后年代中,形成或发展(因为从未缺少,现在也完全不缺少)一种共同欧洲意识、诸多观念共同基础、共同判断、共同意见、共同感受和几乎共同法庭,人们忽视这一共同法庭判决(这肯定不是一人所为),不会不受到严厉处罚,它是从自由运动核心产生的,而自由运动是作为启蒙运动的继续;但马志尼在普遍和特殊两方面对它做出贡献,他用其宗教精神灵感和爱,感受、理解并包容所有截然不同的民族,意大利人同德意志人,以及南部斯拉夫民族——是他首先发现并指出其前途。

灰心丧气的声音,一切战争和事业的自然偶发事件,因在逻辑上无结论在实践上无成果,注定被实干和勇往直前的必然性逐渐吞灭,还被反对的声音击退,正如拉梅内1835年致马志尼信中所说:“先生们,勇敢些;母亲们,为了你们才生育”。正当母亲们很好地履行这一职责,在1846年的意大利,诗人朱斯蒂警告一位反对派人士,时间绅士已开始向往自由,他补充说:

如果他不相信，主教堂的钟楼
在那儿向想要懂得这点的人倾诉：
洗礼的钟声或送葬的钟声响起，
一个强盗丧命和一位自由斗士降生。

在意大利，两个主要国家——两西西里王国和撒丁王国的年轻君主都是自由派，但受宣誓和条约限制而不肯钦赐立宪体制，并因他们的教权主义的甚至极度宗教迷信者的头脑而反对立宪体制，虽然一位——卡尔洛·阿尔贝托很有气质并受过军事教育，怀有扩张野心，因此被视为奥地利的天敌，而另一位——斐迪南二世没有这样的野心，并不敌视奥地利，只是小心翼翼地不让奥地利和其他强国干涉其统治。当斐迪南二世大赦政治犯时，不是狂热而是精明，他召唤流亡者，启用拿破仑十年和1820年革命的人士，对曾参与密谋并尝试起义和暗杀他的人们持宽容态度，他不想了解国际专制主义的阴谋诡计；相反，卡尔洛·阿尔贝托拥护王室正统论和米格尔主义，憎恨七月王朝，支持贝里公爵夫人，残酷野蛮地惩罚青年意大利党的最初阴谋家、他的臣民。然而，无论前者还是后者都实行行政改革，关注各自国家财政与经济生活，谈判贸易条约，修筑铁路，但因地形和历史前提不同，在皮埃蒙特而不是在意大利南方产生更广泛更强烈的效果。于是，前者和后者都间接地不自觉地帮助和准备自由的进步，正如那些君子和有教养资产阶级在皮埃蒙特、托斯卡纳和其他地方致力于农业实验、学校与幼儿园、互教和对百姓的救助。意大利科学家代表大会于1839年在比萨召开后按章程继续召开，而君主们（教皇除外）不禁止甚至支持

召开，他们为达到相同效果而竞相比赛。在教皇国，在 1831 年运动之后，出现由一伙卑鄙红衣主教组成的政府，他们使用招募的强盗匪帮，这里一切都停滞不前，其标志是大约 15 年后，自由派才能通过法里尼的 1845 年的《里米尼备忘录》，向贝尔奈蒂红衣主教提出要求采用 1831 年由列强制定的备忘录；教皇格列高利十六世关于经济进步的说法闻名遐迩：铁路和蒸汽机车是魔鬼的作品。此外，这种说法在方式上并不缺少机敏和逻辑一致性。青年意大利党主要在意大利北部和中部发展迅速，依靠成千上万的信徒和马志尼的著作，那些著作逃避了警察的眼睛，通行无阻，虽然未能使他们改信那些社会的宗教的概念，也未使共和政治观念在头脑扎根，但他们准备以这样的概念和观念应用于革命，并让它们经受英勇果敢与牺牲的考验。在 1834 年经历一次征伐萨沃伊的不幸尝试后，预言的人民总起义并未爆发，即使失败的尝试都很少，比如 1843 年博洛尼亚起义，1844 年科森扎的另一次起义，及数月后班迪耶拉兄弟在卡拉布里亚登陆；虽然马志尼在伦敦（那里远离他曾居住过的瑞士）从未停止思考起义，并同其密使和通信员（其中有在马耳他的法布里齐）研究新尝试。

同马志尼及其政治概念、方法相对立，在秘密团体和密谋之外，在意大利形成并发展了另一政党——温和自由派，当时异军突起，他们同马志尼及其同党截然不同，在宗教信仰方面，全体或几乎全体都是天主教徒，当回忆中世纪史时，他们被冠以“新归尔甫派”的称谓。他们是那些天主教自由派，我们在描述 19 世纪初政治信仰辩证法时曾提及他们，必须认真区分他们和同时代在法国、比利时和其他国家涌现并让人议论的天主教自由派，后者更应被称作(意味着他们真正的性质和真正的特征)教权主义者自由派或具有自由主义倾向的教权主义者。特别需要把他们同后者区分开,不仅因为人们往往把他们同后者混为一谈,更由于这种混乱,他们才被基内之流错误地判断,基内控告巴尔博、特罗亚、罗斯米尼、焦贝尔蒂从事破坏意大利精神最后避风港——思想的活动,给予他们的人民致命一击,成为了德·迈斯特尔、德·博纳尔、格雷斯、根特尔们的追随者。关于他们的宗教观念,记住如下足矣:他们的天主教或是基督教的道德与精神动因的单纯复兴,或是詹森主义的继续及反映,詹森主义强烈地作用于18世纪末的王权主义者、改良主义者和革命者,其影响波及马志尼;他们表明一贯地反对耶稣会士,其中有人乐于去除教皇的任何世俗统治权,只给予他唯一精神职能,他们大都具有或多或少激进的"教会改革"的思想。他们的温和性就是政治判断力,以这样的政治见识看来,意大利共和国观念和全民族统一国家观念仿佛是空中架桥,是用想象的号召、想象的民众,从田野和工厂,用临时准备的武器奋起驱逐外国统治者和本国暴君,密谋很难协同,方法纯粹有害或无用;从而他们设想:应当依靠有教养的阶级,不要对国王和其他君主丧失信心,更应公开谋划而不是秘密谋划,循序渐进地要求有希望得到的东西——行政改革、利益代表制、咨询会议,进而是政治宪法,应当考察国际形势并利用其提供的或将提供的机遇,以便把奥地利人赶出意大利和构建意大利国家联邦。在两个最高目标——意大利独立和政治自由——上,他们同马志尼主义者、民主主义者和反教权主义者一致,他们同后者的区别在于渴望未来的图景,现在使用的手段、论战与宣传的风格。德·桑克蒂斯观察到,两个政党或

"学派"在各自散文中表现出全部差异性:在温和派或自由派那里,是分析风格,语言接近口语、通俗易懂、徐徐道来、以理服人、运用反语;在马志尼派和民主派那里,是综合风格,语言优雅、笔触凝重并讲究修辞、抨击猛烈、冷嘲热讽。前者面对有待教育的实际民众,后者面对有待激励的想象民众。然而,实际上一个政党并不打倒也不根除另一个政党,更多地是取长补短:在事件的演进中确实如此,从而人们发现两党成员相互过渡,此党感到需要更大勇气,彼党感到需要更大克制(极端保守派巴尔博倾向于民主派焦贝尔蒂,准备克服达泽里奥的犹豫不决,并要求独立和自由);最终,他们发现已经合作;不用说马志尼本人(虽然)短期内不反感向卡尔洛·阿尔贝托、甚至教皇庇护九世和取消全国选举的君主制让步。一切都是实际地得出,即使他们的幻想,有实际可实现的和不可实现的,马志尼的共和国观念同实际条件冲突(实际条件在变化),而焦贝尔蒂的民族主义及自由派的教皇观念在逻辑上矛盾(逻辑不变)。然而,即使焦贝尔蒂的这种观念(在相当暧昧作者那里具有暧昧含义)也同耶稣会士誓不两立,却不反对后者模棱两可行为及伪装,无论如何,焦贝尔蒂概念的混乱或困惑并以多种方式改观,也在产生有益影响;若目光敏锐者发现他的观念对众多天主教徒、许多年轻教士、甚至某些高级教士具有欺骗性,则那种教皇神话引起他们对民族复兴运动、文明进步和改革宗教生活的强烈愿望。当时自由天主教的温和学派几乎撰写所有关于这些的历史、小说、诗歌等作品,用它们在意大利人中培育上述愿望:从罗斯米尼和焦贝尔蒂的著作到特罗亚、巴尔博、卡波尼的历史,到曼佐尼(他是先驱者)的小说和悲剧、达泽里奥的《艾托蕾·斐拉莫斯卡和尼科

洛·德伊·拉彼》和朱斯蒂的讽刺诗;但因两个对立学派基本意图的统一性,所谓"吉伯林派"的内容欠丰富的作品,如尼科利尼的反教权和反异族的悲剧,或缺乏教育意义的作品,如拜伦主义者古埃拉齐的混乱小说也被阅读,若后者能吸收前者,则吸收好的和真的东西。实际启动讨论政治也归功于温和学派,在巴尔博的《意大利的希望》、在达泽里奥的《罗马涅情况》,在杜兰多、伽莱奥蒂及其他人的著作中实际开始政治讨论;在该学派内部最早提及民族政治朝皮埃蒙特方向发展。在自由天主教学派外,在这些纯粹近代的和批判的思想中(这种思想同那一学派和谐一致,同样外在于传统宗教),少数年轻天才开始活动;也在那一学派外,一位名叫加富尔的年轻人,在自由的和世俗的思想中逐渐成长,他受到七月革命的强烈冲击,不追随马志尼的理想,却接受中派或温和派的政治。加富尔在那时写道:"不存在非自由派的伟大人物:对自由的钟爱程度,在某些人那里是同他们达到的道德修养成比例的";他在《日记》中还写道:"我们这些人没有宗教信仰,但为了人类利益,我们愿献出全部爱心"。现在轮到他以具体形式发展并实施大部分温和派期望、设想和准备的东西,包括宗教关系方面,他提出在自由国家内的自由教会,宣布昔日教皇的罗马,现在是意大利王国的首都。

另一民族,同意大利民族一样,应当整体解决自由问题和若不是独立也是民族统一问题,德意志民族不仅没有这种幸运,而且其不同政党,具有不同外观和不同侧重,不能朝着同一方向前进,而是继续在二元论中摸索,从而不能将两个问题统一起来:在德意志民族中自由性质的统一力量同样缺乏和断断续续的。德国人(巴尔扎克那时观察到,他赋予欧洲共同信念诙谐形式),“你们若不会使用自由这个伟大手段的话,则自然地知道所有乐器的用处”(《一个叫夏娃的女孩》,1839年)。《青年德意志》在某些方面跑到博尔内和海涅前面,在1830年后数年引人注目,恐怕因其名称类似于马志尼的团体,它由平庸的文人、小说家及类似作家构成,他们大声疾呼反对将文学同政治割裂,公开主张倾向性文学,然而他们缺乏思想和真正的政治激情,在接受生活和行动的考验时出尽洋相。德国文学家,因瞬间激动拥抱自由与进步的理想,但轻而易举地就变成相反态度,就像门采尔,在他情绪激动时期,成为最早准备预审歌德不关心政治的案件的人之一(非常奇怪,人们总想把德国一般文化的恶名扣在大诗人和沉思天才头上),其后又变成极端德意志的和反法兰西的民族主义者,反对自由派的君主派与专制主义者。在一个因教师和教育家的数量及质量而受人景仰的学术大国,却没有将国民引导到民族生活重大问题的作家,相反在意大利并不缺少这样的作家。此外,那时思辨思想的强大学派不断后撤,在那里模仿者接替天才鼻祖和创造者,在历史的各个部分,尤其在基督教史方面,几乎只有历史批判繁荣,这种历史批判使以前哲学的某些概念结出果实。如果说法国人善于从日耳曼的哲学、历史学和诗歌中汲取许多营养,那么德国人没有或很少从邻近民族、那些在道德需求与政治经验上比他们先进的民族那里把握本质的东西。法国人凭借历史研究极大地纠正其18世纪自由、平等和博爱理想的抽象性;但德国人回避并拒不纠正那种抽象性,他们沉溺于过去的神秘主义,沉溺于崇拜非理性(从过去散发出的非理性总同活生生的现实割裂),沉溺于(上文描述过的)病态浪漫主义形式之

一，这种病态浪漫主义对他们影响远超过清晰观念，这种病态浪漫主义很快压倒并纠缠清晰观念，并阻碍他们在普遍感受中获取力量。自由派总由一些学者和教授构成，其中七人——达尔曼、格林兄弟、格维努斯、韦伯、阿尔伯特、埃瓦尔德，知道在 1837 年抗议汉诺威国王废除其前任钦赐的宪法将被免职；其中格维努斯因其历史著作成为自由派学说主要代表。那些小君主立宪国的议会，在经受住镇压风暴之后，竭力恢复某些功效；巴登的议会仍然突出，感到接近法国和瑞士。在普鲁士的某些省份，除莱茵河地区外（这里从 1842 年至 1843 年出版具批判精神和辛辣笔调的《莱茵报》，但该刊很快被勒令停刊），在东普鲁士和西里西亚，不时地听到国民参政的理性要求，因为八个议会（每省一个）不能满足需要，况且在 1832 年成立的这些议会纯粹是咨议性的。体制的需求应适应时代，虽然这些需求尚未找到表现和实现的道路，但肯定在德国就像在其他国家潜伏着，因为都从相同事物中产生。然而，众望所归登上宝座并尊为新时代开始的腓特烈·威廉四世，正如我们所说和当时人们惊奇地发现，却是中世纪化的政治浪漫主义的化身。弗里德里赫行政君主制不同他的浪漫想象对话，因为他特别注意到其中的冷漠理智主义和 18 世纪理性主义；而近代议会也不能让其浪漫想象满意，因为另一位浪漫派——巴伐利亚的路易一世登上王位，此外后者还是一位缺乏灵感的诗人，其颂诗让议会感到像蹩脚散文那样令人生厌。他在头脑中思考议会，却是中世纪性质的议会，由各邦代表构成，并伴随相应礼仪和相应程序。他在这种心旷神怡的想象中迟疑不决，没有鼓足勇气或没有找到实现方式，对自由派的态度摇摆不定，起初慷慨施与大赦并放松新闻检查，其后又下令起诉或迫使驱逐那些支持同其情感相左的建议的人们。在这样的条件下，另一问题——德意志统一问题，不可能凭借一个政治上同质国家及其议会表达的民族意愿来解决，只有一条道路——由各个国家中的一个征服和吞并；由于两个最强大国家，奥地利代表民族性的对立面，如果它不警惕普鲁士，不注重重新扮演其腓特烈二世传统角色就不能存在。然而，这种传统是反浪漫主义的，就同其官僚国家传统一样，普鲁士国王[①]带着恐惧的颤抖后撤，因为他把奥地利当成神圣罗马帝国形象致敬，他把奥地利看作一个基督教—日耳曼国家领袖，而在这样一个国家内，普鲁士国王确立了自己地位并因其真诚、勇敢著称树立首席大陪臣形象；由于这样一种精神状态，他是新教徒，但对天主教会——消逝的中世纪欧洲统一的影子——怀着同样亲切和崇敬之情，就像奥地利一样，并同在南德意志或“南日耳曼”繁荣的幻想一致。民族统一的政治观念不确定不活跃，同样很容易爆发独立情感或对法国的仇恨，由于回忆起1813年，法国曾践踏过它，曾占有帝国的古老土地，似乎还贪图莱茵河东岸的土地；在1840年这种愤怒以令人惊异的方式爆发，由于梯也尔的政策唤醒的怀疑，并且用歌曲表达，在德国只有政治歌曲家喻户晓，反抗暴君支持被压迫者的人民的“马赛曲”。由于外国统治在德意志已不存在，那种独立情感只牵强附会地为抵抗可能威胁的自卫辩护，如果没有以真正爱国动机而是以民族主义的和帝国主义的动机为内容，那种情感将是空洞的，后种动机不仅被日耳曼民族的神圣罗马帝国的理想图景，而且被那些德国

① 指腓特烈·威廉四世。——译者

爱国者不考虑其他民族独立权利这一事实所证实，在他们的蓝图中，包括同奥地利一起（或通过奥地利），继续在意大利领土和那一国家内其他民族的领土的统治：直至1848年和法兰克福议会，人们可以发现这种意图。其实，奥托诸皇帝（艰难的回忆！）曾尝试占领意大利南方，斯瓦比亚皇帝们曾经拥有意大利南方和西西里。

民族倾向自由派（虽然不是完全没有帝国主义萌芽），是在其他民族中开始设计的独立运动；在匈牙利、波希米亚、克罗地亚、塞尔维亚，他们研究时颂扬民族语言和要求正式使用民族语言开始具有先兆，一般说来在崇拜祖国历史和习俗时：为同样目的，马志尼记得他准备收集这些民族的新抱负并做它们的旗手，一位达尔马提亚的意大利人托马塞奥，以同样情感在1840年前后，收集并翻译了伊利里亚[①]的民歌。在奥地利帝国以外，在土耳其统治下被奴役的民族中，塞尔维亚凭借奥布廉诺维奇王朝的巧妙计谋，竭力获得某种形式的自主权；小小的黑山及其君主实际享有其自主权；摩尔多瓦和瓦拉几亚受到俄罗斯保护，依靠西方文化、尤其是法国文化现代化，也逐渐获得自主权。波兰受到三个专制制度强国的压迫，几乎只由许多流亡者代表：俄罗斯没有摆脱民族理想性，但这种理想性在俄国缺乏其自由含义，以德意志中世纪浪漫主义式的及政治的或反动乌托邦式的泛日耳曼主义为典范，形成泛斯拉夫主义和帝国主义。西欧也参与独立的痛苦努力，恰恰在其最自由国家内部，在大不列颠，在爱尔兰，宗教分裂，起义和征服使形势非常危险，治愈相当困难，虽然奥康奈尔说些热情洋溢的话

① 巴尔干半岛西北部。——译者

语,皮尔建议初步改革(却被上议院否决),在1845年发生普遍饥荒,丧失四分之一人口,因年轻人向美洲大陆移民,人口锐减只能雪上加霜。英国既不能同爱尔兰在平静和繁荣的联合中生活,也不能放弃爱尔兰生活,因为大自然放在它身旁的这个岛屿的脱离会带给它危险。到处爆发真正民族的运动,不久就产生争取自由宪法运动并同民族运动相一致;在波希米亚,1840年议会开始坚持,为使关于税收的投票得以承认;1832年在匈牙利,科苏特不仅要求经济改革,而且要求在古老宪法中的政治改革,以便动摇大贵族的优势和为小贵族开路;希腊在雅典造反之后,国王奥托一世钦赐一部带有众议院和参议院的宪法。在奥地利,18世纪末的改革运动,因约瑟夫们和列奥托德们而相当落后,南德意志的范例,尽管西部诸国的著作及报刊遭到禁止但仍能渗透,它们的范例唤醒某种批判精神和革新意识。这里不宜在表明自由思想或快或慢的这些或类似先兆上耽误时间,正如由于不同原因,需要省略欧洲、首先是自由欧洲当时通过对历史上消极国家的殖民化及完成征服并不断扩大的全部活动;因此省略英国在印度的活动,在那里英国政府逐渐代替公司,去除野蛮习俗和废除奴隶制,由新君主领导的新帝国——这是英国代替在18世纪丧失的帝国而逐渐形成的;省略因对阿尔及尔的征服和统治,法兰西殖民帝国的开始;省略因穆罕默德·阿里在埃及所发生的事情,诸如此类,不一而足。

那时在世界上发生的所有骚动,观念的、努力的、尝试的、期待的骚动,在普遍激动之间,1846年产生一个宝贝——一位自由派教皇庇护九世,人们借以自相矛盾地表达自由理想不可抗拒的必然性和优越性,这种理想擅长把试图推翻它的人群及制度吸引过

来并屈从于自己的目的。这在逻辑上和现实中是件不可能的事情;以致梅特涅亲王有理由讲靠其预见能力和计算,是一件料想不到的事情;其实是现实的,仅当那种理想运动的冲力向他提供心灵,并让他像一位被制服的空想家那样表态和行动,然而从本质看,这是情感的反映,是在戏剧表演中实现的想象,由罗马、意大利和世界提供演出的舞台,各国民众提供合唱队员。当时就有人在微光之中看到发生的事情,并编成一首歌谣,其中唱道:

庇护不是一个人,不是
那位大摇大摆登上教皇宝座的人:
庇护不是我们大脑之子、
心灵偶像、甜蜜美梦;
庇护九世是一面旗帜、反复的副歌、
合唱中颂扬的美名……

焦贝尔蒂用其《基督教皇国的理想图景》,乐于着手马斯太主教[①]自我暗示(他在昏迷时刻曾断言自己只是个“可怜的教区教士”)和最强大的集体暗示;自然《意大利的优越》是本拉皮条的书,但若没有以前自由派天主教徒所做的全部工作,尤其没有他们根据伦巴第联盟和莱尼亚诺战役[②]编写的自由—民族—教皇的史诗,就不会产生诱惑力。与此同时,通过诗歌象征得以解放的革命

① 即后来的庇护九世。——译者

② 1167年意大利北部各城市公社结成伦巴第联盟,抗击腓特烈一世(红胡子)的侵略,并于1176年在莱尼亚诺击败侵略军。——译者

力量,在意大利和世界十分强大:信奉任何宗教的及不信教的自由派,在欢呼这种象征时,发现反对其要求的异议、阻碍其行动的障碍都坍塌了;大部分教士向不久前还有责任视为自己及宗教的敌人的那些人张开双臂;专制政权从同教会结盟中获取的帮助极少。大赦、废除或放松书报检查、要求并许诺评议会、要求并建立公民警卫队或国民警卫队,在1846年和1847年间,在罗马、托斯卡纳和皮埃蒙特相继发生并交织在一起;在那不勒斯,塞滕布里尼[①]发表其《抗议书》,自由派东山再起,政府不得不采取监禁的预防措施;而在勒佐和墨西拿,民众奋起暴动;在伦巴第和威尼托,宗教教团从通常顺从的立场走出,民众唱着庇护九世的颂歌,并佩戴上他的丝带,以禁吸奥地利纸烟和抗议奥地利大兵的一贯暴行。1846年9月在热那亚召开的科学家代表大会上,颂扬卡尔洛·阿尔贝托国王和自由、意大利独立与复兴;一年后,人们研究成立罗马、托斯卡纳和皮埃蒙特诸国的商业联合会;任何偶发事件,孔法洛涅利[②]的葬礼,或者一位意大利籍大主教接替奥地利籍大主教,都提供了表达激动人心情感的机遇。变得烦躁不安的奥地利1847年8月占领费拉拉,立即激起反抗,并给卡尔洛·阿尔贝托提供捍卫教皇权利的机会。加里波第,一位1833年流亡的马志尼主义者(他在南美洲的壮举产生反响),渴望成为自由教皇的战士,并准备重返意大利;其他军官也陆续返回祖国,他们曾因以往的革命与密

① 塞滕布里尼(1813—1876年),意大利爱国者和文学家。加入青年意大利党,1842年发表《两西西里人民抗议书》。后被捕判处死刑(后改判无期徒刑)。1860年后在博洛尼亚和那不勒斯教授意大利文学。——译者

② 孔法洛涅利(1785—1846年),意大利爱国者,自由派人士。——译者

谋而被迫流亡，不能为自己民族只能为其他民族战斗。科布登带着主张自由贸易获得胜利的荣誉，漫游意大利以示庆贺。帕默斯顿勋爵成为反抗专制制度的自由的先锋，他派自己人到意大利各小国的首都，为改革与立宪出谋划策和推波助澜。由于意大利的榜样，或由于具有产生意大利榜样的相同动因，骚动在其他国家蔓延。在瑞士，因七个州意见分歧和冲突而达到危机的程度，它们效忠于专制制度、教权主义和耶稣会，并在1845年从联邦分裂出去，结成分离主义者联盟，直至1847年下半年瑞士靠武力才中止其存在，恢复联邦统一并将耶稣会士驱逐出瑞士。在德意志，梅特涅闻到气味，发觉不是鲁莽行动的时机，同普鲁士达成协议，制止黑森新选帝侯的幻想，他准备改变其父钦赐的宪法。在巴登，一个自由内阁上台执政，在那里首次出现由民主派和激进派构成的反对党。与此同时，普鲁士国王决定在1847年2月召开邦联合议会的会议，根据1823年制定的法律，它应当决定国家洽谈的贷款业务；他在致开幕词时，断言已经赞同在其臣民和上帝（或伪装成上帝的君主）之间放置一部宪章，这部宪章用公式统治并占据古老忠诚之位。但那些邦联合议会合法地只具有内部事务的请求权和起草法律（国王乐于服从的法律）的投票权，也开始出现主要由莱茵各省和东普鲁士各省代表领导的反对派，他们争取实现在1815年许诺的宪法和国民议会的定期会议。与此同时，石勒苏益格—荷尔斯泰因的继承问题，威胁到德意志祖国丧失部分领土，这导致民族情感的高涨并使统一问题变得更加尖锐。

在近代历史的第一个大转折——通过帝国同教会的斗争、大国的形成和文艺复兴实现对中世纪神权政治的超越——之后，于是不断完成同样伟大的第二个大转折,即从 17 世纪中叶的英国开始,并通过法国大革命变成欧洲的转折,自由制度代替专制君主制,在转折进程中还超越自由制度最初及简单化的理想,即抽象地民主的和雅各宾派的理想。信奉陈旧理想者、坚信教会权威的神权政治或主张政教合一的人们,专制制度(王室的或贵族的、老雅各宾派的和恐怖分子的)鼓吹者,因其顽固不化的信仰,因尊严的情感,因愤怒和鄙视而退居一旁,并不断地自言自语:上帝喜欢胜利者的事业,而加图喜欢失败者的事业;或者他们已经适应发生的事情,即参与自由制度以便让其提供不太糟糕的东西,把希望深埋心中并期待更好或最好东西重新出现,同时他们使自由党的极端派别十分活跃,或者实践并反思上文提到的不太糟糕的东西,他们逐渐形成新心灵和新头脑,把自己培育成或变成真正的自由派。这种三重事变(当然,不排除上述三种形势中的个体的转化)也包括教权主义者,其中一部分没有后退到只祷告和诅咒,而是假装接受新政治形势,认为这种现实是暂时的,并有待用自由自身武器瓦解它,而另一部分最终正直地真诚地接受它,认为它是优越的和健康的。这后种情况不可能发生,如果没有发生某种理性主义和唯心主义性质的秘密并几乎未觉察的变革,诸多教条被驱逐到灵魂的角落,这些教条因同自己过去相连而受到尊重,但在现实中日益丧失活力,被截然不同的思想体系——那时真正有效和充满活力的思想体系所代替。在 16 世纪没有发生宗教改革的国家内,通过这条道路,宗教改革得以进行或缩短其阶段(那次宗教改革或多或少进展缓慢);在意大利这种进程在曼佐尼、罗斯米尼、焦贝尔蒂、兰布鲁斯基尼、李卡索里等人那里表现得英勇无畏和引人注目。

然而，以这些教条巩固的罗马教会仍然存在，罗马教会干涉并提醒大家：天主教的敌人过去是清洁派和福音派，现在是自由主义。正如反对拉梅内的1832年《对你们感到惊异》的教皇通谕所发生那样，此通谕公开谴责意识自由、崇拜自由及新闻自由，谴责政教分离和所有相关的思考，并把自由国家内的天主教徒——法国的、爱尔兰的、尤其比利时的天主教徒置于十分尴尬的境地。正是比利时天主教徒仅仅凭借同自由派的联盟，就能动摇对强大无比的荷兰的从属地位，并以这样的条件接受自由主义宪法，既利用又支持这一宪法。这种联盟具有民族必然性的特征；另一方面，拉梅内神父的天主教朋友们——蒙塔朗贝尔们、拉科代尔们等没有追随他同教会决裂，显然他们从其支持同自由内阁谈判中获得或将获得好处，拯救某些教会制度、尤其是教育制度，用新闻自由捍卫教会利益，根据拉梅内《未来报》提供的榜样，又被蒙塔朗贝尔和维伊奥粗暴及尖刻地模仿。服从教会的天主教徒和坚定不移反对自由主义及其政治家的教会，这样的教徒和教会能使意识权利和权威权利满意，通过解答疑难学和妥协的习惯计策，区分开有待坚决执行的“教义的不宽容”和有待认同的“世俗宽容”，区分开教会和每个好天主教徒都应当反对和厌恶的“自由原则”和宪法规定以及可以赞同的“有限和实际的自由”。这些计策在逻辑上是诡辩，在伦理学上是对道德意识的冒犯，一位阅读当时由杜庞卢主教主持的讲座或帕里西斯红衣主教的《良心问题》的真诚的人，不可能抑制住厌恶的冲动；然而，它们是政治。那时还可看到教皇极权主义向社会主义靠近（加富尔认为不可避免）的最初迹象，在社会民主主义的天主教徒、如奥扎纳姆和布赫兹那里出现，而布赫兹以前是从圣西门主义转向天主教的;同时在英国教会中也发生此种现象,金斯利塑造"基督社会主义"的箴言。正如在自由化教权主义中,本质上对立的观念彼此融合,起初用恢复中世纪色彩的行会和同业公会掩饰异质性,其后从容不迫地过渡到更合时宜的企划。当代在意大利创建的"人民党"以及在其他国家用相同或不同但类似名称称谓的其他政党,它们的起源远离七月革命、专制制度解体及出现新社会冲突对教权主义者的最初影响:因为在那些年代,直至今天仍在应用的政治斗争所有基本词汇都被真正地提出。

那时首次占据人们头脑和想象的共产主义,使它们震惊和困惑,被不久将来胜利所预见,被喜悦之情致敬,被恐惧之心摒弃,那时也形成自己的体系及方法,以致其后本质东西一点未变或加以补充。使用机器和快捷交通工具促使工商业发展,进而导致革命,而革命为共产主义提供主题;革命使生产进程节奏加快,把经济阶级的安排打乱,工人群众集中于大城市,因失业大军存在而压低工资,廉价使用女工和童工并延长劳动时间,而投资者和资本家立即获得巨额收入并发财致富,与此相关,地主形成金融家和银行家的强大力量(由具有世界声誉的罗斯柴尔德代表),由于这一切,用危机、破产和贫困的交替来阻止竞争和比赛:除频繁发生的工人骚动及起义和由此产生对社会秩序的危险外。这些事实和这些条件,并不像热衷于神话那样,本身并不决定性地产生共产主义或其他政治制度,几乎只是工人们不幸的直接反应,却向思想家(是思想家而不是工人,是共产主义的作者,正如其他任何政治制度的作者一样)提出经济与道德问题,生产中更好制度、正义、人道及文明问题,激励并培养新生社会阶级政治敏感和政治意志的问题:无疑,

从实质上看，它们是人类社会生活不断感兴趣及人类社会历史得以发展的相同问题，但由于已经提及的条件，它们以新的前景和新的面貌呈现。解决这些问题是现在的政治任务，但解决它们同现在、现在智力及道德的力量、已有或刚开辟的道路有关，因此因事物的进一步变化及那些解决的效果本身，伴随自觉意识，它们将一次次地以不同方式和其他实际可能性再次呈现；因为想要一劳永逸地彻底解决一切问题，等于想要穷尽人类生活和终结人类历史。但是，如果没有这种奢望，如果这种奢望并不总在头脑中涌现，则不会产生称作“乌托邦”的东西，因为“乌托邦”恰恰是如此完全彻底解决的观念，恰恰是把许多特殊及个别问题（它们才是实际的和可以解决的）扩大为一个虚构的整体问题，譬如通常所说的“社会问题”，正如过去一位法国政治家疾呼“*它不存在*”的问题，他言之有理，如果把“社会问题”公式转换为“历史问题”或“人类历史问题”的另一同义公式，则会更容易承认他言之有理：显然，那是个不存在的问题。乌托邦主义者受到生产及财富增长的撞击，在特定条件下，因消除生产和贸易的障碍，尤其是英国开展反谷物法伟大斗争胜利的影响，他们纷纷相信社会问题或“历史问题”，可以通过自由主义经济权宜之计提升到人类共存的绝对原则及规律高度圆满解决，并盼望从而一切冲突和解、所有困难消除和实现人类幸福；归根结底，如果没有提出超越历史的历史规律，这一切简直不可思议，其实正如在闻名遐迩的自由主义的乌托邦捍卫者巴师夏那里所见，他具有宗教背景：既信仰同18世纪哲学一致的自然，又信仰洞察一切的上帝。

截然不同甚至对立的乌托邦主义者，由于他们描绘社会及人类生活最终图景和超越历史的政府,他们是共产主义者,他们把因自由竞争造成的相对、个别和特殊情况的否定变成绝对否定,他们还把政府为规范生产而干预好处的相对肯定变成绝对肯定,某些人想用一种不靠对立及比赛手段而靠自发性及快乐手段达到和谐目的的体制代替自由竞争,另一些人想靠智者的聪明才智科学地规范一切。驱使圣西门们、傅立叶们和欧文们的情感及意图十分崇高,但在他们的观念中缺乏在精神及道德整体上的人类生活意识;其实,欧文遵循唯物主义前提,而傅立叶厌恶"道德"和"责任",除"激情"和"吸引"外,不想知道任何东西,没有痛苦,没有斗争,没有辩证法;所有人,尤其是圣西门及其学派开始反对自由,圣西门说它是"一种空洞和隐喻的观念",它妨碍"群众对个体的行动",并确定一种"情感的秩序",而不再是一种"利益的等级",自由是好的,至多作为反对旧神学体系的斗争手段,但有害于彻底科学和理性的真正社会,在那种社会中,个体应当"同整体相连并取决于整体",在圣西门看来,无论是政治自由还是意识自由,都是不可想象的,就像化学、物理学和天文学中不存在自由一样。路易·勃朗反复说自由是一个"词汇",是"引诱天真烂漫者上钩的诱饵",除在国家中靠"劳动组织"获得的自由外,不存在其他真正的自由。因此,圣西门主义者是天主教的欣赏者,他们在头脑中提出以某种教皇国为理想社会,即使是具有科学性的教皇国;昂方坦相当崇拜奥地利,称颂只有它"抵御住自由和平等的并不完美的教条,只有它代表秩序并起着司祭的作用":以致,他们有别于天才的教权主义者,当七月革命使得自由主义凯歌高奏时,圣西门主义者建议要求并推动结社、新闻、教育、信仰等一切自由,不是出于热爱自由,而是

为了凭借自由提供的手段实现其对立面。他们也不容忍科学和艺术有自由，他们想让科学及艺术做其新僧侣、科学家及企业家政府的婢女或仆从。不要大惊小怪：由于这样的人类心灵的概念，他们倾向于强调享乐并宣扬“肉的赎救”的教条，这正是海涅和“青年德意志”文学家最喜欢圣西门的东西；同样不要惊奇：圣西门主义构想、超前及产生的最佳东西是经济体制和经济活动，诸如股份公司、贴现银行、铁路网，其信徒表演着某种怪异的宗教喜剧，在剧中“父亲”身旁并不缺少“母亲”、即女人，这些信徒全都沦为笑柄，并且作为学派分崩离析，而幸免于难的圣西门主义者及其首领昂方坦（正如其中多数人）都出自工程技术学院，他们投入商业和投机活动、工程活动，比如设想开凿苏伊士地峡，对政治事务比较冷漠，但当他们的哲学家孔德思考“实证政治”时，为政变和随后发生事件辩护，他们就相当好地适应第二帝国时期的拿破仑三世。他们同马志尼大相径庭，马志尼从圣西门主义中汲取次等东西并引入自己体系：反对竞争，结社，未来宗教和诸如此类东西；或者他不知疲倦地为自由而受尽磨难，承受住各式各样的艰难险阻，向各种危险挑战，受到拿破仑三世的警察以及其他所有欧洲国家警察永无休止的迫害和追踪，就像在追猎一头猛兽！马志尼一贯认为共产主义是“唯物主义”，他在历史中发现莱辛式的人类教育和赫尔德式的各民族史诗；而圣西门开创对历史的经济的、或如常言所说唯物主义的解释，他在法国大革命中只看到资产阶级上升掌权，并且进而把经济含义的“资产阶级”概念扩大到近代精神形态概念，这是一种伪造或将截然不同的概念可笑地混为一谈。在他们圈子之外，共产主义者和社会主义者通过模仿，继续滥用此种概念（由于这种从属关系,不得不符合逻辑地说,共产主义的发明者是“资产阶级”,甚至那种完全经济理念也是“资产阶级思想杰作”);出于相同冲动,在当代法国史学中开始强调阶级斗争,开始在意识形态外衣下发现经济利益的内核,在这里回响着18世纪修士为自由统治目的而发明的对宗教通常解释。上溯到但以理四大帝国的梦想、并过渡到中世纪思想、还在德意志唯心主义哲学中崛起的历史哲学(带有预先确定的图景),为共产主义者和社会主义者提供世界史图画的框架,在这幅图画中,根据以前时代的进程,凸显在劳动结社中最终解救的人类的最后的终极轮回。

然而那些共产主义的理论先驱或最早的纲领起草者,以经济活动方式设想其卫生改革、教育体制等纲领,一方面他们坚信靠语言及少数人经验范例所作宣传,另一方面他们希望得到国王及专制君主的支持,而圣西门不断地把目光转向拿破仑、俄罗斯的亚历山大和路易十八。那些继承雅各宾派传统的共产主义者对方法问题的感受截然不同,尤其要回忆巴贝夫,在那一时代参加其团体并构成学派的博纳罗蒂曾叙述这个团体。巴贝夫们具有革命精神,在法国和其他国家他们只注视着工人、无产阶级以及在该阶级中蕴藏的力量,这股力量一旦被指引会更觉悟,就将用暴力粉碎现存一切制度,摧毁资本主义,建立劳动者平等地参加劳动与分配的社会。为应用这种独特宣传,仅靠压迫和剥削的空洞概念不够,还需要仇恨的病毒,特别在英国,在大卫·李嘉图分配学说影响下,不断地准备关于劳动创造的利润未付给工人的学说。

综上所述,所有汇集到马克思社会体系中的东西,在马克思之前就已分散地、甚至部分系统地存在:历史唯物主义,思想、艺术和

宗教作为经济的现象学，反自由主义，阶级斗争，以无产阶级时代作为终极时代的历史时代顺序，剩余劳动和剩余价值，对资本主义生产的无秩序及其危机的批判，诸如此类，不一而足。但马克思将独特活力赋予所有这些概念及其雏形，他凭借黑格尔学派辩证法将它们重构并综合化：在导师那里，这种辩证法具有普遍、形式和解释学的性质，在弟子们那里又混合上经验主义和想象，导致奇怪的伦理与社会理论，尤其在所谓黑格尔左派（马克思属于这一学派）中，德意志辩证法最终沦为绝望的自我崇拜和施蒂纳的无政府主义。当德意志辩证法几缕光线射向法国的普鲁东，启示他批判经济矛盾，以他的方式，通过他的正题、反题、合题，形成无政府主义。马克思展开了资本主义的或资产阶级的时代（接替封建主义时代）的矛盾，从资本主义时代内部产生其掘墓人（由其产生并培育）及接班人——无产阶级，马克思从而得出共产主义合题，这一合题要由无产阶级——历史必然性的实施者来实现；根据这样的辩证法图解，马克思于1847年末撰写并完成了《共产党宣言》。他的独创性就在这里，但不是哲学家的，也不是经济学家的（因为，在这方面，其思想的某些片断值得崇拜），而是政治意识形态或神话的创造者的，因为他给予共产主义运动，若不是某种根据，肯定是哲学与历史的伪装，这种独创性使他奉献出一本书——《资本论》，这本书比他很少批判的思想、想象、激情和期望享有更高威望，虽然构成此书所有概念的割裂至今仍起作用。同时，他用道德主义与温情主义完善其独创性，他转向初级和容易的动机：如果魏特林给其"正义者联合会"提供"人人皆兄弟"的格言，那么马克思则提供另一格言："全世界无产者联合起来"；在仇恨和破坏性斗争中联合起来。然而，由于他引入的辩证法，若仿佛获得未来的理性确定性，那么实施的方法也发生根本改变；不仅他称作“空想主义者”的早期共产主义者的实施方法站不住脚，而且起义与袭击的方法也站不住脚，同哲学的与辩证法的方法相比，这两种方法相当幼稚，哲学与辩证法方法指导用思想和行动陪伴客观历史进程，并使其各个连续阶段生机勃勃，指挥只在正确时刻使用暴力干预，以便水到渠成、瓜熟蒂落。目的是共产主义的和唯物主义的，相反，方法却想是历史的，根据是否严格地如此，在实践时，将体现为具体的和分阶段的政治活动形式(因此本质上是自由的)，或体现为自然主义的宿命论——否定历史性和能动性；这种理想与方法的分歧当时未看见或未发现，至今仍未被清晰地承认，但不能不使以后的共产主义和马克思主义的历史呈现出对立的面貌和形形色色的事变。

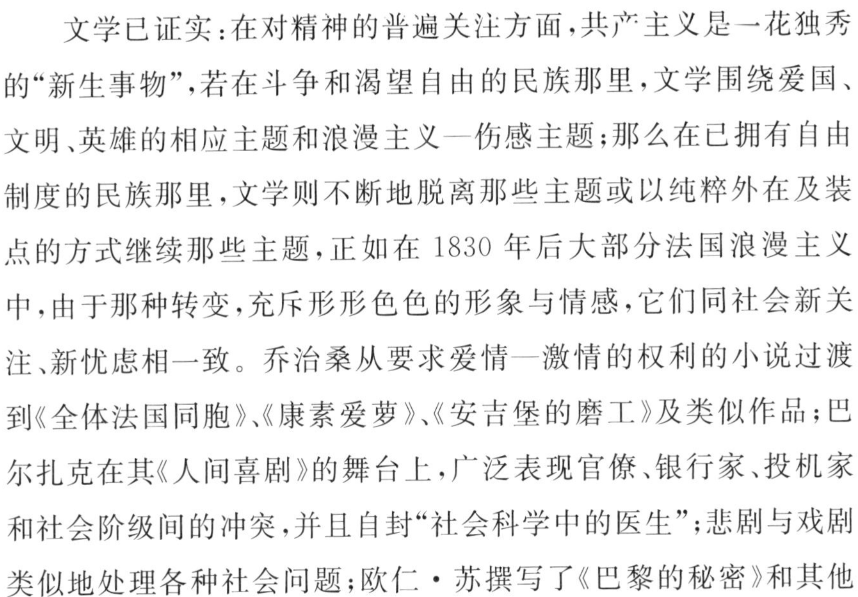

文学已证实：在对精神的普遍关注方面，共产主义是一花独秀的“新生事物”，若在斗争和渴望自由的民族那里，文学围绕爱国、文明、英雄的相应主题和浪漫主义—伤感主题；那么在已拥有自由制度的民族那里，文学则不断地脱离那些主题或以纯粹外在及装点的方式继续那些主题，正如在 1830 年后大部分法国浪漫主义中，由于那种转变，充斥形形色色的形象与情感，它们同社会新关注、新忧虑相一致。乔治桑从要求爱情—激情的权利的小说过渡到《全体法国同胞》、《康素爱萝》、《安吉堡的磨工》及类似作品；巴尔扎克在其《人间喜剧》的舞台上，广泛表现官僚、银行家、投机家和社会阶级间的冲突，并且自封“社会科学中的医生”；悲剧与戏剧类似地处理各种社会问题；欧仁·苏撰写了《巴黎的秘密》和其他

小说，虽然缺乏任何艺术价值，却被人们争相阅读。在英国，狄更斯撰写了《奥利弗·退斯特》，其后是《艰难时世》；迪斯累里的《西比尔(两个民族)》(1845年)是一部叙述同一国土上两个敌对的陌生民族——“富人”和“穷人”的小说，他描述了兰开夏郡工人的状况；盖斯凯尔夫人在《玛丽·巴顿》中叙述了曼彻斯特纺织工人的罢工；金斯利在其戏剧和小说中处理类似主题，胡德和芭雷特·布朗宁放声歌唱人道主义之歌，卡莱尔开始反对自由主义和民主，数年后出现斯托夫人表现美国黑奴痛苦生活的《汤姆叔叔的小屋》。哲学(尤其在上文提到的黑格尔左派中)接受圣西门和傅立叶的概念，并竭力将它们译成思辨的和辩证的术语。研究政治形式的著作给研究社会问题的著作让位；孔德发明“社会学”一词，他试图创造由他命名的科学；而凯特尔发表了《社会物理学》，随后出现描绘劳动者阶级状况的画卷(其中一幅涉及英国，归功于马克思的同志恩格斯)和论及社会问题的专著，大家对此问题都做出或大或小、或思想或词汇的贡献：即使恺撒传的未来作者路易·波拿巴，被其一定人道主义精神指引，也论述《消灭贫困》。共产主义令托克维尔[①]忧心忡忡，并成为他对自由(无限热爱)及平等(既欣赏又惧怕)痛苦研究的不言而喻的识别标记。他发现在最近七百年历史中，社会朝着平等不可阻挡地前进，在这样的沉思默想之中，一种宗教性恐惧弥漫整个头脑。在推翻封建社会之后，他想让向平等的演进在资产者和富人面前停止，并想要尊重财产权？然而，这种向平等的演进似乎由上帝指引，但无政府主义以及伴随的专制制

① 托克维尔(1805—1859年)，法国政治学家、历史学家和政治家。——译者

度和奴役威胁人类社会。可能保持或重构地方体制并几乎按自由学派方式以捍卫日益加强的集中化和平等化?通过民主教育可以对付并战胜危险,使人们的信仰重新活跃,他们的习俗净化,靠人类科学指导教育以纠正其经验不足?

然而,这些恐怖和希望,这些对立的愿望,这些形形色色的预见,这些想象和这些计算,这些大量建议,若以截然不同的方式支配心灵并造成意见分歧,那么它们就是远离一个政党的东西,即不是施于政府和为了政府的决定性行动,既不想用革命推翻一种国家形式,也不想在这种国家形式内部采取行动以实现自己目的。其实,不仅欧文尝试共产主义移民地,而且傅立叶主义者孔西德朗[①]也做了尝试,他靠一位英国富翁的帮助,于1832年创办了孔泰·苏尔·维格雷法伦斯泰尔[②],1849年在得克萨斯州创办了留尼旺法伦斯泰尔;还有卡贝[③],他于1848年在伊利诺伊州创办了瑙武移民地;但这些移民地全都不幸地失败并处于强烈分歧之中,即使结局不是如此,它们也只是影响人们的看法,而不会在真正政治领域产生影响。路易·勃朗[④]关于社会工厂的奇思妙想,即作为生产合作社的工人社团同作为两合公司的国家的方案,即使此方案通过法律得以实施,也只具有试验价值,类似于其后称作“国家社会主义”的试验价值。在英国、法国和其他国家,起义不仅被

① 孔西德朗(1808—1893年),法国社会主义者,傅立叶主义者。——译者

② 法伦斯泰尔,法国空想社会主义者傅立叶幻想建立的共同生活团体。——译者

③ 卡贝(1788—1856年),法国空想社会主义者。——译者

④ 路易·勃朗(1811—1882年),法国空想社会主义者。——译者

鼓动，而且多次爆发，在1834年里昂工人奋起高呼“在劳动中活着或在战斗中牺牲”，1839年在巴黎爆发四季社的起义，这些起义总被镇压下去，却不能说它们开始倾向共产主义，正如当时共产主义还不能形成一个政党，也不能将可能爆发的起义引导到同自己原则一致的社会变革。1839年起义领袖之一布朗基清晰地声明：他不拥有“精确的政治制度”，他蔑视“教条”，总之他为造反而尝试造反，设想从造反深处产生某种无人能预见其貌的东西。在1830年以后，早在1797年的莱萨伊（贡斯当反对他）小册子中形成的恐怖主义的或“断头台狂”的理论重新繁荣，把恐怖主义视为巩固革命并使革命不可逆转的必要方法；巴黎市郊工人们阅读再版的罗伯斯庇尔、马拉的报告，巴贝夫密谋的报告和卡贝的共产主义的《伊加利亚旅行记》，以及充满火焰和鲜血的红色的政治小册子，他们高唱类似歌颂流血和大火的歌曲，并且描绘有待粉碎与重建的世界的恐怖图景。然而，由于现实的道路不是梦想之路，或者不似梦想之路那样笔直和平坦，现实是代议制的和选举产生的政府，而掌握财富和文化的力量的领导阶级捍卫那种政府，当从理论和纲领过渡到实践，若没有广泛要求更大选举权，直至实现普选制，就不会中止对深刻社会变革的渴望。其实，英国宪章派在1838年就是这样做的，他们恰恰想要包含普选制的宪章，议员当选不设财产资格，并因所任公职对议员支付薪金，秘密投票，公平划分选区，议会每年改选一次。然而，在法国，共产主义者由于这样的要求，成为民主与共和党的成员或盟友，而民主与共和党同自由党人合作推翻专制制度后，要求国民更多地参政；由于上述融合，民主与共和党反过来改变不少自己的面貌，带有共产主义影响的色彩，结果还出现一系列级差,从温和派——满足于目前不扩大选举权,将来更加谨慎小心行事;到激进派——开始命名为“社会民主”或“社会主义”。用这样一个名词同时宣布社会主义同共产主义的联系和差异,正如共产主义者感觉那样,这种差异至关重要,他们使用流行术语,把社会民主党界定为“资产阶级政党”,即实质上是自由主义的和唯心主义的政党,根本不是“无产阶级的”政党,或者不是反自由主义的及唯物主义的政党,正如共产主义政党想要成为那样。这样,在法国,由赖德律—洛兰等人为代表的想要实现普选制的公式对共和主义的旧公式(其代表人物为卡雷尔,仍有信徒)加以补充,进而想要实现社会改革。拉梅内最终走向社会民主,过去他是《论对宗教的漠视》的作者,现在成了《一个信徒的话》和《国民读本》的作者,他想把教会同自由主义融合的意图失败了,既不能再做天主教徒,也不能再做自由主义者,从而激烈地转变为民主主义者和社会主义者。

用这些变化术语表示的政治斗争,即不再是自由主义和专制主义的政治斗争,而是自由主义和民主(从温和派到社会主义激进派)的政治斗争,这种在19世纪真正进行和发展的斗争,正如业已指出那样,发生在已经享受自由的国家:因为在期待获得自由的其他国家内,争取自由的努力未能使这种斗争出现或者使它推迟,在保守派或民主派斗士的不同面貌中,在遵循道路——逐步改革还是革命——的分歧中,在某些断断续续的表现中,可以隐约看到这种斗争某些基本特征。德国报刊撰稿人做出巨大贡献并最终提供学说体系的共产主义,成为在英国、法国和比利时的德国流亡者的作品,因为在自己祖国共产主义不可能发展,虽然也爆发过纺织工

人和其他行业工人的罢工和起义;流亡者是马克思和恩格斯,1847年12月在伦敦召开的共产主义者同盟(大部分成员是流亡者)国际代表大会上讨论并通过《共产党宣言》;尼古拉沙皇俄国及其混乱的流亡者,开始为国际革命秘密会议,提供这些极端思想和刚够称作观念的特别极端思想的信徒。在尚未自由的国家,共和主义、雅各宾主义,尤其是"共产主义"、"社会主义"的新词汇,成为特指专制主义政权众多对手的焦虑题目,专制政权使用这些词汇进行恐吓和分化。梅特涅暗示:在形形色色虚假的自由制度下,战争总是简单地在拥有者和渴望拥有者之间展开,并且财产权自身就出现问题:在意大利,在佛罗伦萨、罗马和那不勒斯,这些用来吓鸟的稻草人令人焦躁不安,尤其当庇护九世推动自由和民族运动后,那些对着手改革现存制度迟疑不决的人们,害怕破产和社会地位下降。提及自由的国家,头脑自然想到英国和法国,因为观察小国的斗争益处不大,就好比在水杯中观暴风雨,即使在比利时也不行,那里因其国民的社会与政治构成,其中一部分同西班牙、奥地利的弗朗德尔的天主教古老传统相连,另一部分则同近期的说法语、共和的比利时的传统相连,正如在反对荷兰并随后同荷兰分裂时发生天主教政党和自由党之间的必然妥协,于是教权派政府与自由派、温和教权派与温和自由派轮流执政,只是很晚以后这一进程才让社会主义和民主的社会的教权主义搞复杂;最后,在西班牙也不可以,业已指出那里频繁发生专制政权隐蔽或公开的干涉,这件事使得自由派和激进派之间的对立很少有成效和很少有教益。因不同原因,在那些年代被托克维尔研究并让欧洲认作典型民主国家的美利坚合众国,也没有提供这种冲突的文献和教诲,由于其殖民国家的持久性,在这里民主由宗教派别带来,没有反抗专制君主制和贵族阶级的斗争、没有遇到其他障碍就得以发展,而社会差别既不巨大也不强烈,经济生产几乎构成唯一活动内容,发财致富的运气快捷地循环。因此,在美国,两大政党并不代表我们认识的政治内容,只代表为由自己门客构成的政府而争夺的集团;同时奴隶制维护者和奴隶制反对者之间的冲突加剧,这种冲突因经济发展的特殊进程而变成巨大问题。欧洲自从 1500 年克服奴隶制,现在最终在其殖民地废除奴隶制,正如到处曾经克服一样,除去奥地利的某些地方残存和在俄罗斯全境存在人身奴隶制和农奴制外。

英国由于 1832 年选举改革确立的制度而巩固,在习俗和国民代表构成上发生缓慢的、谨慎的、但有效的革命,将许多工商业新人带入下议院,古老的托利党和辉格党也开始改革为保守党和自由党,又增加一个新的激进党;英国改变议会辩论的性质,从涉及学说性和一般原则变为涉及技术性和个别原则,而市政改革(伴随规章统一,所有纳税人都有选举权)被推后。人们没有感受到强烈的、不可遏止的需要后种性质二次革命;虽然宪章派的要求、他们的六点,包括所有在将来应当实现的及现在已经实现的东西,即并不是内在不可能的东西,但当时不适合国家的实际条件及思想与道德立场,因此向议会提交的请愿书遭到拒绝。政府让宪章派召开集会或会议,让他们散发传单或小册子,让他们做最为活跃的宣传,但政府坚决镇压任何骚乱与起义的企图。1833 年,欧文开始为八小时工作制而斗争,1836 年在伦敦成立工人协会,1837 年商定的要求在 1838 年宪章中形成条文,在 1839 年由于要求越来越强烈,险些酿成内战,但被政府使用军事和警察措施所阻止,同样

因运动推动者犹豫不决而未发生；虽然在 1840 年再次爆发骚乱，在 1841 年举行总罢工，这之后，可以认为宪章派斗争从政治舞台上消逝，并放弃其社会民主的要求。工人们懂得他们应当支持中产阶级的激进派，他们尝试为自己利益组织合作协会，某些协会失败，某些协会靠好经验组织起、维持并且繁荣发展，他们等待自己的工会维护经济利益，并以合法方式让那些利益有效。这样的结果并不是一个由国家力量武装的社会阶级立场的作用，或是一个保守物质利益集团的作用；而可以说是英国精神的作用，是整个民族思维方式、感觉方式和行为方式的作用，是其道德责任感、自由教育、热爱祖国的作用；是对英国利益在世界上的敏锐感，同历史连续性的实际结合，怀疑一切表现为抽象和过激的东西，使用在冲突中构成平衡调解的东西，满足有效需求和对那些损害加以纠正的作用；总而言之，最终由于英国普遍传播的政治意识，其涌现的国务家在质量和数量上远超过其他国家。通行的判断发现这些优点的意义，正如格言——英国自由主义是“贵族的”，却是开放的和革新的贵族；另一格言似乎是责难，但至少在某些方面是赞扬——法国工人根据观念行动，而英国工人根据“需要”行动。在英国的激进派、社会民主主义者、宪章派和社会主义者那里也存在这种精神，它起着约束作用；于是，譬如，1839 年在伦敦和伯明翰的宪章派全国代表大会上似乎应当发出起义的呼声，但领袖们拒绝诉诸暴力并决定只搞一次罢工，因为他们没有感到全国和工人的普遍支持，也没有感到内在信仰的支持。马志尼了解英国人具有的这些局限性，他在一封 1839 年的信中写道：他经常看到送交英国出版商的文章被退稿，这些文章退缩到“所有特别一般的、系统的、大陆的观念,他们如是说”。但英国政治领导阶级知道不仅要阻止和镇压不恰当及不合时宜的活动,或者运用智慧让其瓦解,而且知道要着手劳动者阶级的改善与进步;在那些年代,英国政治领导阶级进行了大调查,揭露大量贫困、艰难与痛苦的状况,在欧洲最早开始为保护劳动者系统立法,而其他国家很晚才仿效英国。1833 年颁布关于童工的法律,关于在煤矿、铁矿劳动的童工和女工的法律是在 1842 年颁布的,另一部关于在所有工业部门的童工的法律是 1843 年颁布的;随后颁布许多关于卫生及其他类似内容的保障法令。此外,英国政治领导阶级还采取一些对工人阶级有利的措施(工人阶级未发现这点),其他阶级出于自己特殊利益而抵触并反对这些措施,正如 25 年来就要求废除谷物法,在经过反谷物法同盟长达七年艰苦卓绝斗争后,终于在 1846 年被议会通过;另外,贸易政策上的一般自由主义倾向,并未取消必要的国家明智干预。那时参与竞赛的思想家和政治家都希望国家更大力度干预,国家更直接地采取行动,而首当其冲的当属反民主主义者卡莱尔,他是位德意志式的浪漫派,既富于幻想又自相矛盾,还有迪斯累里,通过革新的托利主义——国民利益记挂在心,他促进并宣布“新一代”产生,而自由派和自由贸易主义者做得远远不够,由于科布登,后者甚至反对保护早在 1834 年就不断组成工会的工人们。君主制最终体面地接受议会制政府,在 1835 年国王威廉四世(曾驱逐自由派并任命保守派)被间接选举结果说服,无疑重新任命自由派首领梅尔本之后;亲王夫君为年轻的维多利亚女王做顾问,负责同议会不断协调。

在法国发生的事情恰恰同英国相反,由于七月革命和代替波

旁路线的奥尔良路线，法国用钦赐的宪章代替协商宪法，废除君主颁布法令的权力（这种权力曾激起七月革命），把世袭的贵族院变为国王任命的终身上议院，赋予议会立法权，降低对选民的财产要求，从而使选民数量翻番，达到20万人，随后又增加到24万人；重新建立国民自卫军，废除关于国教的法令，取消对书籍和报纸的检查。然而，采用对立名称——“运动派”和“抗拒派”的两个政党，对他们在世上如此形成的机构生命的理解截然不同。“运动派”人士认为，七月王朝的建立是必需的，但这只是第一步，应当毫不犹豫地继续前进，向在社会各个方面的自由改革和国民越来越多地参政的方向迈进，并且应当拥护整个欧洲的类似运动，甚至应当领导这样的运动，从而在这方面恢复法国的优势：不仅体现为道德的伟大，而且带给法国巨大的力量，致使针对法国的1815年和约失效或修改。总之，运动派人士想要向神圣同盟宣战，因此怀着无比喜悦心情欢呼比利时、艾米利亚、波兰的起义，把这些起义视为法国自己的事业。

自然，在他们想要赋予法国内外政策强烈冲力的纲领（在政府之外活动的人士鼓动和威胁性地要求这一纲领，并且他们不承担其责任），包含困难、实际的不可能性、灾难及毁灭的危险，只要他们想要冒险挑战，必将碰壁。政府人士不得不在某种程度上抑制、抵制和约束这一纲领；然而，并不因此就扼杀它，或让它改变方向，或表现出那种冲力似乎在心灵中不存在。由于他们镇压了动乱与造反，比如1832年为拉马克将军举行葬礼时爆发的起义以及此起彼伏的起义，从而拒绝法国同其他强国或强国集团关系所允许的干预与战争，而履行了对自己祖国的职责；但尽管如此，以那些渴望和鼓动表现出的倾向，以及以共和国、社会民主、甚至共产主义的愿望表现出的倾向(仿佛作为前种倾向的夸大及怪诞的形式)，全都向善，是努力从地下萌发并在阳光下绽放的生命萌芽，并且还适宜种植和栽培。一个自由主义政府对自己性质撒谎，违犯自己内在法律，除非是为争取更大自由的政府；在同其他国家关系中，它不得不注意相同政治必然性，并迫使它尊重反自由政权，甚至有时为国际目的而同它们结盟，让它们放手实行保守及反动的国内政策，但这样的必要性不能成为它在世界上放弃捍卫自由的辩护词，因为捍卫自由是其固有的本质原则，即使在偶然的撤退和暂时的放弃时，也应坚持这种捍卫，不仅在利用进程时，而且在准备进程时，随时准备奋起捍卫。因为，否则一个政府的政策就丧失通常称作“路线”的东西，而且是民族历史的路线。

相反，七月王朝的执政者把自由视为某种已经创造的东西，而不是不断创造的东西，把建立的制度视为对理性要求的满足，在极端手段中，它瞄准一种手段，说真的，那是非综合非辩证、即在运动中非灵活的手段，而是一种分析的及静止的、并随意限制运动的手段，这种手段被称作“正确的中庸”，并且成为被鄙视和嘲讽的对象。同样僵化和抽象的激进主义和共和主义(因坚信雅各宾党人果断方法和常规方法，准备不可避免的革命爆发和可怕的动荡及昏暗不明的未来)反对的上述僵化，并非如人们想象那样，源于法兰西民族对自由主义政府缺乏天赋，而是源于历史条件，可以说源于历史的经验和无经验。法国半个世纪来经受的剧变的经验，从一次革命到另一次革命，从一个专政到另一个专政，从1789年大革命到雅各宾派专政，从热月党统治到拿破仑专政，其后恢复带自

由宪章的君主制，再后是此君主制的被推翻；期待这一过程完结总落空，这一过程同法国历史及其君主制的古老过程截然不同；在历经许多艰难事变后，最终靠拢业已建立的政权，这一政权似乎可以满足任何温和精神，并缺少革新，因为革新可使该政权岌岌可危，使它重新受到革命浪潮的冲击。缺乏经验或自由生活的短暂实践还不能形成英国人拥有的变化与连续的意识，显然此种意识不是自然的恩赐，而是历史形成的；从而七月王朝执政者特别惧怕冲突，对从反对派转化的力量和执政党轮换的作用一无所知，根本不相信更新思想与心灵、革新政治统治阶级的必要性。于是，那些具有天才、智慧、个人美德和热爱公共事业的人们，再次提出选举改革的一切要求：反对财产资格的唯一准则，使那些被称作"精英"的人们参政，最终提出温和的议会改革，旨在减少议会中雇佣的、因而隶属于政府的议员数，或期待政府对其任职实行恩惠政策的议员数。他们不想或不会培养和教育反对派和接班人。佩里埃们、莫莱们、梯也尔们、基佐们和其他主持历届内阁的人们，当涉及对现存体制的永不改变的保守态度时，他们之间没有差别或差别极小。譬如，梯也尔同基佐相比，只是气质不同，他更像个个人主义者，而后者更像个国家主义者，他更倾向于同激进派联盟，而后者倾向于同天主教徒联盟；但梯也尔正如基佐一样，除"合法国家"外，什么也不承认，并且憎恶"人民主权"原则（即使有其真理性，也只是司法的、道德的真理），1840 年梯也尔重新建议选举改革，进而在 1845 年，当他同巴罗及其他激进派结盟时，从这些盟友那里得到的选举改革建议不同；他及其朋友反对"宪法"被证实既虚弱又犹豫不决。在立法和行政的其他方面，他同样热衷一潭死水并不愿在选举法上产生不快,或擅长定期收益或税款的兑换,甚至擅长在殖民地的奴隶制。在最初年代,他们反对教权主义者和耶稣会士,很快就倾向于把宗教视为社会稳定的堡垒,上帝是最好的宪兵;拿破仑的学说,但这种学说在前一世代遭到贡斯当的轻蔑拒绝。在 1833 年,基佐让天主教自由从事初级教育,他乐于让国民这样接受教育,并满足于政府从事高等教育,高等教育的任务应当培养领导阶级及确立世俗的独立的思想;在随后几年,莫莱更使蒙塔朗贝尔及天主教徒或自由派教权主义者满意,直至在基内们和米什莱们的大学和耶稣会士之间发生激烈冲突为止。当时谨慎的对外政策,就像国内政策一样,变得既胆小又保守;尽管莫莱在 1837 年仍然声明厌恶专制政权,并且同情受这种政权奴役的弱小民族,其实法国政府接受专制强国所想要的一切,最终同英国决裂而倾向于奥地利。路易·菲力普国王诡计多端,逐渐摆脱令他不舒服的政治家,或者让他们沦为其工具,个人独揽外交事务,外交政策日益具有直接采取行动以维护奥尔良王朝的唯一目的。如果一个封闭的寡头统治集团,只有极其狭小的选民基础,却自认为是政府,同时又把大部分法国国民排除在外,那么,实际上寡头统治集团本身就被一种超议会政权制约;议会多次联合行动以动摇这种个人政权的尝试都失败了,梯也尔也徒劳地推理其“国王在位不统治”学说,这种学说从未落实到法国实践,相反大约在相同时期,在英国得以充分实施。在复辟年代曾武装自由派的热忱、果敢、冲动和信仰一扫而光。尚未死亡的“空论派”,仿佛身患感冒、弱不禁风,他们的个体生命几乎不能承受一次接一次——两次伟大斗争,在前次斗争中就已筋疲力尽。靠边的鲁瓦耶—科拉尔,不再认识

过去的学生，他不顺从面前看到的事物，他控告“对自由的狡诈进攻”，向“不道德”开放的学校，“毫不伟大”的政治，以及法国沉浸其中的“没有梦想的睡梦”。

若因这种君主制，因其统治方式，自发地确定其性质为“资产阶级的”，理由不（像历史唯物主义者确立的学说那样）在于任何政府的经济的和阶级斗争学说的性质，而恰恰在于缺乏政治活力，从而让大资产阶级、金融家和银行家的经济利益在画面上凸显，似乎只有那些利益存在、可见。对一个真正从事政治活动的政府来说，不能或者完全随意地说它是贵族的或资产阶级的或小资产阶级的，因为它必然包括这些及所有其他阶级，并且超越它们或倾向超越它们，正如在比较英国历届政府时所发现那样。在这方面七月王朝出身不同的高官给人留下相同印象。卡尔·马克思用他那锋利辛辣的笔触，描述七月王朝“作为掠夺法国国民财富的股票交易所，其股息在内阁、议会、24万选民及其追随者之间瓜分，路易·菲力普是股票交易所经理，而真正坐在宝座上的是罗伯特·麦克尔”，但慎重、公正的绅士托克维尔看法并非如此，他认为后代可能永远不会知道“当时政府衰落时，在什么程度上，像个实业公司运转，其中采取一切活动都是为其成员赢利”。当勒南回忆起那个时代和那些人物，他认为“由于其不确切的职责概念，由于对要达到目的极少思考，同时那么贪婪地投入生活，就像扑向猎物，整个世代没有进入历史”。在国家繁荣和财富积累中，人们感到空虚。贵族被战胜，国民避而远之，领导阶级内部没有反对派，议会的演说（尽管有参加议会的耀眼天才）没有任何方向，只是围绕自己：“（托克维尔说）我们伟大的演说家特别厌烦彼此倾听，更为糟糕的是，

整个民族都厌烦倾听他们”。厌烦:拉马丁抛出他的格言,表达普遍的情感——“法兰西厌烦”。

当然,在其他阶级中,在小资产阶级、农民中,还在一部分企业家中,不满情绪非常严重。国民自卫军中充斥大量小资产者,在叛乱情况下不能提供安全保证;陪审员出于抗议不止一次地赦免政治被告:民主派捍卫的观念没有得到丝毫满足(他们当然有权得到)。然而,由于领导阶级没有采取政治行动,反对派也是方向不明、思想混乱和毫无秩序。除未满足政治进程的需要外,也未满足国民热爱法兰西的伟大和光荣的情感,岂止是未满足,简直是受伤害,尤其在 1840 年当法国在埃及问题上突然处于孤立和屈辱状态,由于法国支持穆罕默德·阿里的政策,被迫接受英国决定的同奥地利及俄罗斯分开签订条约。上代人对拿破仑的崇拜具有不能容忍复辟专制制度和渴望自由的意义,现在具有对消逝的军事力量和光荣的怀旧的新含义;政府支持这种新含义,作为沉湎于回忆的想象的方向,国王让人在凡尔赛宫的拱廊描绘历史画卷,拿破仑雕像再次凌驾旺多姆石柱上,皇帝的骨灰被运回法国并安放在荣军院,而梯也尔出于反对缺乏光荣的政府本身,撰写他的《执政府和帝国的历史》。与此同时,未来暴君的形象,那个路易·波拿巴,还画在阴影里。1831 年,他在意大利同烧炭党人一起发动起义,在赖希施塔特公爵[①]死后,他成为波拿巴家族的首领,认为自己有权取得法国的王位;1836 年他发表《拿破仑思想》的著作,这几乎可视为他的纲领;在斯特拉斯堡和布伦港的两次尝试,让法国高呼

① 拿破仑一世皇帝和玛丽·路易丝皇后的独生子。——译者

他的名字。

1847 年，当在全欧洲水面荡起涟漪，暴风雨即将来临时，在对外政策上讨好梅特涅、敌视帕默斯顿的基佐内阁，再次拒绝选举改革的建议：这是反对派在温和限度内联合要求，再增加 20 万选民；从而效仿英国的范例，开始“宴会”运动，这种运动具有平静的特征，虽然不能让政府平静，上年的选举已经将一个广泛多数派加于政府。不受欢迎和不被倾听的先知托克维尔，在 1848 年 1 月 27 日告诫革命将至，他声明必须进行选举改革和其他相关改革，但首先强调并预祝改变“政府的自身精神”。

政府的怠惰和迟钝为法国准备了一场革命；在意大利和其他渴望独立和自由的国家，那时燃起的活力与激情在准备另一种性质的革命。这两种性质截然不同的革命的爆发，它们的交织与混合，它们完全不同的结局，构成 1848 年的事件。

第六章　自由—民族主义革命、社会—民主主义革命与反动（1848—1851年）

在普通叙述与回忆中，“1848年”这个年代启示的含义，首先指示那时在意大利、德意志、奥地利、匈牙利爆发的全部自由—民族革命：这些革命肯定受到巴黎二月革命（从而奥尔良王朝被推翻和共和国宣告成立）的强烈推动和新鼓舞，但无论按时间顺序还是从理想意义上看，把这些革命的起源和产生都归因于巴黎二月革命，无疑是不确切的。其实，早在1月20日，巴勒莫已经爆发革命，要求西西里自治和议会；同月29日那不勒斯国王被迫钦赐一部宪法（以1830年法国宪法为蓝本），并于2月1日通过，从而引起那年一系列自由宪法的颁布；甚至，人们记起，早在此之前，意大利已经进入期待与改革的热潮，它要求并获得许多为自由制度做准备的体制，卡拉布里亚起义壮举为整个欧洲提供了自由标志——“卡拉布里亚帽”，半个世纪前这种帽子还是反动和教权主义匪帮的象征。于是，如果人们想以一个特殊事件为1848年自由—民族革命确定时间上的起点，为此目的，马斯代—

费雷蒂[1]当选教皇这一事件可能最为合适。千真万确的是，这些革命是1815年开始运动的继续，是1830年革命向意大利和日耳曼两大民族的扩展，当时两大民族的冲动受到阻碍和镇压，但它们并未因此停止崛起和尝试，至少没有停止渴望和探索；而其他民族仍处于平静之中，其后才转而表示不耐烦并表现出革新的愿望。最后，在理想层面上，巴黎二月革命，尽管在心理特征和某些个别认同相似，但就其内容和精神看，同自由—民族革命截然不同，并且其进程很快就显现完全不同。那一年给迟缓幸存者留下处于狂热、梦想、年轻人的疯狂和随后清醒、重返现实、绝望之间的印象，人们不止一次地在他们嘴边捕捉带着微笑却忧郁的赞同：在那一年，我们大家都昏了头。另一方面，为提供智慧课的政治-教育学的需要，从过去汲取教训，导致突出轻率、幼稚、夸张、修辞、戏剧性（当时人们相当严重地犯有这些过错），缺乏思考和谨慎、特别鲁莽、迷信奇迹，尤其迷信仅靠慷慨激扬演说、颁布法令、大声疾呼、放声歌唱和自吹自擂就可产生的那些奇迹；说真的，虽然那些讽刺诗和冷嘲热讽的笑话还不敢于如此非难。它们不敢那样做，因为，虽然存在缺陷、弱点和犯有过失，但那时人类生活在一个罕见的时刻：对自身及其未来满怀信心，当这种快乐进一步净化时，人类变得善良和慷慨，看到自己周围皆兄弟，并且深爱他们。这样，就爆发了1789年大革命，它使世界各地的心灵震撼和陶醉；在1848年更是如此，当人们半个世纪来徒劳地撞击的铜墙铁壁，竟然奇迹般

① 马斯代-费雷蒂（1792—1878年），1846年当选为教皇，称庇护九世。他是任期最长的教皇，直至1878年。——译者

地土崩瓦解,就像一吹响号角,耶利哥城城墙轰然倒塌[①]一样。激情的浪潮席卷并带走所有人,革命前夜的敌人,遭人憎恶的专制君主,人人喊打的魔王,人人憎恨的暴君,似乎都改弦更张,或者他们也同其他人一起被激情浪潮卷走,或者他们因诡计多端或本能而伪装成自卫,或者连他们自己也不知道实际服从两种中那种动因。以往充当他们工具(往往是恶毒和残忍的工具)的人们,不是被置之不理,就是随着过去的消逝而被忘却。此外,这正是自由派革命者的特性,他们丝毫不想做刽子手和行刑队员,他们本性温和并倾向于同对手和解;1848年的那些革命已证明这一点,正如以前和以后的历次革命一样。大学生、知识分子、市民、手工业者,都成为革命的执行者;到处爆发革命,并在人们欢呼、抛掷鲜花、庆祝、欣喜若狂、当街拥抱(此前人们不知道这些)之中完成,在组建国民自卫军这样的公民武装及对它的检阅、征集志愿兵之间完成,在突然出现富有激动人心、庄严和崇高风格的报刊、传单、公告、战报的印刷品之中完成,比如在意大利出现修道士托斯蒂的《赞美诗》,在法国出现回荡着“一个信仰者的话”的前教士拉梅内的著作;公共广场上的演说、集会和社团,在那里人人口若悬河,形形色色的建议和看法被激烈讨论和热烈欢呼。晚些时候受到指责的过分、不足、错误,不似我们这里认为那样,是意大利民族的特殊性,或者认为意大利民族比其他民族要严重,因为事物以相同方式进展,并显现

① “吹角倾城”的传说出自《旧约·约书亚记》。约书亚率以色列人攻打耶利哥城,约书亚按上帝吩咐,组成攻城队伍:前有士兵,接着是吹羊角的7位祭司,再是抬着约柜的祭司,最后是百姓。他命令队伍一连6天,每天绕城一圈;第7天早晨,队伍绕城7圈,到第7圈时祭司号角声突然拖长并响彻云天,耶利哥城轰然倒塌。——译者

相同面貌，于是在那不勒斯、罗马和佛罗伦萨，就如同在巴黎、柏林和维也纳。仿佛同一个魔鬼在摇撼欧洲巨塔；从这一角度看，1848年还是这样的时刻：通常被不同阶层冲突掩盖的欧洲生活的历史同一性，突然出现在人们眼前，似乎还在呼唤政治同一性。

因反民族和反自由的反动派镇压，那些革命进程被中断，但不能把那些革命视为失败或许多杂乱无章的试验，并且试验结果是否定性的，只能灌输必须改变目的与手段。从一般意义上看，任何历史事件同时也是失败，因为它从未符合理想，理想继续提出其要求并进行批判，如果不这样做，历史就将停滞；但在特殊意义上，实际失败仅当原则被抛弃时才会发生，因为其欺骗性被揭穿，或因其衰败，而1848年的民族—自由革命确证了自己的原则，并为这些原则找到更合适的新形式，于是英勇果敢地把这些原则带至要走道路的前面。

为从意大利开始，革命进程开始的标志是受教皇国保护的意大利的独立与自由的新归尔甫观念，正如马基雅维利一劳永逸地确定那样，教皇国从骨子里是阻碍意大利统一的，而且还是自由思想的天然对手，但在意大利和教皇国的作者和合作者那里，这似乎已改变，仿佛事实上已改变。还在那最初几个月，年轻的黑格尔派哲学家希尔维奥·斯帕文塔思考并推理不可思议的事情，他说教会的无限抽象和无限活力在于民族性与国家，宗教的无限和社会的无限，因“一位被视为战无不胜人物”的所作所为，在它们的统一中、在上帝的统一中被承认，“上帝统治精神与心灵，正如在天国射进更多上帝的光”。然而，这种和解的误解，给意大利运动笼罩上彩云，使得它更容易传播，当接受具体政治的考验时，必然发现其

解决不了的矛盾。当时,这种误解还用来发动革命;在“庇护九世万岁”的呼喊声中,那不勒斯国王被迫屈从革命要求,在那种思想与心灵的支配下,伴随法国事件的震撼,都灵、佛罗伦萨、罗马的宪法都被慷慨钦赐;其后,由于维也纳革命的撞击,米兰人英勇起义并奋战5天,迫使奥地利军队撤退并撤离整个伦巴第,威尼斯重新恢复为共和国,卡尔洛·阿尔贝托越过蒂齐诺河,突然发动抗击奥地利的战争,教皇赞同他的部队向边界进发,托斯卡纳大学生营和其他志愿军团出发参战,那不勒斯国王让一支部队向波河河谷进发,这支部队由一位1799年的老共和派、1820年的烧炭党人威廉·佩佩指挥。卡尔洛·阿尔贝托对共和制的法国极不信任,还因法国对萨沃伊虎视眈眈,让人记起执政府和拿破仑对待意大利的态度,马志尼宣传的效果,勇敢精神的勃发,使得任何同外国结盟并接受外国帮助的建议不被采纳,“意大利自己干”的格言被宣扬并受到欢呼。然而,3月14日胡乱拼凑的罗马宪法,像个怪物,它把议会(仅起咨询作用)表决同枢机主教会议否决权连在一起,规定新闻自由,却附带教会新闻检查,让人们看到一个解不开的死结;当不得不向奥地利宣战时,大臣们根本不知道,教皇于4月29日做出训谕,提醒那些健忘者(也对自己说):天主教会领袖不能为了一个天主教民族拿起武器反对另一个天主教民族;不久就接续上推论——信奉天主教的民族和国家支持教皇反对造他反或者威胁其世俗政权安全的民族,正如一年后人们看到他呼吁奥地利人、法国人、西班牙人和那不勒斯人,在教皇国和罗马反对意大利人。这是新归尔甫主义的破灭,尽管其主要发明者焦贝尔蒂在一个月后到罗马旅行。由于新归尔甫主义破灭,在一个历史地存在的强

国内，比如教皇国内，意大利运动缺乏其原初支撑点。卡尔洛·阿尔贝托从同教皇的团结中获取决断力量，但可发现他信赖唯一联盟是出自民族情感而没有宗教色彩。他已经拒绝谈判同其他意大利君主结盟，当接受他们军事援助时，却推迟决定胜利后对未来意大利的安排；即使他参加此类谈判，人们会发现在谈判的深层不是一致而是分歧：这一点仿佛使他的野心更大，决心不再进行类似谈判。在未来安排中，本质上主要是个优势和霸权问题；因为卡尔洛·阿尔贝托肯定不会放弃胜利果实，不会放弃从撒丁王国扩展到北意大利王国所形成的强国；那不勒斯国王也有相同感受，并且他是撒丁国王在意大利的竞争者，怎么能适应这种不平衡？托斯卡纳大公和其他小君主怎能抗拒北意大利王国对自己臣民的吸引？当西西里使得波旁王朝衰败已成定局，要寻找一位新国王，同时有受英国统治或沦为英国的保护国的危险，想到一位萨沃伊家族的君主时，西西里的条件发生什么变化？卡尔洛·阿尔贝托不仅设法通过拒绝而体验霸权，而且事实上通过在许多剧烈冲突中宣布伦巴第及威尼斯同撒丁王国的合并来促进霸权。春天，意大利君主联盟计划徒劳无益地落空，在当年秋天（当多数意大利君主竞相反对——这个极不适当的时刻），由庇护九世大臣、佩莱格利尼·罗西重新提出，后又由卡尔洛·阿尔贝托的大臣焦贝尔蒂提出，但根本未能成为严肃讨论的题目。由焦贝尔蒂在都灵召开的联邦制大会，是一个学术性会议；蒙塔内里设想并支持的由意大利国民选出代表组成的立宪会议，虽然被托斯卡纳议会投票通过，但终成泡影，这个立宪会议不仅以可能的国民选举为前提，而且以将国民选举产生的议会决议强加君主们的力量为前提。另一方面，民众起义,争取独立与共和国的民族战争,令马志尼牢记在心,虽然在实践中他将它们悬置,以便让撒丁王国放手发动反抗奥地利的战争,而当战争几乎失败后,他再次断言并呼吁,没有取得任何成效。与此同时,卡尔洛·阿尔贝托被迫停火,撤出伦巴第;在那不勒斯,5 月 15 日王室军队成功镇压起义,并且在那不勒斯分遣队到达伦巴第战场之前就将它召回,反动派开始行动,从而议会和立宪制度岌岌可危,军队开始重占西西里。第二年,皮埃蒙特重开反抗奥地利战争,因在诺瓦拉溃败而很快结束;托斯卡纳在经历一系列内部动乱后,又重归由奥地利人护卫的大公;在罗马,当教皇逃到那不勒斯国王那里后,曾经成立罗马共和国,在其他干涉者撤走后,法国军队进行干涉,把罗马再次交还教皇;最后,威尼斯也重陷奥地利的统治魔爪。随后,是宣布或未宣布地对宣誓宪法的废除,是长期审判、判处死刑、监禁、流放,警察的严厉措施,谴责与报复,即所有可称作反动的东西,而且具有引人注目、相当一致的面貌。

在 1848 年上半年所获成果的丧失,从有形方面看似乎很严重,但从道德与政治方面看,同以前意大利形势比较,这次通过那些事件取得的成果更加清晰。意大利对自己的理想遗产,又增添新壮举的财富:英勇无畏的民众起义,民族军队和自愿者进行的解放战争,胜利的战役和顽强奋战的战役,长期捍卫被奥地利人和法国人围困的城市——米兰的五天和布雷西亚的十天,库拉托内和蒙塔纳拉,格伊托、罗马、威尼斯和起义英雄业绩的光辉回忆;意大利怀着激动和自豪的心情赞赏为民族理想英勇倒下的斗士、活着准备继续起义的志士。意大利获得自由生活的经验,它永远不会忘记这些经验;议会、内阁和政治新闻讨论,往往显现出达到自由

生活形式所要求的思想与事业的高度。在最近一次挫折后，在皮埃蒙特流传着这句话："让我们重新开始"，也包括人们用无声语言表达的相同情感。在政治观念上，摆脱新归尔甫主义获益匪浅，新归尔甫主义已经尽其所能服务，让它再延续将是坚持不可能的东西；与此同时，摆脱另一种对立战争的想象，即这种战争由人民本体组织并发动，为了共和国同外国人和本土君主战斗；从而，开始对君主制形式、甚至对同外国强国结盟的不带偏见的思考。最突出的是，为重新开始自由与民族的行动，出现一个牢固的新基点，即已拥有相称行政和纪律严明的军队、其士兵为从意大利国土驱逐外国人而抛洒热血，保留自己的立宪体制的一个意大利国家。卡尔洛·阿尔贝托，尽管其性格矛盾并有缺陷，在教皇改变立场后没有停止战斗，没有屈从于向他建议的同奥地利和解的国家旧理性，当他于1849年在令人失望和注定失败的形势下重新开战，短时间内奥地利曾经准备把伦巴第让与他，却为他及其家族赢得荣誉，并因此把萨沃伊王朝同意大利的及自由革命的事业相连，为霸权、优势及统一方式等问题指出新方向，他不想这样，也未对这些进行思考，却准备把另一问题——教皇国及其世俗政权问题，从远处——国际问题转化为民族与意大利问题，正如他认为并在1849年及随后几年处理那样。在诺瓦拉战役之后，他退隐了，宣布退位并自愿流亡国外直至离世；但既是他的又不是他的（汇集许多其他意志的）事业，继续沿着他的逻辑发展。萨沃伊家族霸权，其意大利使命，成了以往新归尔甫主义者、现在的反地方自治论者焦贝尔蒂，在《意大利的文明革新》中建议并捍卫的主张；同皮埃蒙特统一，作为口号已经开始传播，已经被培育共和主义信仰的多数人所接受,或者他们曾是地方自治论者和联邦主义者,即使被判处无期徒刑的爱国者,比如像卡尔洛·波埃里奥那样的那不勒斯自由派也表示赞同这一主张。

以上述概念表达的政治斗争的清晰性,为自己目的从事斗争的各种力量关系的变化,在德意志虽然不似意大利那样迅速和显著,但同样取得进步。正如我们所知,在德意志的某些邦并不缺少立宪体制,虽然一般说来其外表胜过实际;但最大最强的普鲁士(姑且不提奥地利)恰恰缺乏立宪体制。在 1848 年,由于新曙光的照耀,甚至席卷欧洲的飓风,哪里已有的立宪体制更富朝气,哪里原先没有则首次出现。当政府对二月革命感到惊异时,联合邦议会还设在普鲁士;而国王腓特烈·威廉四世对钦赐所要求的宪法犹豫不决,起初仅限于在解散议会时许诺议会四年任期,其后因国民日益加剧的骚动,次月就重新召开议会,目的是为起草宪法咨询意见;只是在 3 月 18 日维也纳重新爆发革命后,他才颁布法令,批准将德意志变为联邦国家,并设立德意志所有各邦议会的初步代表机构,先通过普鲁士各邦议会的提前联合。所有这一切未能阻止柏林街头街垒战爆发和激烈流血冲突,正当王国军队掌握主动权时,国王突然向柏林市民宣布撤军并屈服。但就在同年 11 月,当听到维也纳被攻陷的逆转消息后,他重新站起,难以忍受议员们提出的特别激进建议(诸如关于"上帝恩惠"的俗套话,涉及贵族、头衔和骑士团的那些建议),他命令制宪议会迁往异地,其后又下令解散;12 月 5 日,他又慷慨钦赐一部宪法,它同制宪议会讨论出的宪法没有区别,在这部宪法之后出台限制性选举法(不久就修改为保守性法令),以及其他关于新闻和政治审判的类似限制性措

施，反对宪法本身的诡辩的宪法实践。在其他各邦，宪法也受到类似对待，虽然只是在某些邦，比如以选举闻名的黑森，在汉诺威，在梅克伦堡，宪法被废除或恢复旧时代的体制。尽管如此，从形式方面看，在1848年后，在德意志仍保留很多以前并不存在的立宪政体；伴随反动浪潮的减弱，特别在普鲁士，尽管是在立宪方向上、而不再是在议会方向上，宪法实践有所改善。在巴伐利亚，国王马克西米连二世丝毫不想扮演专制君主的角色，他说希望“同他的国民和平相处”，1854年他让兰克给他讲授历史课程，他向兰克提出政治性的严肃认真的问题，兰克向他及其他德意志君主建议尽可能地自上维持政府稳定，但还要完成时代精神和从民族主权概念中获取的力量强加的一切，不要废除议会，而要改革议会。在那一年，封建主义残余——农产品什一税、狩猎权、贵族法庭及类似东西也被废除，并且不再恢复；只在某些邦，尤其在刚提及的梅克伦堡，通过法律重新允许地主棒打他们的农民，还由于路德派的热忱，再次欺负天主教徒。

然而，在德意志，1848年革命汇集的巨大努力，不在于各邦的宪法改革，而是凭借一个国民议会，尝试通过自由与议会道路实现所有各邦的统一；如果这件事能成功，不仅各邦宪法本身在形式和实质上都要革新，而且德意志全部政治生活都要另辟蹊径。这种努力称作法兰克福议会：3月在海德尔堡召开一个小型、非正式会议上提议，4月在法兰克福由文学家、新闻记者、从前的政治流亡者、德意志各邦议会的反对派成员出席的会议做准备，由德意志全体国民直接普选产生，5月18日在法兰克福由加格恩主持开会，以崇高思想和两种学说开始探索和讨论德意志统一的最佳方式。

保守派的极端建议——他们想让君主们及其政府解决此问题，以及民主派的建议——他们致力于建立美国式的联邦共和国，都被否定了，温和多数派确定了世袭君主立宪制。在建立统一君主国和选择君主(霸权将属于他)时，德意志政治家面临着类似于意大利遇到的并同样不可解决的困难，正是这些困难阻碍意大利各国结成联盟。除要战胜各个小君主及普鲁士本身(它不愿同其他德意志小邦平起平坐)的不情愿或勉强外，还需解决奥地利是否加入未来德意志统一国家的问题，要么包括其统治下的多民族领土，要么只限于其德意志民族的领土，或者把奥地利排除在统一德意志国家之外，让其他各邦聚集在普鲁士周围：让奥地利加入是“大德意志”解决方案，排除奥地利是“小德意志”解决方案。最终，“小德意志”解决方案占上风，并补充声明在德意志帝国和奥地利帝国之间再签订统一条约；从而做出决议将未来德意志帝国的尊严献给普鲁士国王。但腓特烈·威廉四世于 1849 年 4 月 3 日在柏林接见法兰克福议会委派代表时，拒绝接受由国民议会给予他的皇冠，他觉得那顶皇冠沾满鲜血和污泥，散发着革命的气味：他从未想过让其神授权利被民族意愿浸没或洗礼，让普鲁士主义在德意志性中迷失，正如在自由—民族运动的倾向中显现那样。在这方面他同萨沃伊王室立场相反，先是卡尔洛·阿尔贝托，后是其子——继位者都感受到并且克服类似反感。霍亨索伦亲王周围的朋友、顾问、大臣与军人，同他感同身受；举一个实例，弗兰格尔将军当时恶狠狠地喊道：“我们真正需要将我们神圣的军旗同马志尼及科苏特的旗帜拼凑在一起吗?”现在，法兰克福国民议会面对这种拒绝，即对其理想原则的否定，对其极大冒犯和轻蔑，如果它代表一种政治

力量，如果具有革命精神和合适手段，就应当号召德意志国民团结在自己周围以捍卫其尊严及其合法要求，反对君主们的特殊利益及贵族陈旧货色，就应当强加自己的决议，在极端情况下不应放弃宣布建立共和国。在德累斯顿起义表现出的抵抗决心和造反冲力，经3天激烈战斗并在普鲁士国王派遣军的帮助下，被制服了；在法尔茨和巴登的欠英勇却更混乱的起义也同样表现出这种决心和冲力，这一起义也被普鲁士君主指挥的军队镇压下去；法兰克福议会幸存左派议员企图开会并继续做出决议及颁布其措施，议会迁到哪里都被驱逐，最后销声匿迹。然而，法兰克福议会是被其大部分议员逐渐抛弃的，加格恩议长及所有权威人士于1849年5月签署放弃和解散国民议会的文件。那些人骨子里是同旧日耳曼公国心心相印的，他们对普鲁士国王毕恭毕敬，许多学者、科学家及教授由于传统倾向于并忠实于庶民地位；在各方面都受人尊敬的人物决不是做革命者的材料。由于这些人本质上不会抵抗和坚持决议（他们在推理时通过的决议），他们甚至不能用自己的立场代表一种理论或一种无言抗议及对未来的呼唤。因为所有人或几乎所有人都改变了想法，甚至改变他们的政治与历史标准，正如其中典型实例——那时德罗伊森在哲学上从伦理理论转到权力或强权的理论，在历史学上转到对普鲁士史的过分崇拜，仿佛那是上帝选民的历史或更像是上帝选择的王朝历史，为了这一目的，在叙述中他不惜歪曲或推翻那些不愿接受的事实存在。从其他哲学家、历史学家和科学家那里听到的议论更加糟糕，比如柏林大学校长施塔尔，他在一篇开幕词中口出狂言，说德意志学术犯下“同现存事物条件斗争，尤其同统治政权斗争”的罪过，因此必须“急转弯”。

他们起初尝试、其后背弃德意志国民的自由—民族变革，并用截然不同的理想代替此种变革，从而对德意志国民政治教育造成巨大损害，甚至超过腓特烈·威廉四世类型的君主本人，腓特烈·威廉四世从未否定自己对过去的梦想；是他们造成对自己事业的破坏，在回忆法兰克福议会时没有任何钟爱、痛惜、怀念的美好情感，即使在那里多次试验扎实理论和崇高思想；不久，作为力量或政治力量源泉的自由主义在德意志威风扫地。我们说不久，因为这种相互牵制和发展延误的原因，如果肯定不在于自然形态和种族形态，那么就一定在于那个民族的百年历史、其中世纪史、其宗教改革史与教会改革史。

虽然腓特烈·威廉四世拒绝国民议会带给他的皇冠，但他却把交给普鲁士的统一使命视为他及其王朝的使命，并且他准备通过同其他君主协商途径(他认为这是唯一合法和尊严的途径)实现统一；从而他同巴伐利亚、萨克森及汉诺威的国王谈判，巴伐利亚国王退出后，他就同萨克森及汉诺威两位国王签订了所谓"三王"条约，在法兰克福议会形成的保皇党，1849年6月在哥达聚会向此条约致贺；因萨克森和汉诺威两位国王也退出，腓特烈·威廉四世尝试独自继续干下去，第二年在爱尔维特召开民族统一大会。然而，奥地利以那种手段镇压其统治领土上的革命并在战争中获胜，它早在法兰克福议会上就反对帝国宪法，它通过枪毙法兰克福议会议员布鲁姆(他曾参加捍卫革命的维也纳)，表明根本不把法兰克福议会放在眼里；4月，奥地利把其议员从法兰克福议会召回，其后又对三个国王施压，让他们撤出普鲁士联盟，它决心中断话题，正如施瓦岑贝格大臣所说"首先要蔑视普鲁士，然后再加以

摧毁”。于是，奥地利抓住黑森民众发动反对其选帝侯违宪的起义，而求助于邦联议会（受奥地利支持）的选帝侯同普鲁士发生冲突的机会，普鲁士已派军队进驻黑森，如果普鲁士拒不撤军，奥地利就以战争相威胁。在普鲁士屈服、撤退军队前，同奥地利军队已发生小冲突，1850年11月普鲁士派其大臣曼陀菲尔到奥尔米茨同施瓦岑贝格会谈；在德累斯顿会议上，普鲁士同意恢复邦联旧宪法和1815年成立的邦联议会（形式上由奥地利主宰）。这是一种耻辱，虽然未被所有普鲁士政治家感受到，因为他们中的多数人厌恶革命，从而变成奥地利的忠诚拥护者；那些德意志爱国者深切感受到奇耻大辱，他们把希望寄托在普鲁士身上。这种耻辱感变得更加严重，因普鲁士放弃保护石勒苏益格-荷尔斯泰因两个公国的德意志人权利：法兰克福议会认为这是民族的事业，它和邦联的及普鲁士的部队都为这一事业战斗过，现在因英国和俄国施加压力，还由于奥地利隔岸观火，两公国恢复以前形势，仍受丹麦管辖。然而，恰恰是一系列失利和屈辱让普鲁士其他政治家及军人产生如下思想：德意志统一使命非普鲁士莫属，普鲁士再不能让这一使命旁落，在拒绝民族联盟之后，应当清除中世纪浪漫主义的怪想法，应当恢复腓特烈的或马基雅维利的手段。1849年5月普鲁士君主表达了他的感受，他写道：“谁应统治德意志，谁就应征服德意志：加格恩的方法再也不行了。我们的全部历史证明普鲁士注定做德意志领袖；但何时及以何方式，这才是关键。”在德意志未来纲领中，已描绘出是以同意大利截然不同的方式；1848—1850年三年经验和奥尔米茨耻辱使唯一政党凸显，人们或迟或早将追随它。

在奥地利帝国，革命进程既同意大利也同德意志不同，因为主要问题既不是独立与自由,也不是国家统一,而是为争取自身独立和主权的民族冲突问题,因此是反对让一个民族统治其他所有民族的统一国家问题。过去,那些民族或部分不同民族和平相处,伦巴第人和德意志人,匈牙利人和波希米亚人及克罗地亚人,他们对共同的皇帝无比崇敬,没有一个民族反对另一个民族的造反精神,每个民族没有感到自己是外族,当他们情愿使用拉丁语作为官方语言时,不能说自己是外族,也没有嫉妒意大利语作为非官方语言,这是梅塔斯塔齐奥[①]的语言,也是在他之前和之后,像他一样装点皇帝宫廷的许多其他文人的语言;只是当改革者和集权者约瑟夫二世想让德语和德意志人占优势时,才出现某些麻烦。然而,拿破仑战争、民族性的浪漫主义狂热和自由火种改变了人心向背,在每个民族那里都唤醒了必须独立的意识。千真万确的是,哈布斯堡—洛雷纳帝国凭借德意志人的优势,起着文明的作用,如果不是对意大利而言的话(意大利从落后的伪善的奥地利得到帮助极少,由于它了解德意志新思想,在这方面它适宜从源泉汲取,或者借助法兰西中介),肯定对尚未开化和粗俗的民族,比如斯拉夫民族而言;但那种作用似乎特别接近其极限,教授们归于该帝国的另一作用是用其政治统一提供欧洲三大种族(拉丁、日耳曼和斯拉夫)和谐与友爱的榜样,这恰恰是夸夸其谈的演说家和教授们杜撰的观念。还请注意同样被德意志报刊专栏作家和教授们宣扬的理论:那种源远流长、传统独特的多民族国家是未来欧洲的榜样与智

① 梅塔斯塔齐奥(1698—1782 年),意大利诗人,欧洲最负盛名的歌剧剧作家。——译者

慧所在:没有更多理由希望从那种多民族国家论中,通过缓慢变化,无须深刻变革,就能产生如同放大的瑞士那样的东西,不是因为它过于庞大,而是因为那个帝国不像瑞士——积极宗教改革的中心和邻国被迫害者的避难所,除意大利土地外,也未让法国大革命的阵风吹拂并丰裕(还不用说瑞士本身,归根结底,不得不经历冲突和同分离主义联盟的战争)。因此,正如马志尼正确发现那样,它的命运是解体,而它的进步是解体的开始和发展,在解体之后只能在将来以不同的重构接续。1848 年,那里的革命也具有自由的面貌;匈牙利产生新宪法,这是皇帝批准、相当民主的宪法,伴有一个不再是各阶层代表机构而是由国民直接选举的议会,一个负责任的内阁,由包贾尼伯爵任首相,科苏特任大臣;3 月,同时在维也纳发生骚乱,梅特涅辞职并流亡,在那座城市召集帝国所有其他各邦的议会,其后在 7 月开会。但在维也纳自由主义没有做好思想准备,这是时代的震撼,动乱主要由大学生、工人、波兰人和来自各地的革命者参加,并且靠民主和煽动群众转化为连续的混乱和过激行为;当召集议会时,未能发现比那些议员更异质的东西,他们的文明程度千差万别,彼此之间很难理解:从而议会所能完成的最具体的事情是废除长期的封建负担(此外,正如在匈牙利,那时完全废除农奴制,匈牙利教士放弃仍在征收的什一税)。另一方面,帝国的各个民族并不全都倾向于独立,而是某些民族倾向于维持或促进特殊帝国主义,尤其是匈牙利人高于克罗地亚人和罗马尼亚人;召开泛斯拉夫会议的波希米亚人,他们独立的企图被温迪施格雷茨亲王的部队粉碎,他们就用另一种方式,向奥地利家族政治充当工具的方式,发泄对德意志人的愤恨。奥地利利用民族性各个击破，利用德意志人和克罗地亚人反对意大利人，利用波希米亚人和克罗地亚人反对造反的维也纳，利用克罗地亚人和德意志人反对匈牙利人，为统治匈牙利人，它还求助于沙皇，沙皇派遣俄国军队的后备队，它用这种手段拯救了帝国。奥地利因战胜匈牙利，因以前获得的其他胜利，它在帝国恢复了权威状态，并且撤回由皇帝本人在1848年议会解散时钦赐并颁发的宪法，还在德意志和意大利夺回它作为合法原则恢复者和秩序维护者的部分。然而，奥地利诗人的格言"奥地利位于拉德茨基的战地"，同时提供那个帝国的确切定义和对它的历史谴责，近代文明不能尊重一个是战场的国家，它只建立在其军事力量之上。意大利和匈牙利的流亡者，尽管两个民族的倾向截然不同，但因有共同的敌人和共同的遭遇，使他们结为兄弟，他们坚定不移地期待那个帝国整个或部分解体，在1848年已开始实质上解体，随后的反动逆流暂时终止这一过程，但其实解体的动因未能根除。

在那一年，爱尔兰人堪称崛起，宣告成立爱尔兰共和国并脱离英国：在二月革命之后，"青年爱尔兰"协会由文学团体变为政治团体。在4月要对安全法投票，在7月终止人身保护法，从而奥布赖恩起义的决心必须严肃地表达。饥饿、偷盗、抢劫、谋杀，天主教徒与英国圣公会教徒之间的流血冲突从未因此停止；人们感到和解手段，救助穷人的措施和慈善活动很不充分。然而，除去这种注定还要拖很长时间的慢性病外，英国可以静观大陆上发生的革命，仿佛站在岸上的人观望大海中的暴风雨：当时麦考利在其《历史》的一页著名书页中，那种参与但同时自鸣得意及贵族高傲的情感跃然纸上。宪章派再次点燃烈火，伴随几百万人签名的请愿书，逐渐

减弱直至熄灭，1848 年 4 月 19 日，10 万示威者集会，本应把这个请愿书呈交议会，但请愿书以这种形式被宣布为非法，其后又接受议会的审查，最终沦为笑柄。1849 年，彻底实施自由贸易，“航海法”被废除；与此同时，由于自由贸易的作用，谷物种植扩大到海外领地和殖民地，英国的谷物运输得到极大发展。1851 年在伦敦第一届世界博览会开幕，工商业新生活的盛大节日开始。保守派的最后抵抗在议会和 1852 年选举中败北；老政党面目一新，那时人们发现首次一人反对另一人——迪斯累里反对格莱斯顿，在此后三四十年仍将发生在保守党派和自由派之间。在比利时从 1847 年至 1852 年是罗日耶自由内阁执政，其后是布罗盖雷的联合内阁，比利时甚至未受到普遍革命的触动：此外改革选举法，降低财产标准并引入对不胜任议员的处置规定，而在法国这类改革不断地被轻率否决；比利时还试图规范工厂对童工的使用，当时大企业家已禁止使用童工，同时工人享有组织工人协会的自由。在邻近的荷兰，1848 年最终实现从半专制制度向君主立宪制的过渡，议会设上下两院，分别代表财富多者和财富少者，下院由直接选举产生。

由于同英国生活的条件截然相反，俄国未受到骚乱的冲击，被俄国用铁腕遏制的波兰也没有前进，尽管波兹南的波兰人起义并同德意志人战斗，波兰流亡者参加了所有欧洲革命，有时还领导它们的志愿军或正规军。沙皇曾经说过，革命浪潮在其边境上退潮；的确如此，俄国对国内戒备森严；以前审查的书籍再次被审查，阅览室净化再净化，欧洲公法从大学课程中取消，哲学教学仅限于逻辑学和心理学并由神学教授讲授，古典文化教学几乎废除。在这种强制的平静下，孕育着一代极端造反者，因为缺少任何自由，由于禁止构成洞察力与批判的文化教育，他们把头脑禁锢于神秘起源的混乱想象或抽象、简单化的理性主义，或它们的交替及混合，从而将错误理解的哲学一般解释同实际纲领混为一谈，正如人们所说，他们要狂热地实施那些一般解释；不仅如此，在亚历山大一世时代，如果那些后来成为十二月党人的人们阅读过贡斯当、德斯蒂·德·特拉西、边沁的著作，那么新的一代则会暗地里酷爱法兰西及德意志的唯物主义者、社会学家及空想主义者的学说。俄国的最大问题——土地问题，似乎使得那里更适合实行共产主义而不是经济自由主义和政治自由主义，经济自由主义和政治自由主义似乎在诞生前就已被超越，而且开始形成这样的思想：俄国不同于西欧国家，仿佛可以缩短历史进程，凭借其古老村社重新连接共产主义未来，于是跨越资产阶级及自由时代；然而，尽管如此，俄国也就同时跨越欧洲宗教和哲学的长期艰难困苦，跨越致力于正确严格逻辑思维、批判及审慎的百年教育，跨越人类全部连续、复杂、丰富经验；俄国的“智慧”，正如人们称呼那样，即俄国的有教养阶级，也未怀疑过欧洲智慧的博大精深。在俄国，司法意识十分薄弱或缺乏，即使大地主阶级也是如此，在同土地相连的大量农民身旁，它是唯一重要的阶级：这致使赫尔岑说道(提及的未来村社理论上溯到他)，没有一个国家像俄国那样，为完全的革命、为彻底的“社会新生”做准备，在时机成熟时用力一推足矣。与此同时，在欧洲举足轻重的是俄国官方及其沙皇，总是站在第一线捍卫“神圣”事业，在那些年代的革命进程中，为了防止自己的国民受感染，派其军队赴奥地利去扑灭匈牙利起义烈火；为反对普鲁士统一德意志的野心，它支持丹麦对两个公国的统治；它断绝同卡尔洛·阿尔

贝托的外交关系，因为它对正统主义和专制主义背信弃义；它对所有反动人士，从温迪施格雷茨（布拉格和维也纳的统治者）、斐兰杰里（西西里统治者）到卡芬雅克将军赞誉、嘉奖、颁发勋章，卡芬雅克是个彻底的共和派，却不乏在6月的日子里镇压巴黎工人的功绩。在对沙皇尼古拉的暴政和残酷的愤怒之中（沙皇可能是全世界君主中专制制度最后一位不妥协的榜样），他的虔诚宗教信仰、坚定政治信念、正直、忠诚、无私，有时甚至受到其对手的承认。尽管如此，俄国在欧洲的反动作用，从1815年至1830年，再从1830年至1848年日益减弱，虽然报刊专栏作家们对那个辽阔帝国的担心和恐惧还要持续一段时间，它用阿提拉[①]式的侵略能够摧毁西方几百万军队。但不用多久，这种极具威胁性的强大军事力量将显现出其局限性，那种作用也将完全丧失。

虽然1848年革命几乎完全缺乏反天主教和反教会的利刃，而教士在爱国主义宗教仪式中显得庄严，在教皇世俗政权废墟上崛起的罗马共和国注意不去触动宗教信仰，但天主教会刚刚开始反击时，就意识到自己要积极参与合作，以便同专制制度政府瓜分战利品，领取其服务的酬金和奖励。在维也纳，奥地利主教会议给自由主义打上“亵渎神明”印记，将归于民族性的价值判定为“异教”，称民族性只能起源于上帝的惩罚，是上帝让人们在巴别塔下语言不通。[②]

① 阿提拉（约406—453年），匈奴王，进攻罗马帝国的伟大蛮族统治者之一。——译者

② 此典出自《旧约·创世记》，挪亚的子孙要让上帝看看自己能耐，就群策群力，克服困难，在示拿平原上建城筑塔，即将竣工；此事惊动上帝，就让建城筑塔人们的语言不通，造成混乱，被迫停工。——译者

那时教会签订的条约,再次给予或似乎给予教会狂热希望得到的东西。在 1855 年同奥地利签订的条约(被界定为"印刷的卡诺萨"①)中,国家删除约瑟夫二世取得的全部成果,乐于放弃及干预教士培养和教会刑罚,把对公立及私立学校的监督权交给教会,把非天主教徒教师排除在高、初中学校之外,承认符合特伦托主教会议准则和决议的教会对婚姻问题的司法权,动用一切适当手段禁止出版反宗教书籍,允许教会自由成立新修会和教团并让它们敛财,许诺现在和将来都不侵犯教会的财产权。其他所有涉及教会的未明确规定的情况,都要重新遵循教廷的学说和纪律。1851 年同西班牙签订的条约也具有相同性质。在这一条约中,最重要的是声明天主教是西班牙的唯一宗教。教廷同巴登和符腾堡签订的条约,由于它们过于怪诞,都被各自议会否决。在普鲁士,腓特烈·威廉四世放弃国家对天主教的所有权利,让天主教会及其耶稣会士放手大干。与此同时,教会注意避免任何怀疑——似乎它对近代文明做出妥协,耶稣会士创办一种刊物,刊名叫《天主教文明》,对圣母无染原罪的教条(由于圣母帮助反对现今被超越的革命,它具有反动回报色彩),在 1864 年不得不补充世纪谬误名录,所有谬误中最根本的谬误是自由主义,其后是大公会议颁布(在这些会议文件中已经预告)教皇永无谬误的教条;人们毫无节制地颂

① 卡诺萨,是意大利埃米利亚雷焦西南方的 10 世纪城堡,因教皇格列高利七世与神圣罗马帝国皇帝亨利四世于 1077 年在此会面而出名。教皇赴德意志途中在此逗留(他去德意志的目的是要对反对他的亨利四世采取行动)。亨利四世为避免被废黜,就以普通悔罪者身份前来卡诺萨,在那儿等候 3 天,于 1 月 28 日终于得到宽恕。在后世,"卡诺萨"一词意味着王权向教权屈服。——译者

扬被册封为圣徒的人，那些圣徒曾经是宗教法庭的法官，因此按他们的历史本义，特别仇恨文明世界。教廷因看到对手遭遇厄运，发现各国政府对它广施恩惠就趾高气扬，从而让教廷产生希望，凭借耶稣会士、庇护会、味增爵会、圣卜尼法斯会的帮助，就可以在短时间内在德意志排挤新教。罗素称罗马教廷在英国的行为是“傲慢自大”，它在那儿设立 12 个教区和一位大主教；英国于 1851 年通过一项法律——所有权法案，就是为了压制教廷的气焰；这一法律没有实施，最终被废止，好像无助于自由感受。由于天主教会傲慢自大得以可能，其日益增强的安全感，其对国家的独立性，一般说来，其超国家的和国际的或超世俗的（如人们所说）的力量，源于近代国家性质及自由主义——其强与弱、生与死，天主教会一次次地从中获利。某些天主教徒发现这种两面游戏的危险性，比如蒙塔朗贝尔告诫，说实话，有时他也玩弄两面游戏；其后他开始思考教士日益严重的非人民性和在青年、知识分子甚至工人的心灵中孕育的反宗教造反，他称教会公开信奉和实践的理论是“犬儒主义的”，他用一句话加以概括：“当我最虚弱时，我向你们要求自由，因为这是你们的原则；当我最强大时，我就剥夺你们的自由，因为这不是我的原则”。他惧怕：在下次事变时，天主教会的犬儒主义将受到强烈谴责；天主教会将受到特别严厉的对待。另一方面，虽然天主教会通过整肃教士（只听它不听国家）获得实际能力，虽然它享有自由与特权，但它在精神王国却颗粒无收；天主教会越来越像某种工业企业，根据市场对它的认可程度，有时大面积赢利并扩大生产，有时损失惨重并压缩生产等待市场好转。教会反复出现的繁荣，同社会的思想与道德的消沉时期有关，同各国政府在某些情况下需要同并非崇高的力量结盟,而教会能提供这样的力量。

此外,所有欧洲国家的全部反动势力,因作为阻碍者和压迫者而遭人唾骂,由于它们造成痛苦、无期徒刑的折磨和流放的悲凄,从而在人们心中燃起愤怒与仇恨之火,它们感到缺乏严肃性,当它们被神秘主义、狂热和尼古拉一世的顽固不化引导时,若一种陈旧但仍坚毅及根深蒂固信仰(因真诚受到尊敬)赋予其活力,从而反动仍可能拥有那种严肃性。僧侣们和专制制度其他成员,不管发过誓言还是作过伪誓,现在都一再发生巨大变化;人们不止一次地在王宫窗户、街道和教堂看到,国王和亲王们身上用民族与自由标志装饰,无论是否愿意,对革命者温顺随和并阿谀逢迎,走上他们的道路并要继续走下去;预告自由主义死亡及伴随它的各国国民民族空想的死亡,这种伎俩司空见惯,但预告破灭,随后往往是它们比从前更加生机勃勃的崛起。暂时获胜者的快乐转眼即逝,奴役之歌的华彩乐段很快就变得沙哑刺耳。战败者的意志并未消沉,对未来的信心使他们斗志昂扬,即使现在行动时机尚不成熟,他们已做好战斗准备。他们在世上没有感到孤单或沮丧,因为欧洲文明意识从未如此敏感,欧洲舆论从未如此一致和积极。这种意识和舆论的主要中心在英国,英国在几世纪内形成的坚固自由结构、其自信及福祉,并未封闭在利己主义中,这些政治上的有利条件,有助于英国在舆论与行动上支持反对专制制度的自由事业。英国的各个城市接待来自被反动派折磨的各国流亡者,他们在那里成立自己的民族的及国际的团体;英国的作家及报刊专栏作者猛烈抨击专制政府,从而使它们遭到谴责、蒙受耻辱、声名狼藉;英国公民以私人方式对各国造反者和密谋者提供了各式各样的帮

助:英国国民为科苏特欢呼;当海瑙[①]将军敢来伦敦时,用诅咒和噩运追踪他——“布雷西亚和阿拉德的猎犬”。帕默斯顿勋爵向西西里起义者提供武器,作为外交大臣,英勇无畏地表示反对所有国家专制制度的立场,有一次因这种立场受到皮尔首相指责——对外国政府似乎过于行使法官和导师的职能,但得到英国国民的高度赞赏和拥戴,昵称他是“煽动叛乱者勋爵”。他不仅表达思想与言论,还采取行动,当俄国沙皇和奥地利皇帝硬要土耳其交出流亡到那里的革命者时,他让他们住手;由于伦敦市民那样对待海瑙,他不能不向奥地利大使在形式上道歉,但未放弃那次机会让公众了解他多么厌恶海瑙。格莱斯顿把他关于那不勒斯波旁政府的信件寄给阿伯丁伯爵大臣,从而使他做出“否定上帝”的界定传遍文明世界。因此,从历史角度看,格维努斯在其 1853 年的《19 世纪史导言》中规劝人们要沉住气坚信起义临近不无道理,他证明专制主义越来越趋向进攻,这是虚弱的表现,从而驱除悲观主义的忧郁想象——从那时起人们看到“欧洲在衰落”:这是富有思想与道德光辉的欧洲,除经济生产能力外,其伟大不在于单个个人,而在于群众传播与增长的文明,因此其历史不再是君主的传记史,而是全体国民的历史。

仅在一个国家内,瓦解显得严重,对自由事业镇压不可否定,因为那里 60 多年的历史成果似乎逐渐丧失,自由制度被破坏不是

① 海瑙(1786—1853 年),奥地利将军,曾残酷镇压布雷西亚(意大利)和阿拉德(罗马尼亚)的起义。1850 年退休,周游欧洲,在伦敦和布鲁塞尔遭群众袭击。——译者

只限几个月，而是持续35年并日益严重与扩展：这就是法国。这里，奥尔良王朝及其大臣们预想不到的表现，因不赞成一种温和的、逐渐扩大的自由和多数公民参加选举，从而引发革命，随着奥尔良王朝的倒台、共和国宣告成立，通向民主主义和蛊惑民心的宣传的道路打开，这使人记起雅各宾派的和因袭的传统，并因此把自由本身置于危险境地。由于民主已经走上舞台，同上次民主截然不同，它出现不是展开搏斗以根除封建主义和打倒贵族，也不是同专制制度复辟威胁作斗争，也没有向它提供建功立业的机遇：一个有待唤醒与推动革命的欧洲，因为欧洲已经觉醒并崛起，只剩下让它填补其空白，及用为人民幸福彻底改革经济与文明体制的混乱观念促使其冲动，它虽然厌恶共产主义，但仍将共产主义作为民主和社会共和主义介绍。在最近20年对共产主义和社会主义的许多议论和梦想之后，在多次强烈渴望以这种或那种方式全部或部分实现共产主义、无论如何试验共产主义之后，不可避免地在法国革命中开始共产主义尝试，早在1842年洛仑兹·迪·施泰因就肯定地预言共产主义。

在欧洲其他国家，在我们已描述的事件进程中，雅各宾色彩的和社会的或社会主义倾向的民主不断地在各地涌现，在意大利、在奥地利，尤其在德意志(那里1848年4月在巴登尝试首次起义)，以其不合时宜的过分要求，以其挑衅却虚弱的方法，促使惧怕废墟者脱离自由制度并同专制君主重归于好，向专制君主提供机遇与便利，还没有让他们错过，从而帮助那不勒斯的斐迪南们，托斯卡纳的列奥波德们，普鲁士的腓特烈·威廉们和奥地利的弗朗西斯·约瑟夫们重新骑上马鞍，并促使宽容纳瓦埃斯和布拉沃·穆

利洛在西班牙的暴政。然而，一般说来，哪里围绕独立与民族统一及宪法展开斗争，那里自由党就占上风，它们表现不同——或克制或激进，但失败不归因于社会保守势力的过速反应，而归因于战役运气不佳和专制君主仍然掌握政治与军事力量。

相反，在法国，那种从未填补的政治概念空白，不仅受到保守派和温和派的指责，而且马克思也将其绑在柱上示众——嘲讽词汇“人民”，他是人民的代表人物，巴黎工人群众的激情伴随他，多年来就热切期待社会变革的巴黎工人群众，在 1830 年 7 月撒下他们的鲜血，他们感觉共同胜利对另一社会阶级有利，其后不止一次地尝试起义，现在 2 月里重新战斗并获胜，不想胜利果实再次被骗取而陷入绝望。如果共产主义理论在其逻辑根据上应具有唯物主义坏名声，但其后那些工人并不是唯物主义者，他们受人类对更加美好生活追求、甚至受谋生必要性和缺乏劳动岗位的驱使，而内心受一种正义与幸福的理想激励，为了这种理想，他们准备献出生命。当时他们不会把这种理想转化为生机勃勃的体制并通向理想的行动，一个事实或一个严肃的政治纲领；被革命浪潮推上政府领导岗位的人们更不会这样做，最无知的当数大喊大叫的人，即社会民主主义者。然而，他们不想公开承认那种无能和不可能性，在最初几星期甚至没有这种必要，因为 1848 年的心理学仍然制约着巴黎，所有人都被狂热激情席卷前行：一位同代人说，年轻人沉湎感受自由的快乐，“他们迈着轻捷的步伐，无忧无虑地前行”——欢快与信心导致宽宏大量、相互让步、协调与和谐。因此，当宣布劳动的权利时，工人们决定放弃红旗而接受三色旗，设立劳动者委员会并就职，开办国家工场，许诺取消赋税；很快接续而来的是大学法

令,废除政治犯的死刑和肉刑,废止因无力还债而被监禁的刑罚,普选法一下使选民数从25万扩大到900万。然而,人们很快就认识到他们在想象与梦想的世界活动,并且不可能长期处于那种幻景中。劳动者委员会在纸上设计和平的社会革命,并由劳动内阁实施此方案,把国家变成大企业家,这个大企业家靠自己企业产品赎回老板的工厂,还创办农业合作驻留地,保障人人有劳动岗位,出售商品价格只有5%利润,诸如此类,不一而足。国家工场同真正经济企业毫无关系,甚至也不符合路易·勃朗的概念,却通过在并不需要或无用或用处不大的劳动中临时就业,以一种简单的权宜之计来解决失业工人,从而把失业工人大量浪费在虚空之中;跑到那里并且不能拒绝的人数与月俱增。民间报纸似乎想要吓坏那些喜欢平静生活的众人,他们在形形色色的大话狂言中看到抢劫、强奸、大火和血雨腥风。而在统治者那里缺乏创造形式与手段的能力,以实施社会民主主义要求的可行部分并为其余一切设置不可逾越障碍,从而恢复秩序并引导头脑反思、权衡和明智;他们也被冲动席卷前行,没有引导冲动或左右摇摆以延长希望及误解的熙来攘往,他们显现出没有能力处理复杂事务,只能听任事件进程中产生的任何解决办法。

人们并不期待这样解决,由于巴黎和巴黎工人不是整个法国,大多数国民并不喜欢时局现状,因为并未保障他们的福祉,尤其是农民难以忍受总落在他们头上的日益沉重土地税,制宪议会关于普选制的投票(巴黎极端派因预感如此,曾竭力推迟投票)产生了保守派或温和派占多数的议会:由于这种议会不会使工人群众及其活动家满意,5月15日群众占领制宪议会大厅并试图用暴力解

散它，还宣布成立新的临时政府：政变没有成功，结果布朗基、巴尔贝斯及其他共产主义领袖被捕。人们转而要对付国家工场的灾难和危险，在那里再无工作可做，也不知如何向失业者和游手好闲者支付工资（虽然每天可怜的工资已经减半）。政府颁布解散国家工场法令，引发在巴黎街头镇压起义工人群众的六月战役，造反工人群众英勇反抗，作战双方都以绝望的愤怒参战，最终以工人们流血、失败结束，军事法庭、无期徒刑和流放将失败"盖棺定论"。

然而，这并未终结革命进程，而是调整和巩固共和国的开始，共和国要确保前几年要求（但未获得）更广泛自由，从而造成奥尔良王朝的崩溃。对六月事变的恐惧巨大，感到危险已过恐惧更甚，当响起捍卫家庭、妇女、子女、财产、道德、宗教的战斗呼声时恐惧更强烈；人们重新用不敌视眼光看待教会和教士，以便寻求它们对秩序的保护，重新接受它们的指导，把子女送到它们的学校学习。民主派或"山岳派"（正如人们称呼他们那样）越是坚持带有威胁性的社会改革要求及其豪言壮语，保守派和温和派集团越是抱成一团，而形形色色的反动派（包括教权主义者和正统主义者）都冲在前面，以致在那些恼怒角色中（其中的社会秩序捍卫者就日益感到强大并坚定不移地使用暴力），自由调解的可能性减少，这本来是可能并应该的，但现在毫无希望，正如面临一种疾病暴发，人们试图阻止它爆发，但知道无论如何它都要走完全程。当制宪议会工作结束和举行直接普选选举共和国总统，路易·波拿巴比共和派卡芬雅克以绝对多数票当选，就已经表明革命进程在向相反的反动方向转化。在那些年代，法国没有国内的和平，沦为对外无所作为的国家，无论在各个民族还是在各国政府那里都无信誉，在大陆

爆发各次革命期间,它也未以任何方式参与其中;征伐罗马共和国,其唯一不光彩事业,受不能让奥地利独自干涉意大利这种无可避免必要性驱使,同时受国内虚弱驱使:以致,为了不让法国的教权主义者不悦,它不得不让教皇(被它重新引入罗马)摒弃任何改革建议并恢复其糟糕透顶的统治方式,甚至更坏,几乎是在嘲笑和挑战法国民主派。法国民主派,对于反对国民议会投票结果而由亲王总统[①]和内阁命令的这次征伐,呼吁国民起义,但国民没有响应;法国民主派解体了,这个党派缺乏领袖,他们因出逃而幸免于难。然而,议会的保守多数派,虽然投票赞成一系列关于结社、报刊及戒严状态的严厉措施,并且通过法卢法向教士打开学校大门,事实上已经抛弃议会准则,日益扩大亲王总统窃取的权力,就好像他是由法国国民选举一样,却让宪法准则连同议会得以幸存,但这点残存自由也未持续多久,因为亲王总统不容许,保守多数派也丧失公众尊敬,被公众情感所厌恶,当它处于危难之中时,公众没有心甘情愿地加以保护。1851 年 12 月 2 日的政变,被预见、被期待、还被惧怕,但未遇抵抗的政变,不是一位暴君用暴力征服不情愿国民的圈套,而更像一个外科手术,将法国在民主与反民主的四年中形成及成长的东西揭示:专制帝国,以及同一切专制制度相同的法律、方法和习俗的集成,正如它们的起源及机遇,它们都简化为单纯行动——为了强加自己片面的意愿,绑住人们的双手,堵住人们的嘴巴。

同样,在自由制度中止后接踵而来的相同东西(详述无益,因

① 指路易·波拿巴。——译者

为塔西陀在其古典文献中已经一劳永逸地分析并描述过——沦为奴隶)，是当时在法国看到的结果：欢呼，谄媚，甘愿为奴，大作伪誓，激愤民主派迅速转变信仰，都是那么可笑，如果尚未那么卑鄙无耻，思想狭隘，妥协屈从，害怕与恐惧以致背弃朋友，无耻地告发，对违犯司法和滥用职权无动于衷，为平息良心谴责而假装未见未闻其所见所闻，乐此不疲地散布丑闻而对公共事务状况不闻不问，对来自上面的任何说法或断言奴颜婢膝地欢呼赞颂，同时却根本不相信官方性质的任何消息；在这种普遍颤抖中，却胆大妄为地追逐好运，处心积虑获取私人好处，或竭力用伪装政治热忱以报私仇，但无人反抗或抗议；总之，所有这些恶行，有时还被社会所尊敬之士实践，描绘那些年代的小说家对他们喊道："什么德高望重之士，全是一帮恶棍！"这不是说以后其中多数人，在其他关系中，都不正直并缺德；然而，人类在其平均条件下，是这样成长的——无需接受更艰巨考验，要求做出更大牺牲，比如放弃平静生活和对自己及家庭的关爱；也无需让人去做坏人，相反需要帮人不做坏人。学者们关于"*人类事务有必然联系*"以及关于"*必须把人类事务联系起来*"的诡辩，在智慧承认并屈从的秩序中开始。相反，不愿屈从者义愤填膺、疾恶如仇，更多人乐于流亡，那些流亡者写出猛烈抨击文章，如维克多·雨果的《小拿破仑》和《惩罚集》。然而，痛苦与忧伤落在精神崇高、善于沉思的人们身上，他们通常观察事务而不是人物，惯于在观念与情感进程中而不是个人过错中探寻对事件的解释；但他们不能听任自由丧失，并由于自由丧失感到自身及其祖国受到心痛的凌辱，即使自身想要摆脱这种凌辱，也不可能做到。托克维克、基内、普雷沃—帕拉多和其他志同道合之士在那时所写文稿，至今仍能令我们激动不已。但自由是神圣的事物，众神有时从永恒幼稚人们那里夺回自由，对他们的哀求无动于衷，只要他们未成长得配上自由，就不把自由归还给他们。

此外，如果1848年革命后的旧专制君主掀起的反动逆流不具深刻性，那么由科西嘉冒险家侄子、自己也是冒险家掀起的第二帝国反动浪潮也不具有深刻性。那些君主以及专制制度的其他卫士兴高采烈地欢迎和欢庆这位新来者同他们站在一起；首先表态的是教皇庇护九世，当他听到政变消息后，说道“上苍赔付教会对法国的债务”，并且第一个发出贺词，还让他的主教们称呼路易·拿破仑是“上帝的使者”，如果就代价达成协议的话，即废除世俗婚姻和罗马教廷同拿破仑签订协约补充条款，他还将去巴黎为皇帝加冕(正如其后为太子洗礼一样)。然而，路易·波拿巴并未真正成为旧君主专制主义联合会成员，他真诚地理解把他推上皇帝宝座的700万选票意义所在，他真诚地引诱国民各阶级渴望“没有自由的民主”(正如人们所说)；他也没有抱有依靠帝国宪法为人类社会和历史开辟新道路的幻想。他不能容忍两院制，他对国家形式(以其优越代替两院提供的服务)没有清晰认识。他曾说“用满足国民合法需求来终结革命时代”，并致力于“创造更具生命力的体制”；但他不满意也不安于国家现有体制，有一次他还说“自由从未能构建坚固耐久政治大厦，但皇冠可以做到，而且时间使它更坚固”。他庄严许诺“帝国即和平”；然而，保守君主们的意图，不可能是拿破仑侄子的意图，他继承帝位和反对1815年条约及战争的报复，他的姓名意味着必然变化的政治形势，从而为革命埋下伏笔。他心地善良，性情温和，发动政变但不趾高气扬，仿佛听从属于他的

命运安排，他确信是命运让他扮演那种角色；虽然他不可能摆脱非理性和理性的道德谴责，这种谴责是指向违犯合法性和背弃誓言而采取那种历史行动的人们的，但他仍显现出对正直者的评价很敏感，并竭力求得他们的赞同，有待预见其专制政府在经历首次考验和最初岁月后，他必须倾向于自由。在他周围人中，在12月2日行动[①]者中，在其皇族中，都不乏自由派人士和具有自由倾向人士，比如拿破仑亲王。[②] 于是，不仅由他再造的国家不能视为原创，即使超越它时，也不能理解为自由国家，而是其各个部分都带有临时与过渡的印记。继续信仰当时失败事业的人们，运用语言或沉默采取行动使这种性质日益明显，其他多数人逐渐亲身感受到专制制度危害，更公正地判断自由秩序的缺陷，他们把爱转向自由秩序，并重新燃起对自由秩序的渴望，从而停止对自由秩序的诋毁与嘲弄(以往他们这是这样抨击的)，并且在他们心灵中自由秩序焕然一新、生机勃勃。认为当时法国享有工商业、贸易与投机的空前繁荣，如果不恰恰由于帝国原因，也是伴随帝国并由它用自由贸易手段和贸易条约促进的，这种繁荣起着麻痹政治需要和阻止相应努力的作用，这种看法并不正确。因为，一般说来，这不是繁荣对人们影响所致，还由于事实证明在经济繁荣之后接踵而至的是政治腾飞。皇帝对工人们动了脑筋，他为他们提供了休息与治疗的场所，他为伤残人、退休者和老年人设立基金，尝试修建工人之家和类似建筑，但他拒绝工人们享有结社和政治生活的权利，工

① 指1851年12月2日路易·波拿巴发动的政变。——译者

② 即拿破仑二弟的三子，法国语言学家，政治家。——译者

人们并不因为他采取一些有益措施就感激他,相反却因他拒绝给工人们权利而厌恶他;如果在最初几年,他们因共和派受压迫(在六月日子里他们曾被共和派打败)而感到有点幸灾乐祸,现在逐渐忘却那种情感,甚至连他们也再次渴望自由。

说真的,多重的并不断变化发展的要求整体(称作"社会问题")命运同自由运动相连;正如自由的命运完全没有被1848年后的反动逆流所吞没和毁灭一样,社会改革者和革新者的希望也没有丧失。马克思就那个时代写信给巴黎劳动者委员会(称作卢森堡委员会,因会址在卢森堡宫),提出"其功绩是从讲坛高处指出19世纪欧洲革命的秘密是无产阶级解放"。然而,姑且不提使一个世纪及其革命(那些革命总整体地包括文化及文明诸多问题和人类精神的所有面貌)的历史贫乏及物质化的夸夸其谈,说实话,为揭示存在于所有政治家和政治作家头脑中的思想,没有必要召开趣闻轶事般的会议。在所有这些政治家和政治作家之中,这里尚未援引最为深刻的托克维尔,尚未提及格维努斯著作和斯图亚特·穆勒意义深远的《政治经济学原理》,这些著作都是在1848年出版的,我们乐于只提几个意大利作者,回忆焦贝尔蒂足矣,他在《意大利的文明革新》一书中,把"我们时代的主要需求"概括为三点,即"思想优势,民族自治和平民(即通常所说的多数人)解救";而加富尔认为资本与劳动之间关系及劳动者阶级条件的问题日益成熟,他在1858年坦诚地说,如果不是着手解决意大利统一问题的话,他会转向那个问题,这样他就承认两种要求之间接续的紧密关系。马克思清楚地知道,像六月起义那样的起义,如果不是以某些社会准备和经济体制成熟为前提,就不会提出建立共产主义的

手段，他已经嘲笑天真的空想主义者，摒弃圣西门主义者的理论（最后的圣西门主义者，通过昂方坦，正如人们所说，已经投靠第二帝国，声明它是“善于实现社会和个人幸福的唯一当局”）；1848 年的事件证实马克思的论断。他在当时撰写论及革命与反动的历史的文章及小册子，目光颇为犀利，虽然它们视角狭小并且整体缺乏历史的及人类的同情，毫不留情地普遍嘲讽有产者及其首领。马志尼在马克思那里注意到缺乏同情，“心灵中最大要素是怒而不是爱”，以及“支配者的气质”；缺乏那种美德，对其追随者的嘲讽，唯一欣赏“贵族”——其对手和其典范（根据民主派泰硕沃对马克思的印象），不仅阻止他接近被他嘲笑的民主派，而且妨碍他接近任何自由形式。他的唯物主义的和决定论的形而上学，启示他把 1848 年革命粗俗地解释为 1847 年贸易危机的结果，“农村反对城市”是他对第二帝国过于简单化的另一解释，引导他判断下次革命将以新的工商业普遍危机作为必要条件，引导他预见到这种危机临近（相反，这种普遍危机没有发生，发生危机形式不同并且规模极小，其后他不得不改变观点）；与此同时，他得出结论，在经济繁荣的社会无所作为，只能等待危机发生，在民主与自由派旁边，共产主义者不得不克制住严厉和不妥协态度，相反帮助他们夺取政权，但很快用一种默契开始进攻、打倒和摧毁他们，正如曾经对共同的敌人所做那样。理想相当复杂并具有文学色彩，正如维利希等幸存德国社会民主党人感觉那样，维利希曾参加巴登起义战斗，后流亡国外生活：这种分歧造成在共产主义者同盟内部，活动家同马克思、其忠诚战友恩格斯以及追随者的分裂。马克思在《共产党宣言》中初步构建经济及历史学说，以后进行一系列工作——从

《政治经济学批判》到《资本论》。其实,当时在他那里,决定论或自然主义命定论占优势;其历史唯物主义的其他抉择,建立社会主义的或共产主义的政党,以参加议会斗争并且成为善于执政的政党,不得不较晚才能实现,而且在截然不同的条件下,通过其他人的事业来完成。

第七章 革命的复兴与欧洲自由民族的普遍调整(1851—1870年)

正如众所周知,在欧洲曾有过一个小国——皮埃蒙特,在这里自由和民族运动没有遭到中断,相反在反动的暴风雨中,仿佛得到净化,其概念更清晰,其要走道路更加确定。在其他地方,自由主义已经到地下墓穴隐藏;在自由国家内,自由主义公开扩展,没有遇到障碍,也不需要准备、挑起和对付的战争与革命的有力推动。然而,独立和自由的皮埃蒙特同被奴役被压迫的意大利生死与共,在官方语言中回响"意大利"这个词之前很久,皮埃蒙特早就接收意大利的"痛苦呼声";因此,利用它拥有并保持并发展的东西,作为实现最高目的(即欧洲真正革命的国家)的手段。它采取这种行动的可能,一方面归因于地形,这使得它能够在法国和奥地利帝国的数次战争中保存和发展,于是现在它求助保护,以避免被胜利的奥地利压迫或沦为其附庸。正如在其百年历史曲折道路上,是君主们与臣民们的美德支撑着它,同样在其现在条件下,带着意大利民族先锋队的荣誉,是其国务活动家的智慧在指导它,是他们协助并指引它走上新的自由之路,在所有其他处于革命之中的国家中间,为它赢得温和派的声望与尊敬,甚至可以说,从其1848年第一届立宪内阁开始,这届内阁由巴尔博主持,其中同情激进政治者同保守派及温和派,帕雷托们同塔翁·迪·雷韦尔们及施洛毕斯们紧密合作。在 1849 年执政的温和派内阁,是达泽里奥内阁,它清楚了解皮埃蒙特自身蕴含革命烈火,不能让革命烈火熄灭,而需要把革命烈火煽旺,它善于对不耐烦者和胆大妄为者或人们所说的民主派采取果断措施;它让庄严的蒙卡列里声明从国王转向国民,它毫不犹豫地提醒选民,有时文明要靠军队和法庭拯救,它还获得一个以保守派和温和派占多数的议会,这个议会批准同奥地利的和约。皮埃蒙特依靠这样的议会,大胆推进了改革事业,尤其在教会方面,一举废除教士享有的特权,一改国家服从教会,从而同罗马教廷结怨,但它坚定不移并深思熟虑地实施在自由国家内的自由宗教的政策。改革事业使陈旧的皮埃蒙特在短短几年达到完全现代的真正文明国家水平,同时皮埃蒙特确信伟大使命,加富尔执政继续扩大和投资行政的方方面面,加富尔是在意大利涌现的天才人物,他在经过政治研究与实际生活的长期准备后,作为报刊专栏作者和记者,又参与 1848—1849 年的事变,感到自由的时机成熟,勇往直前肩负指挥重任,说真的,他不是“沉思的和脸色苍白的”,就像诗人说到被上帝称作人民的导师那样,而是敏捷和快乐的,他知道自己该做什么并确信能够完成,就全力以赴地投入工作与战斗。

他从心灵深处真正酷爱自由,正如他一贯憎恶专制政权,他不是以一种田园诗般的梦想热爱自由,而是以一种清晰认识酷爱自由:自由遇到并将永远遇到困难和危险,永远需要斗争,但这是一种需全身心投入和伟大天才不惧怕战斗的斗争,不同于在专制政府内发生的事情,在那里一位大臣要时刻防范他背后的小阴谋,对

一位君子来说这不仅令人痛苦而且难以容忍。那时，他期待形成井然有序的议会生活，他认为这最为根本，这个议会要由代表需求和聚集力量的政党构成，而这些政党当需要时能为某些共同目的联合行动，正如他同拉塔齐和“左派”所谓“联姻”那样。皮埃蒙特参政两院辩论，议会完成的立法与政治活动，加富尔的报告，议会的协调，危机的解决，提供了正确、繁荣的立宪生活范例，为意大利其余地区提供学习模式和榜样；在 1850 年至 1860 年的 10 年，皮埃蒙特对意大利其余地区的作用，类似于我们考察过的法国在复辟王朝的 15 年中，通过其“宪章”、其立宪斗争、其议员和空论派，对欧洲大陆其他国家所起的作用。萨沃伊王朝，这个欧洲幸存的古老王室家族，接受了自由与民族性的现代理想；王室军队因其一贯忠诚、纪律严明和作战英勇而受到赞誉，在近来进行的民族统一战争中成为民族的军队；中世纪和专制君主制的传统，把久经考验的古代力量带给新生意大利，并在新生意大利重新焕发青春活力；这些仿佛在事实上肯定历史连续性，19 世纪思想业已发现这种历史连续性的崇高意义，政治智慧认识其重要有益力量，诗歌及文学围绕这种历史连续性编写不少赏心悦目的想象的历史剧和历史小说。皮埃蒙特的土地，因星罗棋布的城堡及城市内对封建及王室过去史诗般的回忆而遐迩闻名；首都都灵素以秩序与规范著称，这是大公和国王留下的印记，现在因内阁、议会、报刊的勤奋工作而充满活力，皮埃蒙特和都灵把过去汇聚到现在，过去与现在的和谐历历在目。在以地区身份崛起而代表整个民族的皮埃蒙特，意大利不再是在观念上存在，而是由于其众多儿女汇集到这个流亡地，它不再是苦涩的外国流亡地，因为不是生活在外国国土，而是生活在充满希望的意大利国土;在皮埃蒙特,除伦巴第流亡者外,还有大量南方流亡者,其中有曾指挥保卫威尼斯战役的军官,更多的是反对波旁王朝的文化人士、经济学家、文学家、哲学家、批评家、历史学家,他们受到波旁王朝的迫害,既英勇无畏又才华横溢,对意大利艺术和文化的发展繁荣做出巨大贡献。1848 年后,在都灵,当民族政治意识在汇聚此地的意大利各地民众中突然闪现时,通过南方流亡者,使发生在 18 世纪末 19 世纪初的米兰和山南共和国事件重演。在那些意大利人中,几年前的新归尔甫观念现在完全被忘却并仿佛属于悠远的过去;共和国观念不再深入人心;人们也未感到急迫需要描绘未来意大利政体蓝图,不似 1848 年以前那样,因为在某些情况下,确实是“运动就是一切,而目的无关紧要”,即是说目的在于运动本身,运动在适当时候能走上实际道路,对实际道路苦思冥想徒劳无益。当有人策划把那不勒斯从波旁王朝解放出来,用缪拉国王和南方流亡者取代(加富尔对此也未表示异议),并认为会得到路易·波拿巴的支持时,突然响起怒斥声,告诫拯救与荣誉之路只有一条——同皮埃蒙特及其政治同舟共济。大约在同一时期,从前的威尼斯独裁者、现在的共和派马宁在政治上同皮埃蒙特结盟;1849 年罗马共和国的捍卫者加里波第,在 1854 年重返意大利,他发现并声明只有走这条路,意大利统一才可能实现。

于是,谁要关注道德生活进程,就不能不发现,1848 年皮埃蒙特事业是对欧洲革命活动的继续与复兴。然而,这一断言同另一断言并不相容,若只关注巨大政治力量的平衡与不平衡以及由此产生的后果,就会断言复兴起源于克里米亚战争,因为这次战争打

乱现存关系，在整体上削弱了保守派，从而增强改革派希望，并给他们提供以前根本不可能有的机遇。其实，克里米亚战争是一个政治事件，是为英国的利益而发动，英国要阻止俄国将其统治或其保护国扩张到君士坦丁堡和巴尔干半岛，让其战舰在地中海游弋，从而损害英国贸易并危及英国海上霸权。这场战争还因路易·波拿巴的利益而爆发，他妄图粉碎1814年形成的反法联盟并让法国重返欧洲政治舞台，从而为自己及其家族赢得所缺少的威望。再说，道德理想主义在敌对阵营那里：沙皇尼古拉无比虔诚，正如人们所说，是信仰的热忱捍卫者，他认为土耳其仍在欧洲统治，是基督徒的奇耻大辱，鉴于他真诚地确信其使命的正义与神圣，为进行某种十字军征伐而出兵，当他发现西方列强同基督徒的敌人结盟反击，同样真诚地义愤填膺，当奥地利（即使并未选择截然不同政治）不仅不提供援助，反而设置障碍——以向他宣战相威胁：沙皇出于对君主制的忠诚和信守以前诺言，曾在1849年帮助奥地利镇压匈牙利人起义。以致沙皇因战事不利并难以取胜感到绝望，他因为那些与敌为伍和背叛的行为而悲痛欲绝，从而以其道德理性主义者的方式，愤然死去或悲惨地中断生命。英国达到自己的目的；路易·波拿巴赢得他渴望已久的声誉和权威；被认为战无不胜的俄国损失惨重，远超过它在1812—1814年战争中赢得的荣耀，40多年来俄国在整个欧洲举足轻重；三个保守强国同盟解体，因为那时俄罗斯帝国和奥地利帝国之间就巴尔干利益的不可化解的分歧公开化，这种分歧又被怨恨激化并变为深仇大恨，这种深仇大恨在随后60年中主宰两国的历史。温迪施格雷茨们和拉德茨基们会因这种反动武装友谊破裂而痛哭流涕；然而，结果已无可挽

回。被沙皇最先界定为"病夫"的土耳其,显示出充分活力,值得文明强国支持并结盟,科布登们和布赖特们白白地忧虑——回忆起人们清楚了解的土耳其的野蛮行径,但人们不愿了解并想忘却;土耳其成功了,正如在几百年间它多次成功一样,在几百年间基督教和伊斯兰教在意识方面的冲突非常尖锐。即使进步派和民主派也想要忘记并且已经忘记,他们也干不了其他事情,对克里米亚战争也做出十字军征伐的解释,但其含义同沙皇的截然相反,即在争取各民族自由与独立的含义上:即把可能进一步发生的事变解释成战争的目的,这样就插入他们的目的,因此拥护那次战争;从而,马志尼联合赖德律—洛兰及科苏特,向全世界的共和派发出号召,让他们沿着这个方向行动,以及其他类似表现,甚至包括共产主义者巴尔贝斯,当时他还在狱中。帕默斯顿勋爵重新执政,深谋远虑地为英国国家利益服务,在这些利益中包括向其他民族传播英国引以自豪的体制,他不知疲倦,大胆无畏,对巩固那种解释和燃起那种希望做出贡献。现在,为了重新抓住主线,若不恰恰在皮埃蒙特,哪里能再次显现由道德意识指引、未中断的英勇的独立事业呢?在欧洲所有民族和国家之中,皮埃蒙特是第一个准备利用克里米亚战争造成的新条件来完成民族统一大业的国家。

皮埃蒙特,或撒丁王国,靠加富尔的准确直觉和坚定决心,于1855 年同英、法结盟反对"北方巨人,文明的凶恶敌人",条约作者在山南议会上发言,他补充说意大利参加东方战役大大有益于其未来命运,远远超过宣言和著作;事实上,撒丁远征军在切尔纳亚赢得了荣誉。虽然希望(战事进一步扩大,因夺取多瑙河两公国重构奥地利及相应让与伦巴第)未能实现,因为在塞瓦斯托波尔被攻

陷后，贸易界施压以进行和平谈判，但加富尔在巴黎会议上成功地导致交流关于意大利的观点和声明，若尚未讨论和做出决议的话：在伦巴第、威尼托的外国统治，在教皇国领土上的驻军，那不勒斯的波旁王朝政府和罗马教廷政府，被克拉伦登伯爵称作“欧洲的耻辱”，总之，同欧洲和平安排相连的不可回避的紧迫的意大利问题；在奥地利部长反对干涉独立国家事务的抗议声中，在普鲁士及俄国部长们的保留态度（他们反对，因未接到这方面的指令）下，加富尔取得成果：他的声明被列入协定书。数月后，法国和英国抗议那不勒斯的斐迪南二世的统治方式，随后断绝同两西西里王国的外交关系。此时，奥地利感到遭沉重打击，向罗马、那不勒斯、佛罗伦萨、莫德纳的宫廷派出外交代表，1856 年 3 月 18 日，奥地利发表通告，强烈反对“撒丁宫廷以意大利名义抬高声音的使命”，再次强调它有权“用军队干涉，当任何一个意大利政府要求它帮助反对秩序的破坏者”。然而，这主要不是一个肯定权利的问题，这种权利源于旧的国际条约和国际会议，而不是源于道德力量和事实；事实是经历 1848 年战争和诺瓦拉战役，播下的种子长成了大树，皮埃蒙特如今已经代表意大利，以意大利的名义发言并准备粉碎奥地利在亚平宁半岛的霸权和统治。

为现实这一目的，加富尔不仅置身于合适领域，而且在欧洲发现他所需要的人——路易·波拿巴，在路易·波拿巴那动摇不定和暧昧不明的心灵中，有一点既清晰又坚定，要推翻 1815 年的条约，因为那些条约践踏了民族性原则，这是他反感的原因或结论，他要捍卫那种原则，根据这种原则将改变欧洲安排，要捍卫的民族性原则和相连的报复，同其人道理想主义者和梦想家的“为理想发动战争”的原则并不矛盾。克里米亚战争是被他用来削弱现状的主要支柱;但在战争期间,他渴望让意大利人、波兰人、匈牙利人、甚至芬兰人和高加索人独立;当英国想要继续战争时,他被金融界拖向和平,他把接受那些目的作为可能继续战争的前提;他在巴黎会议上想要建议并谈判相同问题,但克拉伦登伯爵让他注意这不可能,若三个或四个强国未达成初步协议的话。这并未避免巴黎变成人们要进行的战争和革命的“密谋大熔炉”(如人们所说);加富尔不仅从在会议上扮演角色中,而且通过在巴黎的各种结识、友谊及关系和从路易·波拿巴周围人士中取得成果。早在 1855 年冬路易·波拿巴就曾问过加富尔,他能为皮埃蒙特和意大利做些什么,他的动荡而冒险的青春就同意大利的造反和密谋联系在一起,他对意大利曾承担了某种义务,数年后,奥尔西尼不得不以自己方式提醒他。①

通过接近路易·波拿巴,在加富尔伯爵的政治和马志尼告诫并要实施的政治之间的决裂日益严重并不可调和。马志尼在短暂的罗马共和国中扮演重要角色后(他在那次冲突中显现具有实际判断力),重新流亡国外并从事思想与行动的宣传,因其思想体系和政治纲领及方法,开始显现为一个过时的人物。1850 年的意大利已经不是 1831 年的意大利;1831 年应当唤醒并形成的“民族主动性”在 1848 年已经变成事实,活在并活跃在意识中;1831 年尚

① 奥尔西尼(1819—1858 年),意大利民族主义革命者,马志尼信徒。参加过 1848—1849 年罗马起义。后在瑞士、匈牙利和英国任马志尼的代表。1858 年 1 月 14 日夜曾刺杀路易·波拿巴(拿破仑三世),未成功,后被处决。——译者

未开始的“民族战争”，现在在一个代表一个民族的国家内，在能够扩充为这个民族军队的一支军队中，找到真正的形式；密谋、暴动、尝试起义，若用来证明意大利人不屈不挠和加长已经不短的民族烈士名册，他们牺牲宝贵生命并引起恐惧，无益于唤醒政府和热爱秩序者，因为后者害怕暴力和盲目无秩序。马志尼的“欧洲民主中央委员会”及它发出的号召（由他和法国、德国、波兰的流亡者签署），类似于1850年的号召，向欧洲人民，如同向“人类的个体”发出，敦促他们选举各民族议会，再从各民族议会中产生“自由民族代表大会”，没有反应，这很正常，也没有回声，只引起马克思的讽刺，正如马志尼一样，他也是在伦敦表态的。不是说未来代表大会不是崇高愿望及严肃思想；而是说它属于马志尼的另一种面貌，即先驱者的面貌，先驱者必然是超前的人物，在现实政治中是无效验的，要等待时间来临：到那时思想之树重新发芽并将长得根深叶茂；然而当时甚至连已证明极富说服力的科布登都被讥笑为乌托邦主义者，并只在公谊会教徒和不顺从国教者中发现拥护者，至多他应满足于人们对他良好愿望的赞扬，当开始宣传削减军备；作为国务活动家的克拉伦登伯爵看到他在巴黎和会上的建议落空：设立在冲突国家使用武力之前尝试协调的机构。加富尔因其气质和所受教育，从来不是马志尼主义者，他不相信专政的效能，他同样不相信群众参政魔法，他厌恶马志尼集独裁者和煽动者于一身。相反，他坚信意大利统一事业应当通过军队与军队、政府与政府之间的正规战来完成，“若从一开始就插入革命，将冒搁浅危险，正如上次一样”。马志尼从这样理解的统一事业推断出会使心灵偏向，按上述方式会阻碍和损害统一事业。千真万确，在行动时刻，马志尼通常建议其追随者合作;但不仅思想上保留,而且公开声明,其后得出结论——反对君主制拥护共和国,这样就去除了合作行动的真诚性和力量。他作为系统分类学家坚决反对同外国联盟;于是他赞同国王埃马努埃莱二世发动战争,条件是只用意大利军队。人们可以想象,作为诅咒先知和世界末日预言家,当知悉外国同盟者恰恰是"12月2日人物"时,会发出何种恐怖的呼喊;早在1855年,当宣布皮埃蒙特参加克里米亚战争时,他就曾指责加富尔想同"奥地利及法兰西专制帝制结盟"。加富尔不能赞同马志尼反对预想结盟的告诫,就这种联盟的质量,加富尔回答说:"我屈从了:欧洲有三个想要破坏现状的强国——法国、俄国和普鲁士,有两个强国想要维持现状——奥地利和英国;我对前三个强国不是最自由国家感到痛苦,但我们怎么办?我不可能同另外两个强国在一起"。正如1850年国债和1853年米兰起义一样,由马志尼推动、启示或批准的意大利南方新事业惨遭失败,1857年在时机不成熟时发动热那亚起义结局更残,这使加富尔更加厌恶,他同声称与其思想不同的革命者和活动家谈判和协调时肯定不够谨慎,他同加里波第达成一致,但不能同马志尼达成一致,正如不能同教皇达成一致一样。当人们说加富尔把马志尼作为棋盘上的棋子使用,挥舞马志尼主义和革命的稻草人——他这样做,有待注意他在仿效1848年卡尔洛·阿尔贝托国王的榜样,在其大臣帕雷托的外交照会中,国王以这种方式对参战进行辩护——当加富尔向俄国大臣戈尔恰科夫和他人重复,以同无政府主义斗争为借口,撒丁政府只能"同革命同行以接受其遗产";我们与其赞赏或指责加富尔狡诈,不如认识一个朴素真理:不存在或未发现在哲学上克服一个错误,

在实践上避免一个危险政党的其他方法，只能宽容它们，等于说用合法要求规劝它们，沿一条最佳路线并以合适方式满足这些要求。赞颂加富尔的人们，回顾其一生并阅读其书信集，就会发现他多么伟大，多么多才多艺，多么警觉和果敢，多么激情和富有诗意，有时又多么痛苦和愤怒，在心灵与精神上承受多么可怕的压力(直至呕心沥血，粉身碎骨)，他为事业奉献了生命，历史召唤他从事这一事业。

这样，爆发了1859年战争，路易·波拿巴要求战争由奥地利挑起，加富尔就煽动路易·波拿巴，终于让奥地利挑起了战争，这场战争的目标是将奥地利人从伦巴第和威尼托驱逐出去，并建立由萨沃伊王室领导的意大利王国，这个王国将包括教皇的辖区和罗马涅。路易·波拿巴提出分成四个国家的意大利邦联的方案：让两西西里王国维持不变；托斯卡纳同马尔凯及翁布里亚合并成中部意大利王国；帕尔马大公国同另一个大公国合并，仍称作帕尔马大公国；罗马留给教皇，教皇将成为未来意大利邦联的领袖。说真的，对这个方案没有什么好说的，因为它实际上取决于他人意志，尤其取决于那不勒斯国王和教皇的意志，他们不得不赞成或适应它。在路易·波拿巴的头脑中，没有意大利统一，或建立法国的一个伟大邻国，正如也不符合法国的政治利益。即使在加富尔头脑中，也没有意大利统一的思想，他不止一次地对此加以斥责，1856年他在致拉塔齐的信中，提及马宁“他想要统一意大利及类似蠢事”，人们说过马志尼比加富尔看得更清楚，是马志尼的理想而不是加富尔的理想实现了。然而，由于政治既不是预言也不是猜测，在政治上加富尔比马志尼看得更清楚，即在民族国家统一之

前,存在一个北意大利国家摆脱外国统治、实现独立并建立自由制度的问题;这一问题的艰难在当时足以让他殚精竭虑,而其余一切他都视为想象的游戏。当然,马志尼以前和当时没有白费心血地宣传和行动,为了共同事业,他同加富尔展开积极地和消极地竞争;马志尼的更广阔问题不能不首先提出,但解决这一问题的方法只能是多样的,分阶段并需要较长时间的。但历史(正如加富尔经常重复那样)"通常是出其不意的";战争开始后,因最初奥地利失利,托斯卡纳、帕尔马、莫德纳的民众纷纷起义,大公和公爵们仓皇逃跑,他们不再具有道德权威以赋予国家新形式,也不再拥有维护他们国家的力量;教皇统治区内民众也揭竿而起,驱逐了统治者,只有马尔凯和翁布里亚除外,佩鲁贾的暴动被瑞士雇佣军镇压;同皮埃蒙特合并的呼声响彻亚平宁大地。"意大利自己干",不用关注条约、外交和国际会议,这是历史的、突发的新因素;除法国外,任何欧洲强国都没有理由或可能阻碍这一点。然而,法国就是路易·波拿巴,他同他愿意发动并参加的战争结局相连,心理上作为意大利人民合法意志保护人形象受到伤害:于是,戏剧第一幕以合并、全民公决(无疑,这是某种法律假设或象征性仪式,即民族性原则象征仪式)并把萨沃伊和尼斯割让给法国结束,割地是接受民族性原则的另一后果("我们不能",达泽里奥正直地说道,"拥护阿尔卑斯山这边的民族性,而反对阿尔卑斯山那边的民族性"),也是法国—撒丁王国联盟条约所确定,这一条约后来因索尔费里诺战役后未解放威尼托就停战而中止。意大利其余地方的进一步合并显得异常艰难,当然因为那不勒斯的波旁分子不再拥有制定宪法(已经两次宣誓又背誓)的道德权威,他们还同任何民族观念水火不相

容，以及知识阶层同王朝决裂及敌对立场，这种敌对立场已经延续70年（知识阶层从未忘记1799年的断头台）；即使教皇一再想要按自由方式革新其国家，因其国家的神权政治性质和在1848年获得它不允许的矛盾经验，也不可能进行改革。但无论波旁分子还是教皇都拥有国家的物质力量，教皇有国际雇佣军，正统主义和教权主义的志愿者为雇佣军募捐，尤其法国志愿者最为卖力，而那不勒斯国王有一支在1848—1849年动乱中对他忠诚并为他重新夺回西西里的军队。加富尔未能解开这个死结，这个死结被加里波第和像克里斯皮那样的加里波第追随者割断，他们在1860年发动所谓千人团征伐，在几个月内解放西西里，后转战大陆，近乎抵达那不勒斯王国北部边界。这也是个意想不到的事件，它是马志尼30年的教育和加富尔反抗奥地利争取统一行动的必然结果；但这一事件显然超出军队与军队、政府与政府之间斗争的范围，而加富尔恰在那种范围内活动。这样，重新出现政治倾向二元化的危险，尤其当马志尼研究将共和国纲领引入加里波第的纯粹民族事业中；但二元论很会就被加富尔克服，他通过对马尔凯、翁布里亚的征伐，并解放教皇统治下的其他省份，向加里波第志愿军伸出了手，并在加里波第包围并攻陷加埃塔后阻止其继续前进，那不勒斯国王及其军队在加埃塔做最后抵抗并土崩瓦解。正统主义者和反动派数年内妄想在欧洲舆论与想象面前，把游击战变为对立理想的内战，变成第二个旺代，妄图改变游击战的本质性质——反对卑鄙的强盗行径的军事行动与维护公共安全。

若对政治史可以说有像对艺术品而言的杰作的话，则意大利独立、自由和统一的进程堪称19世纪自由—独立运动的杰作：当人们在这一过程中发现,各种不同要素的协调,既尊重古代传统又深入革新,国务活动家机敏审慎和革命者及志愿军的勇猛激愤——温和克制和英勇无畏,就会更加赞叹不已;逻辑性如此一致又灵活,因此不断进展并实现目的。这一进程被称作"民族复兴运动",正如人们已经论述的"希腊复兴运动"一样,人们想到以这片土地为舞台曾经有过辉煌历史;但说实话,它是"崛起运动",因为这是在上千年间首次诞生一个由单一民族构成的、并由一种理想塑造的意大利国家;埃马努埃莱二世国王在1860年4月2日加冕典礼的致词中,有理由说意大利不再是罗马人的意大利,也不是中世纪的意大利,而是"意大利人的意大利"。新生统一国家在立法、行政、经济和财政建设各项事业,主要靠1860年至1865年间议会的良好工作完成,体现出既大胆又审慎的特征;大胆表现在决心解决教廷的世俗政权问题,只给教廷剩下最后一块珍贵地盘——罗马,但罗马同样触犯民族原则(它像一个楔形嵌入新生国家)和自由意识(正如它不屈从文明政府)。罗马教廷不向这些明显的民族的和文明的理由屈服,不能不成为令人惊愕的对象,罗马教会(完美社会)靠其精神权力已包含世俗权力,在它鼎盛时期极大地扩展其世俗权力,为世上的君主们授名和加冕,把他们革出教门并废黜,现在发现仅统治意大利的一小块土地,但并不因此放弃一种权力,因为放弃这种权力必然同自己学说及本性冲突。当时其他国家的天主教徒和公民疯狂地捍卫在罗马残存的世俗政权,表现出不够理性及伪善;尤其法国的教士和主教们,利用他们在布道坛上的慷慨陈词和他们报刊上论战的陈词滥调反对意大利,因为,总之,他们想要一个民族独自履行一种义务,这是同样属于所有天主

教民族、却很少基督教意义上的义务，它牺牲了意大利民族的生活理性，无论是法国人，还是比利时人，或是德国人都不曾牺牲这种生活理性。然而，即使在教皇国除在学说前提和传统公式中外，格列高利七世和英诺森三世的精神不再生机勃勃，庇护九世比所有人更差，人们说到他对要由他极端地使用任何手段支持的政治观点不大确信，在那些年代外交圈内流传：因为德国大人物对他遭受意大利抢劫表示慰问和抗议，他用符合当时情况的表情听完并接受后，转向离他最近的人低声说："这个德国笨蛋根本不理解意大利民族理想的伟大和壮丽！"意大利议会在粉碎怀疑派的优柔寡断后，向世界各地教权主义者的敌对立场挑战，坚定不移地庄严宣布意大利的首都是罗马。经过同法国的暂时妥协，加里波第运用对两西西里王国使用过的相同手段不断尝试解决民族统一的困难，经修改的路易·波拿巴（意大利公众意识和舆论厌恶他）的旧外交方案促使奥地利让出威尼斯，以换取处于严重国内危机的罗马尼亚；最终，凭借 1866 年和 1870 年两次欧洲战争，新生意大利国家合并威尼托和罗马。正是罗马教廷的不妥协态度，迫使意大利用暴力夺取永恒之城并变为自己的首都，从而拔除罗马教会世俗权力的根基，甚至连那一小块土地也不给罗马教廷留下，正如方济各修士的想象说法，那身体的最小部分似乎使教廷灵魂附体必不可缺，为了规范意大利王国和罗马教廷的关系，制定称作保护宗教法[①]的法律，这是司法智慧的丰碑。从政治上看，罗马教廷世俗权

① 1871 年意大利王国以法律形式向教廷做出保证，保证教皇的个人豁免权、政治独立和其他特权。——译者

力的终结,发生在普遍的冷漠之中,也未惊动其他国家政府,再晚些时候,只有不多国家表示异议,但不再为保护罗马教廷的自由,因为它缺乏自由,相反为反对意大利对教廷施加的精神压力,这是在争吵和冲突时意大利对教廷使用的手段。从观念上看,在世界文明史上,那一事件去除罗马教廷的中世纪神权政治的最后痕迹。

意大利民族复兴运动始终伴随整个文明世界的同情、忧虑和赞赏;在奇迹般的两年里,领导该运动并成为其化身的人士——埃马努埃莱二世、加富尔、加里波第,他们强烈地撞击人们的想象力,仿佛那一运动总是那么伟大神奇,但他们还向人们述说,其意义是使一个民族激情勃发并惊动人类:尤其在美洲勇士、罗马卫士、千人团船长[①]的诗化形象中,在他的嘴上,各民族的友谊,在自由、正义及协同劳动中人们和睦相处,似乎已成为活生生的现实。意大利的榜样,对于受到类似于意大利人的困难与冲突的折磨,在经历众多障碍、灾难与绝望后,突然幸福地超越的民族来说,对德意志人、匈牙利人、波兰人及其他斯拉夫人来说,正如可以认真思考那样,提供教诲、激励、希望,化悲痛为力量并促使行动:革命者巴枯宁,当回想起他们大家的所感所思,当时在其宣言中写道:"意大利战胜奥地利,促使在欧洲诞生不少为争取自由而崛起并善于创造以自由为基础的新文明的民族"。除此之外,旧政治制度的崩溃,恰恰在这样一个国家:皇帝与教皇,波旁君主与洛雷纳君主紧密勾结以维持统治;而新王国的建立,并未出现一片混乱,没有报复,也没有其他卑鄙、残酷的事情发生(正如加富尔所说,由于自由鄙视

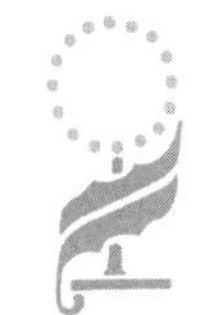

① 指加里波第。——译者

使用专制制度的武器为自己服务），旧政治制度的崩溃和新王国的诞生，动摇了敌对信仰，消除了恐惧，缓解了紧张，说服不要顽固坚持不明智的拒绝，从而让人们倾向于和解并用另一种眼光观察自由制度。意大利王国得到不同国家的承认，包括那些特别保守和专制的国家，比如普鲁士战胜发自内心的不情愿（现在它有一位新国王威廉一世），还有俄国由沙皇尼古拉之子亲自承认，去世的沙皇尼古拉根本想象不到这一事实和这种承认。

这一切的效果，让人们在新的系列事件中感受到，人们到处观察到这些事件，包括在德意志，对德意志来说，在巴黎和会后并伴随可称作加富尔时代的开始，开辟了可作为新时期致敬的时代，当痛苦、困惑又心胸狭窄的腓特烈·威廉四世因精神病退位后，威廉亲王成为摄政，随后接替前者当国王。那时，在一段时间内，他竭力恢复法兰克福议会和尝试依靠普鲁士支持，但走向自由与人民之路以统一德意志；在 1859 年 9 月成立德意志民族协会，它仿效意大利民族协会，拉法利纳、帕拉维契诺、马宁在 1857 年用意大利民族协会开始辅佐加富尔的事业，其实加富尔曾竭力同德意志患难兄弟建立协同关系。此外，回忆如下情况受益匪浅：当普鲁士大使就在意大利发生的事情向加富尔递交抗议书时，加富尔回应道，普鲁士很快就会感谢意大利为它做出榜样；法国报纸说到“霍亨索伦王朝的皮埃蒙特使命”；路易·波拿巴相信普鲁士的这种使命——面对奥地利（代表过去），普鲁士代表未来，1858 年他曾试图同普鲁士结盟以维护欧洲版图。在意大利人和德意志人之间，虽然他们思维天赋不同，或者更确切地说，恰恰由于这种差异性，同情心十分强烈，并预祝两个民族、两种文化之间的相互交流，正

如加富尔本人早在 1848 年前所说,“在严谨并深刻的德意志同智慧的意大利之间”交流。法兰克福的邦联议会不能容忍德意志民族协会,在科堡—哥达大公那里受到保护,很快在德意志传播开来,它在许多邦遭到禁止,但在普鲁士允许活动。1861 年在普鲁士成立德意志进步党,由于它接受民族纲领,倾向于革新普鲁士政治生活,并要求大臣负责任,市、区、省的行政自治改革,废除贵族法庭,引入世俗婚姻及自由体制的其他内容。其后举行的选举,推迟了自由党在普鲁士议会的确立及发展,它成为温和但不虚弱的反对派,在同贵族院的冲突中,它获得某些好处。还是在那个时期,在德意志其他地区,违宪丑闻停止了;黑森选帝侯被普鲁士强迫于 1862 年恢复 1831 年宪法;同以前相比议会活动都有扩展,有的邦多些,有的邦少些,在巴登最多。当然,威廉一世就宪法进行宣誓后(腓特烈·威廉四世在其遗嘱中嘱咐他及其接班人们反对这样做),不是个违背誓言的人;但就其志向和所受教育看,他是位军人,他厌恶毫无秩序和革命,他屈服于立宪理想并非内心没有抵触情绪,他 60 多岁才登上王位,对君权神授坚信不疑,认为对君权议会只能提出建议,绝不能代替其权威,他应当运用这种权威对上帝负责。在他周围的其他人,军人和贵族同他想法一致;他同议会的分歧总是普鲁士精神同自由主义的分歧:还有议会在军事改革中发现国王及其朋友并不热衷于民族统一,因此议会有充分理由怀疑因国内政治原因保持全副武装的庞大军队的意图,其后当它为削减军费开支而建议将服兵役时间从 3 年减为 2 年时,其改革方案并不坏,只是这一方案不符合国王个人看法,却得到许多政治家支持,俾斯麦本人对这一措施决不提出纯粹技术性质的异议。

然而，由于这种分歧转化为国王权威和议会权力之间的原则问题，俾斯麦在 1862 年 9 月被任命为内阁首相，他作为洞察时局、敢作敢为的人，致力于实施改革和无需议会通过预算的行政管理，这样就使国王的意图（若是这样的话）压倒议会的意图。俾斯麦从意大利革命没有汲取其他思想，只是新生意大利王国（正如他在同年 1 月所说）是"为普鲁士政治目的，不可能再好的创造"，以致"若它不够完美和完善，则须加以虚构"。但随着俾斯麦登上舞台，普鲁士政治色彩改变，已不同于在"新时期"赋予普鲁士政治的色彩，以前普鲁士的自由的发展并不比德意志其他邦慢，现在则中断并被超越。

在奥地利帝国，主要是德意志成员（在此成员中文化丰富），因先宣布后撤消的宪法而感到绝望，因同教廷签订协议而感到负担沉重，因教会权势蛮横无理、肆无忌惮而感到耻辱，并因参与欧洲共同感受，越来越表现出不满，难以忍受持续不变的父系政权；各个民族，尤其是匈牙利民族，越来越期待好时机以重新恢复 1848 年曾获准的自治，不是说其他民族没有骚动，也不是说奥地利政府不应让它们受苦受难，比如像对待伦巴第—威尼托的意大利人那样，正如人们在 1858 年所见，当在塞尔维亚大公国宣布选举国民议会时，奥地利害怕选举对其塞尔维亚族臣民的吸引作用，就尽其所能阻止举行选举，只是因法国反对才没有得逞。由大臣巴赫实行的集中政策，正如一切反对本性的努力一样，宛如建筑在沙土上的大厦——徒劳无益。也有不少人虽然热爱他们的祖国，希望它繁荣昌盛，但当时甚至预祝奥地利帝国军事失败，作为开始改革和突现意想不到转折的唯一手段。其实，当奥地利在 1859 年战争失利时，国家财政出现灾难性危机，迫使奥地利想到求得国民议会的

合作与帮助;然而,即使当时对议会的恐惧仍使它步履艰难、犹豫不决,在1860年3月它开始求助于帝国咨政院,并让帝国咨政院定期开会,但会议公报不得发表;由于这个隶属皇帝的机构的草率修补不能令任何人满意,尤其不能令匈牙利人满意,接着是1860年10月文告,让帝国咨政院增加100名州议会议员,让匈牙利恢复1848年前那种形式和议会,规定帝国咨政院只限讨论同匈牙利王冠无关的国事。这个文告同样不能也没有令人满意,德意志人显得快快不乐,匈牙利人特别烦躁不安;以致文告并未实际实施。真正的1861年2月宪法也未实际实施,它规定设立上下两院:上议院即贵族院,议员部分世袭,部分议员由皇帝任命;下议院由州议会选举的议员组成,这里仍是两种编组,一种是对帝国所有各州,另一种只限于非匈牙利族各州。波希米亚提出抗议,以表达其不满;匈牙利不再派出其议员(正如威尼托不派议员一样),于是奥地利不得不中止宪法和议会,直至同匈牙利谈判产生结果。在那些年代,很短时间内重新出现"大德意志"党,施梅尔灵大臣希望用这种手段补偿奥地利帝国丧失伦巴第;但以1866年新失败告终的新战争,将奥地利排除在德意志之外,并使它失去威尼托,还使它相信:只有结束专制制度,并尊重民族性,开始实行自治制度,才能阻止或至少推迟帝国解体,由于意大利各省的分离,这种解体已经开始。在1867年,在匈牙利重新恢复1848年宪法和法规,而帝国其他各州有一个分开的议会,这样形成的两个立宪国家用奥匈帝国的国名联合起来,伴有涉及共同事务的共同内阁,一个由两国议会代表团轮流在维也纳和佩斯举行的会议。这种妥协未能安抚生活在奥地利和匈牙利的其他民族,而只是使两个最强大民族集

团——德意志族和马扎尔族达成协议。于是，开始了奥匈帝国的立宪生活，在1868年去除的第一个疾病是1855年同教廷签订的条约，其实通过对婚姻诉讼案件、学校监督和忏悔自由的附加组织法，这个条约已废除，两年后被正式废除，这是罗马教廷在时机有利时沉湎于过度贪婪的通常结果。

人们发现，在欧洲的四面八方，民族的和自由的原则在发展：从巴尔干国家——其中罗马尼亚公国(摩尔多瓦和瓦拉几亚合并)在历经立宪、政变和库扎独裁后，最终伴随霍亨索伦—西格马林根王朝，拥有比利时模式的宪法；塞尔维亚和黑山逐渐获得更大的自治权，而土耳其对所有欧洲土地的统治日益缩小并减弱；跳到最北方，那里的瑞典在1865年拥有一个更加民主的议会，设有上下两院，根据收入不同水平，上议院由省议会及大城市同业公会选举产生，下议院由国民直接选举；从那儿向南到西班牙，在1868年起义，驱逐了伊莎贝拉女王，开始寻找一位君主——保证西班牙享有有秩序的自由。西班牙，在那位女王、历届内阁及布拉沃·穆利洛专制统治下，长期遭受贪得无厌和心胸狭隘的教权主义的欺压；西班牙政府声明“捍卫教廷是国家的首要职责”，在世界的嘲笑声中，庇护九世为感谢那些无耻言行，派人给尽人皆知并备受谴责的女王送去金玫瑰。当革命爆发时，1851年西班牙同罗马教廷签订协约在教廷使节住所门前被焚烧；镇压耶稣会士和所有其他教团并没收其财产；国民占领并劫掠非法兴建的修道院，颁布宗教信仰充分宽容的法令。西班牙比所有国家都晚承认意大利王国，现在却要从新生意大利请来掠夺教皇国者的次子——阿梅德奥·迪·萨沃伊做西班牙国王。

同奥地利一样,因军事溃败和到处拂面的微风,即使俄国也开始国内改革,并改善波兰命运,整个欧洲,尤其法国人和意大利人因波兰而痛苦,他们认为心向波兰是自己的光荣义务。1861年沙皇亚历山大二世着手废除农奴制,从而4700万农奴变成自由人,他们拥有了房屋和附带小农庄的所有权,使用过去贵族一小块土地的权利,并且可能拥有这小块土地,凭借国家提供方便进行赎买:这是迈出一大步,即使当时在改善他们的经济条件上,没有取得适当实际效果。与此同时,沙皇设立了省议会,这是设立议会的开端;他赞同设立法庭陪审团;恢复大学的哲学、法学和政治学的教学(这些课程以前被取消),大学招收大量学生,他们要被培养成法官和律师,人们曾抱怨缺乏法官和律师;他让热忱人士创办星期日国民学校;他允许在彼得堡和莫斯科实行新闻自由;他凭借外国和本国的银行及公司修筑铁路,为他的臣民去国外旅游开放边界。大臣戈尔恰科夫是奥地利的仇敌,因此在1859年战争中支持联军并以占领加利进行威胁,当普鲁士干涉时,转向法国并同法国就巴尔干和东方的事务达成协议。亚历山大二世对波兰实行大赦并允许流亡者回国,还把在俄国推行的改革扩展到波兰,准备让波兰实行某种自治,在华沙设立一个宗教与教育特别局和国务院,在市、省和政府内设立选举委员会。虽然有动乱、暗杀和随后的镇压,他仍然让这种新体制运转,接着是教育和大学改革,由本国人担任公职,犹太人享有同等公民权及其他类似措施,这些措施得到那些波兰人认可,尽管他们刚摆脱长达30年的压迫,但不拒绝同俄国联合并保持良好关系。尽管如此,在1863年仍然爆发了反抗俄国统治的起义,起义浪潮迅猛异常,由一个庞大秘密团体领导,它凭借

恐怖主义手段，大部分国民及农民没有参加，却有志愿军团（其中有意大利志愿军和加里波第红衫军）相助，起义被沙俄血腥地镇压下去，因为未能争取西方强国进行干涉，它们只发出外交照会以冒犯俄国尊严和刺激俄国骄傲，被俄国政府所拒绝，普鲁士封锁了边界。在取得胜利后，沙皇改变了政策，尽量不收回已做出的让步，打击了贵族和天主教教士（无论在欧洲喜欢看到或更不喜欢看到），这些人才是波兰起义的真正灵魂，并用一切手段推行波兰的俄罗斯化，这一计划符合古代俄罗斯党、泛俄罗斯党或泛斯拉夫党的观念。这个政党敌视源于西方的一切，但其意识形态文献（正如人们所说）却起源于西方，该党反对宪法，即使亚历山大二世也逐渐放弃宪法的想法。波兰起义，1866 年对他的暗杀，新闻界的狂热，使他对宪法厌倦，他没有在俄国国民的任何部分找到对自由生活的坚决支持。由下层农民和上层国家职员构成的大多数，对政治漠不关心，一般说来，他们根本不动脑筋，没有表现出对学习的热爱及持之以恒。知识分子和革命者（在青年中不断涌现不少知识分子和革命者），不再仅仅否定这些或那些现存历史条件，正如在其他国家内发生那样，却因被某些自然科学知识武装而缺乏古典学科及人文学科教育，就要否定全部历史，所有过去，所有信仰，所有习俗、婚姻、家庭、社会、财产权、国家、自由、责任、善与恶的区分，用粗俗的逻辑推理。由于在他们否定的地方，没有放置也不可能放置任何东西，于是产生“虚无主义者”这个专指他们的名词，正如众所周知，这个名称第一次出现在屠格涅夫的小说《父与子》（1861 年）。托尔斯泰也描绘过这种人，他们缺乏宗教与道德教育的必要前提，因此以野蛮方式致力于反抗社会。这种为否定而否定、为革命而革命的骚动，这种摧毁整个文明和全部历史的不可遏止的冲动(在老一代中、一位住在国外的俄国人——巴枯宁就是其使徒)，缺少一个中间政治阶层，农民土地所有制及其农村公社的条件，使俄国没有其他选择，只能在专制主义和无政府主义之间选择，或者由于无政府主义不是一种选择，更像是在专制主义的一种形式和另一种形式之间的选择，这两种形式从社会角度看不同，但从政治角度看相同，当然，正如政治观察家推断，又由事实证明，自由性质的革命的希望在俄国渺茫。加富尔曾对俄国特使说，对欧洲最危险的不是俄国庞大的军队，而是俄国农民的共产主义的宪法。在亚历山大失败的尝试中，西方自由主义在其最富活力和最幸运时刻，对俄国做过尽其所能的努力。

相反，法国历经几百年文明发展并拥有丰富文化，有过 1789 年、1830 年和 1848 年三次革命，虽说在 1851 年全部自由似乎永远地坠入深渊，路易·波拿巴吹嘘他把摇摇欲坠的政治金字塔重新复位，虽说那时根据适合法国国民和通常适合新拉丁人和天主教徒的专制主义永恒形式炮制出种种学说，但自由体制的恢复却很自然。早在 1857 年的选举中就有一定数量的反对票，同总票数相比很少，但同前几年相比已很可观；三位共和派议员出现在立法团，其后在 1858 年的增补选举中又增加两人，从而形成所谓“五人”集团。奥尔西尼对路易·波拿巴的刺杀使高压政策达到顶峰，帝国颁布治安法，为恐吓而随意逮捕，以及其他类似措施，那次刺杀是同反抗奥地利战争的决定性危机相连的；那场战争是对逐渐解体的专制政权的第一次打击。当意大利人长成成人，争先恐后地从压迫中成功解放并进行革命时，几乎像未成年人受到监护的

法国人怎么能甘于落后呢？一个为独立与自由而战以反抗专制国家的民族，怎么能让为那种战争战斗过的民族接受专制政权统治呢？手段不能不和目的一致，手段要和目的融为一体，当它们似乎矛盾时，意味着在第一个目的上出现或正在出现另一新目的。当帝国军队从意大利战场返回时，政府对所有政治犯实行大赦，并允许流亡者重返法国；在1860年11月，一项帝国法令恢复参议院和立法团对皇帝年初演说讨论、投票和表态的权利，恢复在秘密委员会内讨论由政府提出的法律草案的权利，在任命考察法律草案委员会之前，规定公布辩论——全文刊登讨论发言。几年来，关于自由的专著、论文和历史等各类书籍大量出版，比如1859年出版西蒙的《论自由》；一般说来，这些著作都是温和的和反对雅各宾派民主主义的。对于最初的让步，对于放松高压，法国国民的感受像个在康复中的病人，当他们开始活动四肢、重见阳光和户外呼吸时。然而，教士们和主教们没有这种轻松欢快的感受，他们在经济上和政治上受过帝国的宽慰和恩惠，只有他们才享有一种如同特权的自己的自由，而其他公民无权享有。意大利战争，对教皇领土的占领，对罗马的威胁，使教士们和主教们火冒三丈；拉摩里西尔这位勇敢的男士，呼喊着进行反对革命——“新伊斯兰教”的十字军征伐，类似于他在非洲进行的征伐，他“像只疯狗”惨无人道地杀死平民。在教皇的罗马问题上，法国教权主义者继续对帝国政府施压，严重损害他们祖国的利益，因为当法军重返门塔纳[①]，就妨碍法国

① 门塔纳，罗马东北25公里的市镇，1867年法军为保护罗马与教皇军队一起在此地同加里波第千人团激战，结果千人团败北。——译者

同意大利结盟(还由于法国同奥地利结盟),从而说到底让俾斯麦占尽便宜,使法国在 1870 年处于孤立境地。与此同时,教权主义者丧失在教学与教育领域的地盘,迪律伊大臣推动小学免费义务教育,并恢复大学教学设置学科自由;在 1864 年,人们第一次听到这样的格言:“教权主义即敌人”,晚些时候甘必大不断重复这一格言,它变成法国生活的指导力量。通过 1863 年选举,30 位反对派人士(介于共和派和独立派之间)进入立法团:他们感到专制制度再也支撑不住,统治者不可能使这一制度革新并富有活力,专制机构共谋的唯一目的是背信弃义。政变的主要策划者开始调转船头:莫尔尼公爵建议实行 1860 年的让步,1865 年在他弥留之际,劝说皇帝恢复自由;数年后,佩尔西尼公爵也说过类似的话,并且声明他们扮演的角色——12 月 2 日人物——已结束,拿破仑亲王如此顽固地捍卫其陈旧信念,以致其兄弟皇帝不悦。因鲁埃国务大臣,还有些犹豫、迟疑及抵抗的尝试;但最终投票通过关于报刊和集会的法令,从而使反对派的新闻事业发展壮大。因鲁埃辞职,因 1870 年 1 月 2 日奥利维耶组阁(他是“五人集团”成员),因 4 月 20 日参议院法令和 7 月 8 日全民公决,专制主义帝国转化为君主立宪帝国,但全民公决仍给皇帝保留超越议会的权利,大臣只向任命他们的皇帝负责:即皇帝本人称作“自由同秩序的结合”。这是当时形成的所谓“第三党”准备的解决方案,由于普雷沃—帕拉多认为,从本质上看,“自由是如此神圣和甜蜜的东西,任何伸出的手都有待抓住它,如果它被华盛顿抓住,大家很幸福,即使被斯图亚特,甚至克伦威尔抓住,也需愉快地欢迎”。他人不这样想,他们认为由皇帝操纵的议会与普选制二元论没有提供安全。

当帕默斯顿勋爵使得不干涉意大利事务原则生效时，英国也得益于1859—1860年事件进程中的自由事业，正如30年前徒劳希望那样，让意大利各国和国民自己决定拥护或反对其他意大利国家和国民，任何外国强国都不能介入。还需记住：在1862年英国自愿把占领的爱奥尼亚群岛让与希腊。在英国国内生活中，正如它在经济上和政治上最发达，其发展进程在其他国家待几十年后才会发生；曼彻斯特自由贸易主义（人们曾欢庆取得伟大胜利）受到批判，人们发现其局限性，开始使它更加完整，认识到仅依靠自由贸易唯一手段，不可能满足经济的和政治的需要。首先通过迪斯累里，这一切具有贵族或托利主义和平民阶级调情的形式，他们应当理解为反对资产阶级所需要：这类似于祖父同孙子之间的吸引，此外这种情感共鸣在其他民族和其他时代历史中不乏实例。然而，在这种特殊和过渡的形式中，包括其后可以称作“社会措施”和“国家干预”的东西，根据建议这些东西的政党及意图，若由激进党提出，即“社会民主”，若由保守派或激进保守派提出，即“国家社会主义”及类似东西。在令人难忘的改革30年后，历经一系列事件，最终通过强烈要求和动乱，在1867年议会通过改革法，选民总数扩大；举行新选举，造成迪斯累里内阁倒台，标志在国民政府道路上向前迈进。爱尔兰的面貌——人口锐减，贫困剧增，重新让人感到害怕，美国南北战争结束后，曾在那里战斗的数千爱尔兰人仍然身无分文，并结成芬尼亚人恐怖主义秘密团体，他们曾试图进攻加拿大。因此，需要尽快根除引起造反的根本原因——让爱尔兰天主教徒不公正地为英国圣公会教士支付什一税；格莱斯顿提供这种原因的样本，遭到迪斯累里的徒劳反对，迪斯累里以其奇怪的浪漫主义在那种明显的专横中,在那种教会的可恶的榨取中,发现“教会与国家的神圣联盟,即英国文明及其宗教的政治的自由之源泉”;但在 1868 年,格莱斯顿使议会投票通过废除国教制法令或取消在爱尔兰的国家教会。英国政府还试图用土地法(由国家收购大地主土地,再分配给小农)以某种程度平息爱尔兰人不满和造反;虽然效果极小。另一方面,英国达到空前繁荣:在 1853 年至 1868 年的 15 年间,人口增长了 350 万,贸易额翻番,铁路总长增长一倍多,船舶吨位增长三分之一;大西洋电缆把英国同美国相连;英国工业世界第一,几乎处于垄断地位。

这也是欧洲大陆扩张的时代,通过英国和法国对中国的战争(1858—1860 年),使中国向欧洲打开大门;当日本向欧洲打开大门后,日本在 1868 年又进行了一场革命,使它从中世纪国家迅速转变为现代国家;英国击败了印度的起义,取消东印度公司的全部统治,用女王政府取而代之(1857 年);英国发展并扩大其澳大利亚和南非的殖民地;苏伊士运河开凿完成(1869 年);俄国势力扩张到土耳其斯坦。这是政治与贸易的扩张,因欧洲文明、科学技术力量、责任与权利的意识而自高自大,从而转向所有其他民族,让它们逐步提高到相同文明形式;在那里汇集以往截然不同的力量——征服者和传教士,现在团结在代表那种权利和义务的现代国家内。扩张过程往往极端残酷,比如在阿尔及利亚,在征服野蛮(或处于低级文明)民族并让其屈服的战争中;然而,惯于用未来的福祉为扩张辩护,还用智者惧怕君主进行辩解。反对奴隶制(正如上文所说,奴隶制几乎被所有欧洲国家在其殖民领地废除)引起美国北方各州同南方各州长达 4 年的血腥战争,于 1865 年以废除奴

隶制主义者的胜利告终。进步的意识变得活跃和普遍，不仅作为历史解释概念，而且最终坚定不移地走上正路，由于人们把握事物和（更有价值的）自身，不再偏离或迷失，而是勇往直前。

在1870年前2至3年，有人坚信他们很快将用战争战胜战争，以争取几乎到处建立自由制度的民族国家，意大利已经不是几百年来那样的战场，德意志正走着统一的道路，奥地利脱离德意志并同匈牙利联合；他们希望平等的民族之间展开和平竞赛，再没有理由相互怨恨和仇视，要实施民族复兴运动年代意大利人对德意志人的格言："请重新越过阿尔卑斯山，让我们重做兄弟"。1867年在巴黎举办盛大神奇的世界博览会，似乎是对这些观点的证明及祝福。在那一年，为促进国际民主事业，在日内瓦还召开了和平代表大会，在大会上发言的（除他人外）有斯图亚特·穆勒和西蒙、基内和雨果、勒鲁和赫尔岑，加里波第受到普遍、热烈的欢迎。虽然，在那几年出现某些不平静迹象——同那些希望矛盾或未提供立即实现那些希望的明显征兆。其实，在法国的帝制，恰恰当它同意进行内部改革，并因此否定其存在理由，在对外政策上感到权威减弱，在意大利战争后不堪回首——只是一系列的错误与失利，对波兰的外交行动的空想与无能，灾难性地妄想建立受法国影响的墨西哥帝国，在重新安排德意志领土上未获任何好处，违背自己意愿听任意大利建成大国，它不是意大利的朋友，因为它在罗马问题上持敌对态度（这一问题对意大利至关重要）：法兰西帝国受到刺激，这一切促使它要恢复在攻陷塞瓦斯托波尔后赢得的地位。由于在大陆上崛起的法国的对手是德国，由于1866年普鲁士对奥地利战争胜利，德国靠辉煌成就振兴，法国公众精神以一种怀疑和忌

妒的心情观望着德国,路易·波拿巴极不情愿地被迫在那儿探寻行动场地,以便重现法国国民赞颂的荣耀,这种荣耀也是帝国必不可少的。德国相应地觉察到那种敌对立场和对其政治发展设置或已经设置的障碍,这让它回想起敌对的过去,“传统敌人”让它遭受的全部损害,它也梦想自己在一场战争中的光荣,它认为这场战争将是对那些损害及威胁的报复和永远终结。因此,存在准备另一次战争的潜在危险。然而,即将突然爆发的战争,因其进行和结束的方式,对整个欧洲都将带来严重后果,促使在欧洲确立一种精神,一种同完成从1848年至1870年事业那代人的愿望与希望截然不同的精神。

第八章　德意志强国的统一与欧洲公共精神的变化(1870年)

德意志帝国的建立和意大利王国的建立通常相提并论,作为一般民族运动的两个平行情况,由于两个新国家建立,那一运动实现主要目的并停止发展,这种相同判断归因于对某些一般外在相似性的考察,归因于对共时性年代学考察超过对真正历史的考察;相反,对真正历史的考察会区分两个事件的独特性,导致把它们作为两种不同形态或理想时代区分,一个时代终结,另一个时代开始。当然,正如已指出那样,两个民族及其理想之间的内在相似性,在1848年已经端倪渐显,并在1860年前后所谓"新时期"几乎显现,这就解释了为什么意大利爱国者被那种兄弟情义感动,因德意志人需要并探寻那种情感,没有特别注意在法兰克福议会出现的帝国主义的东西。然而,相似性逐渐被从1862年至1870年的德意志实际发展进程所浸没,这一进程同意大利的截然不同,它既不是自由运动,也不是摆脱外国人的独立运动,还不是坚实的民族统一运动,因为相反它在于将一个因其悠久和光荣的历史传统在世界上代表整个德意志民族的国家排除在德意志各邦统一之外,在于由一个近期独特并强大的邦领导下将其他各邦合并,建立德意志帝国。因此,这一进程恰恰是建立一个强国,或凭借统一实现微弱联合使各邦分散力量强化，进而以在欧洲中心出现一个大国的形式，在欧洲获得发挥政治作用能力或政治优势。致力于这种事业的人物是俾斯麦，他和加富尔截然不同，他只具有政治天赋，从不理会什么理想，正如其同胞的赞美之词——“坚毅的现实主义者”、“务实者”、“意志坚定者”、“统治者”、“巨人”，他乐于当嘲讽者和戏弄者，好像一位永远得心应手的人，在其唇边带着蔑视和鄙夷的皱褶，好像一位对力量问题游刃有余的人；其面貌同加富尔开放、微笑的面貌完全不同，加富尔依靠真理与自由不可抗拒的力量，其过人之处在于集活动家和君子于一身，他是个伟人。俾斯麦对君主专制政权公开表忠心(若仔细观察)，他并未表达一种道德理想，这是对其统治手段的热爱，他发现在于普鲁士人紧跟国王，毕恭毕敬履行臣民义务，在于军队——腓特烈·威廉一世和老弗里茨创建的军队，这是他所需要的，并会达到目的的手段。若说有道德统一性，则就像在浪漫的腓特烈·威廉四世那里，或在某些方面像在威廉一世那里所显现，是上帝恩惠意识、同君主和德意志民族的历史传统的宗教联系，对改革者、民主派、革命者、自由派不可遏止的憎恶，保持骑士的纯洁性，必要时甚至超越政治效用。然而，俾斯麦不了解，他是狭隘地还是高瞻远瞩地理解政治效用；奥地利的名称[①]并未激起他的神圣崇敬之情，他根据时间和事件对他有利时就利用奥地利，有时主张在德意志事务进程中应当不断地同奥地利协调，有时又说奥地利是要打倒的敌人并且这样对待它；他喜欢封建乡绅，封建乡绅也喜欢他，但他也会令他们不悦并摆

① 奥地利，在德语中意为“东方王国”。——译者

脱他们的陪伴；对自由体制和议会，他有时表示鄙视并妄图压制，甚至把新闻界和报刊称作“反基督的武器”，有时却同它们达成协议，作些妥协让步，走中间路线；他把同民主的任何联盟都界定为“耻辱”，其后又让德国国民享有普选制并倾听拉萨尔的社会主义；他厌恶造反者和革命者，但并不拒绝同他们——匈牙利流亡者或加里波第共和派共谋，还挑动他们起义和造反以反抗欧洲君主制；他想要终结“所有保守势力之间团结的危险观念”；他把合法权利、条约和誓言判断为破烂——不可能抵御力量撞击的纸质堡垒。他同国王的冲突也源于此，国王受起源及性质截然不同的情感驱使，他未能协调源于他俩不同情感的实际计划，他一次次厌烦地实施某些行动，对放弃其他行动极不适应，他想在其内阁里活动或想越过其内阁活动。俾斯麦不重视自由主义、议会的辩论与决议、知识分子、学者及文人，他主要根据法兰克福议会的经验，对那些程序、那些议会、那些人士的策略与政策的虚弱无能坚信不疑，他说法兰克福议会可笑地幻想其决议对普鲁士国王给臣民的命令产生某些影响；然而，当通过自由和革命的手段发展一股创造并改变一个国家的力量时，他就改变了以前的判断，正如他提到意大利王国时，他说革命也可以创造一个国家，意大利王国就在那里，这是一个事实。

他不能理解为什么英国把爱奥尼亚群岛赠给希腊，并据此判断英国是个没落强国，“因为它让与而不夺取”。他只想搞政治，正如莫尔特克只想打仗不想干别的；他搞自己的政治——精确计算、英勇无畏却谨慎小心，他知道为较大利益放弃较小利益，为长远利益放弃暂时利益，他善于审时度势，利用所有机遇，从未忽视其目的——创造一个强国（正如人们所说）。这绝不是说，他头脑中已有一个完美确定的规划，然后逐渐实施，到1870年最终实现，正如他的言论、行为和历史文件所启示和证明那样。类似想象预先确定规划，若符合平民的感受，则不符合事实，因为诗人虽有灵感，但不预知开始构思的作品，来到他面前的将是新作品，他本人也将成为新作品的沉思者；而哲学家拥有真理之光，但若没有达到其研究终点，他就不知道引向何方，当他的体系诞生，他将成为该体系的首位听众和使徒；政治家与此类似，追随其不可遏止的倾向，在障碍、停滞、偏向、让步和迂回之中，成就体现那种倾向的政治事业。俾斯麦服从的内心冲动，正如人们所说，以霍亨索伦王朝普鲁士国家力量为其手段，以奥地利帝国和法国为下个目标，他认为奥地利必须解体并以他种方式重构，他认为要捍卫自己的政治成果必须反对法国，在那种斗争中扩大并巩固其政治成果。当俾斯麦在1862年执掌政权时，他恢复腓特烈二世的反奥地利政治路线已有多年，法国大革命、拿破仑和复辟王朝曾经中断这一政治路线；他清楚地看到，普鲁士国家在德意志的扩张和呈包抄之势，诸小邦国同普鲁士的新形势及确立普鲁士的霸权，只有让奥地利放弃插手德意志事务才能实现，由于如此巨大的放弃不可能，只能同奥地利发生冲突。他很快就向奥地利大使表达其信念，当遭到断然拒绝后，他向奥地利大使首次提及其想法——奥地利应当把重心移到东方；不久之后，他说到“铁与血”，只靠“铁与血”不靠议会，才能解决德意志统一问题。因此，他阻止普鲁士国王参加由奥地利主持、在法兰克福召开的德意志各邦君主会议，针对他们的方案，他提出改革邦联议会的方案(但也只沦为方案)——让普鲁士同奥地利平起平坐，只授予普、奥两国决定邦联战争的权利，议会由国民直接

选举产生。通过类似的平起平坐，俾斯麦同奥地利并肩作战，排除邦联军队的介入，在1864年进行了反对丹麦的战争，由于丹麦违反1852年伦敦条约的规定，吞并了石勒苏益格；然而，虽然同盟国奥地利一起作战并获胜，其后共同占领两个公国，但俾斯麦想无论如何要让普鲁士吞并那两个公国，一系列谈判、暂时妥协、拖延、暗地挑衅、威胁的最后结果是1866年的对奥地利战争，而俾斯麦在普鲁士和王室成员中遭到普遍反对。战争中普鲁士在德意志邦联处于孤立，其他大部分及重要的邦国都同奥地利站在一起，德意志各邦国民反对普鲁士主义，因为他们热爱古老的本土的王室，热爱他们的自治邦国，因为他们对普鲁士霸权表示疑虑，部分由于信仰天主教的国民厌恶新教国家及其王朝的霸权；但作为补偿，俾斯麦竭力同自由的意大利王国结盟，正如他所说，为了普鲁士的利益，即使不存在这个国家，也需要虚构出这个国家。战争结果奥地利被打败，俾斯麦着手成立北德意志邦联，并产生按他的方案选举的议会，还加紧同南德意志各邦结盟；但法国在战争期间采取的立场，威胁进行军事干涉，阻碍南德意志各邦加入邦联，法国要求莱茵河地区领土和用武力兼并比利时（作为允许德意志实现统一和法德联盟的条件），法国公众舆论激愤，把萨多瓦大捷[①]视为法国的失败，这一切使俾斯麦预见同法国的战争不可避免，还使他认识到为了新德国在欧洲的地位，这场战争求之不得。从而，他运用无与伦比的聪明才智，当他在军事上备战的同时，加紧并成功地在政治上孤立敌人，他鼓动加里波第在意大利征伐教皇的罗马，这次征

① 1866年7月3日，奥地利军队在萨多瓦被普鲁士军队彻底击溃。——译者

伐在门塔纳遭到法军的阻击，从而激起意大利国民反法的情绪，这就使得法国绝不可能同意大利及奥地利结成三国同盟，奥地利高度警惕俄国的敌对警戒，同俄国首相戈尔恰科夫达成默契，允许俄国舰队进入黑海，而这是巴黎和约所禁止的。1870年普法战争几乎在一个接一个的军事胜利中结束，实现南德意志各邦同北德意志邦联的统一，冠以让人回忆起中世纪光荣的帝国国名，而俾斯麦想要一个非中世纪的国名。于是，在欧洲大陆出现德意志强国及其霸权；由于德意志帝国是形成一个致力于优势的强国，在俾斯麦看来，没有必要为考虑法国人情感付出代价，正如他在战争期间向欧洲各国内阁所表达那样，而是在任何情况下，都充满仇恨和想着雪耻；因此，他不满足于放手安排德意志事务而不再有来自法国的威胁与麻烦，他不满足于那时前所未闻的巨额战争赔款和其他许多保证的好处，他夺走法国的两个省，并成为德意志帝国领土，这样的措施符合军人更好地捍卫边界的看法，满足了德意志民族的自豪感，似乎由于这种自豪感，就不仅推翻近期损害德意志的历史，而且推翻几百年来这样的历史。若意大利民族复兴运动曾是欧洲自由精神的杰作，则德意志民族复兴运动是政治艺术和军事效能的杰作，它们的差异大致类似于一首优美诗歌同一部功率强大的机器相比；对于俾斯麦的创造(作为并且他想成为证明强权的创造)，不需要其他辩护词，全民公决的法律假设对它也不适用，全民公决是自由精神的象征，即使作为象征也无所作为，因为它是由君主们和君主们的君主——普鲁士国王、现在的德意志皇帝的权威引导的事业，并且想应让这种权威继续引导。

德意志迅速辉煌崛起给人印象深刻，犹如那些胜利的喧嚣；也

没有在赞赏中化解一切，因为在世界各地的不少人感到痛苦，不是由于英勇勤劳的德意志民族实现国家统一，而是由于实现统一的方式及伴随统一造成专制主义复活的结果；他们在心灵上感受到战胜法国的暴力与强力的撞击；他们不可能对德意志民族的欢欣鼓舞表示好感，因为这种欣喜若狂似乎具有双重含义——兄弟残杀和文学家及历史学家的扭曲夸大，后者赞颂阿尔尼乌斯、阿拉里克、奥托诸帝和巴巴罗萨，这些扭曲夸大与奴颜婢膝侵犯人类情感与美好趣味。然而，不少人狂热赞赏，并且十分走运，伴随赞赏盛行竞相仿效；如果从 1866 年战争开始，人们开始以普鲁士军事体制作为学习典范，同样学习教育体制（人们通常把军事胜利归因于教育体制，从而人们说在萨多瓦战役获胜的是普鲁士学校教师），那么现在赞赏扩展到德意志生活的方方面面和精神及心灵的倾向本身。形形色色的保守派阶层、本性独裁者、权力崇拜者或为权力效劳者，受到事实和伟大事实的鼓舞，感到是对他们的巨大支持，在他们的论战中把这些伟大事实作为不可批驳的论据。正如一切导致更好地认识现实的东西，民主派对某些话语神奇功效、对拿起武器的自愿者和民众的奇迹的幻想破灭，既顺理成章又十分有益；早从波兰和意大利的近期形势就不断获得这方面的教训，甘必大[①]的“国防”也提供了这种教训，这种“国防”要从法国国土上突

① 甘必大（1838—1882 年），法国共和派政治家，在色当战败之后，出任法国临时国防政府内政大臣。许多政府要员留在被普鲁士军队围困的巴黎，他却于 1870 年 10 月 17 日乘气球离开巴黎，飞越普军战线。到达图尔后，就发动未被占领地区的军民为祖国进行战斗。当图尔遭到威胁时，又前往波尔多，希望继续进行抗战。但全国上下已经厌倦战争，1871 年 1 月 18 日临时政府签署停战协定。——译者

然冒出军队,根本不能驱逐训练有素、装备精良的入侵者,却使从法国大革命的多少想象的军事史中诞生的爱国国民激情战无不胜的传说失效。然而,还有自由派因怀疑自己信仰而感到困惑,当他们发觉面对着旧政权之一,正是在这样的旧政权中,专制制度在贵族和教士残余势力支持下摇摇欲坠,被知识界和文化界人士所唾弃,既反动又落后,不能前进一步,并直截了当地显现出其在历史斗争中的劣势;但也面对着一个国家——因拒绝国民政府,基于权威,只由上制定规章,却取得一系列胜利,任何其他欧洲民族都不能或不敢同它竞争:面对一个机械和行政管理完美的国家,一个比世界其他民族教育更好、知识及学说更丰富的民族,这个民族也有着经济生产及贸易活动的广阔前景。他们开始思考:至少,没有给予历史和传统的力量以应有的分量,继续想到——若不是根据抽象理性主义动因摧毁或重构,则一定是过于依靠批判与思想;还由于激情与道德美德,特别忽视生命本能、强力意愿及其(有时)产生的奇迹,由于赋予历史活力并引导历史的人类宗教,没有特别考虑和反复思考历史固有的力量的环节。在其他情况下,怀疑的病毒感染内脏,危及自由主义原则和自由概念本身并使它摇摇晃晃。

说实话,这种思想困惑和疑虑是暂时的,并且没有产生实际效果,通过猛然醒悟被超越,他们未指责无信仰者和目光短浅者而指责自己,通过理性地介入那些被遗忘或很少重视、现在被强迫考察的生活的那些方面,其后又反思发光的不都是金子,并注意到赞赏的德意志伟业中的某些缺陷和危害,从而对德意志的未来产生审慎的怀疑。然而,为这一目的所必需的修正的能量、协调的能力,在应当汲取力和能的地方——人们所说的道德科学或哲学领域

内，当时恰恰微弱或缺乏。所有这些的实现，伴随欧洲社会自由与民族体制的建立，伴随教会及专制君主制压迫的结束，伴随获得呼吸和根据启示与志向运动、劳动及活动的能力，伴随政治进步和秩序发展，代替毁灭性和恐怖性的震动和动荡，一切都同唯心主义的和历史的思想密切相关，这种思想在19世纪最初几十年形成，现在已经定型并活跃在其体制中。然而，若水已经浇灌土地并使庄稼茂盛还大获丰收，则水来源的旺泉逐渐沦为涓涓溪流，甚至几乎干涸。在1870年前后，在欧洲哪里还存在伟大哲学及同它一致的历史学？伟大的哲学，已没有任何踪迹，或只有模仿者；那种历史学，其最后子孙尚有点活力。自然科学逐渐进入哲学和历史学占据的位置，最终堂而皇之地坐上宝座，冒充加冕的女王。但自然科学靠数学和力学的充实，仍然是思想的女儿或至少是孙女；自然科学方法掠夺本属哲学—历史思想管辖领域，若改变头脑中的缺陷，并把头脑置于某种启蒙运动式的新抽象主义，则实际上自身未引起其他损害，只引起某些乌托邦或简单化的建议与希望，正如人们已经看到，并且今天仍能遇到，存在于如此推理的头脑中，譬如，在威尔斯的头脑中，当他（在其相当流行的《世界史》中）写道："加富尔们、俾斯麦们、波拿巴们和所有其他伟大人物，对欧洲如此珍贵的伟大人物，将能被地理学家、人种学家和社会学家的小聚会有益地代替，这些学者具有朴实正直的美德，他们一致地勾勒出我们大陆正确边界的走向，并且指出对每个民族最适宜的政府形式"。那时发生的重要事实，是另一种更为复杂的事实，它引导到的不是科学，而总是哲学，引导到的不是自然科学，而是自然主义，即引导到一种推理草率且不严密的哲学，这种事实在于：自然科学因其基本原则,只考察并必然考察力或诸种力——物理力或生物力,并不考察道德的或审美的或智力的分类,必然决定论地对待这种分类,以便度量这种分类并给出规律;那个时代的哲学把力的科学概念带至精神生活的头脑中,并把此概念变为精神生活的源泉,从而产生形形色色机械论的伪哲学理论和基于这种想象理论的伪历史解释学,进一步通过某种理论与实践的完美一致,从而把纯粹、抽象的能量和生命力提升到理想,作为行动和事实的最大价值的规律。于是,达尔文主义通过一个典型情况——某些自然科学简单化观察和推测转为对生命、实在和历史的普遍解释,进一步转为实际行为准则和举止态度的最高法则。另一种情况是种族理论,那时戈宾诺等人一起构建这种理论,它把某些经验的自然主义分类转化为实际实体,并给予此个或彼个这样的实体统治世界和主宰历史的权利。在那一时代,历史学要么逐渐衰落成单纯学问及文献研究,要么用这一或那一原因或形形色色自然主义原因,体现为历史决定论;甚至文学史,在泰纳那里,也在"种族"和"环境"的不变作用、在"时代"的可变作用中化解,而艺术哲学作为精神创造在时代文化中再也找不到位置,或者若在时代文化中崭露头角,立即遭到嘲讽。俄国虚无主义作为俄国独特生活的表现,却作为被欧洲自然主义设想的前提的极端和疯狂的形式,而具有欧洲含义,它难以理解精神生活和历史形态,因此一次次同样地并无差别地对待并接受它们(作为一定原因不可避免、不可克服的结果),或者全部否定它们,因为这样考察所有历史形态,它们都不是从内部产生的建构,而是由外部强加的规定,它们显得无根据和非理性,从而有待造反推翻。反动派和无政府主义者,由于这种精神前提的同一性,

可以并有时助一臂之力，也顺理成章。“概念”和“理想”已威信扫地（人们惯于关注事物，通常因为它们令人赏心悦目）；因盛行一时的自然主义伪哲学的影响，人们感到同事实相连、被事实推动，但自由情感受到压抑，这种情感充斥着科学知识与规律，缺乏其精神规律，从而阻碍他们认识人类生活的意义与价值。自由要求观念与理想、无尽天空和宇宙背景，不是作为外在于人类，而是作为在人类那里思维与行动、并永远愉快地创造生活新形式的精神本身。自然主义、决定论和实践唯物主义是自由的敌人，正如它们是形形色色绝对主义与专制主义的朋友一样。

欧洲经济活动（人们记得其繁荣发展）也竞相在心灵中挤压道德生活以及同它相连的自由情感：不再因为经济活动（正如人们通常所说）用繁荣和舒适使他们温顺和软弱，相反由于使他们冷酷无情并习惯于那种片面张力，从而阻碍所有能力和谐发展，希腊人正确地把人类的崇高和健康置于那种“和谐”之中。伟大的政治斗争结束后，新一代和老一代爱国者及斗士全都投入交易；在他们方面来说，市场竞争与斗争促使他们认识能量、力量、实际能力比伦理与理性动因重要。经济的繁荣应当为人类活动提供大量新手段，相反现在却要压制人类活动；马克思曾说过现代资本主义再也不能统治由它激发的生产力，在某种意义和某种程度上的确如此，只是不在经济世界，而是在道德世界。马克思的另一预见也被证实，虽然以他所理解的不同方式发生：整个社会越来越清晰地划分为资本家和工人群众、富豪集团和无产阶级；因为，确实，企业家的利益和劳动者阶级的利益，前者的要求和后者的需求，他们之间的冲突以及为逐渐调解冲突的计谋，开始越来越位居前列，一方面，议

会协商越来越关注经济问题,另一方面,人们称作的中产阶级(其实不是一个经济阶级,作为精神价值的首要代表,从所有经济阶级中脱颖而出,因此成为斗争中或协调中的各经济阶级的中间人、调解者和撮合者)逐渐贫乏化,不再拥有以往那些充满激情、富有天赋和准备充分的政治家,那时还提供了大量律师并向议会派出其他专业人士。然而,若不在知识分子中间阶层中,哪里又能找到抵抗和平衡的力量呢?若不依靠此阶层的手段,那时和今后怎能使这股力量复兴、发展和壮大呢?让这股力量从旧宗教及其教会中产生是毫无希望,因为虽说天主教会仍然起着某些社会服务功能,却不再具有发明与革新的能力;其他宗教就不用提了,包括英国教会,人们已经注意到,若那时它尚能关注教会法典和教会财产等问题,却没有参与英国社会新道德问题的解决,也没有参与刑法的改革,更没有参与其他改革——涉及国民卫生与教育的措施,通过劳动法减弱经济竞争的尖锐性。

这里,文学是一面好镜子,因为在这个时代,诞生现实主义、自然主义、真实主义和同自然科学一样平庸的艺术纲领,小说和戏剧不再是爱国主义的、社会主义的或人道主义的,而是社会学的、生理学的和病理学的,同 19 世纪前半叶的文学形成鲜明对照。由于这种鲜明对照,人们说浪漫主义已经终结;的确,它已终结,在其理论和实证的词义上,作为同唯心主义和哲学、历史的唯灵论同一的浪漫主义已不再时兴,但因此这种浪漫主义未逃脱唯心主义及哲学、历史的唯灵论的命运,似乎同后者融为一体重新崛起(因为它不能不崛起)。自然科学和自然主义观念在表现它们胜利的文学中居高临下。但另一种浪漫主义(我们曾同前一种浪漫主义作过

区分），那种情感的、实践的、道德的浪漫主义（还带着病态的目光），尤其在1840年后普遍平静并得以净化，变得外表更严肃并成为文明与政治的行为，从自然主义观念中吸收新养分。那是这样的时代：一种哲学——叔本华哲学达到顶峰，而在半世纪前，当它刚问世时，没有人想要知道它，被判断为对他人已思考事物的不深刻的重制，它有一个非哲学目的——随意和无益地否定生活；此种哲学形成学派并拥有效仿者，也不缺少歌颂者，它仿佛是适应时代的东西，由于其基础——在于贪得无厌的盲目意愿——并提供结论，令不够崇高的心灵欢乐，在于放弃价值，同时放弃永无休止探索和不知疲倦劳作的责任，在不洁的闲逸冷漠态度中实现虚假净化，这种冷漠态度用怀疑主义、神秘主义、佛教与东方主义等名称加以美化。在这种悲观主义之旁，还有另一种形式的浪漫主义崛起，此种形式也从自然主义相同看法出发，贪恋地奔向性欲亢进与狂喜，在这种亢进和狂喜中，难以平息的不满足感（浪漫主义在这种不满足感中动荡不定）似乎得到满足；它把美当成偶像崇拜，但这是截然不同的美——不是在其中生活的欢乐微笑，因为，相反这种美得以表现的意象是痛苦与渴求的纵欲，是腐败与死亡，富有魔鬼崇拜与性虐待狂的色彩。正如这种形式远离早期浪漫派的浮士德式的冲动，同样也远离关于崇高爱情心心相印的梦想。它同样远离早期浪漫派的艺术化与诗化的生活幻想，而是涉及自己把握的词语、色彩、节奏和诗句，涉及神秘解释形式，涉及某些新浪漫派感到欣喜和苦恼的精致优雅的神经官能症；其后他们全都对政治、政党激情、社会争执、议会辩论、报刊，对所有实际活动表现充满厌恶之情；他们也不再梦想宗教的骑士的中世纪纯朴生活形式，这样做的罗斯金,反对工业主义,崇拜手工业,崇拜教堂,反对工场,崇拜冒险旅行和悠远时代的朝圣,反对铁路,他是一位前期浪漫主义时代的落伍者。在新浪漫派的想象看来,博尔吉亚家族[①]的意大利和泰奥多拉皇后[②]的拜占庭,这些渗透到他们心灵中的淫荡、性虐待狂、魔鬼崇拜的象征,远比富有诗意的莱茵河传说更好。他们这样自我作践自我折磨,人类对历史的钟爱,宗教的或神秘的自然安慰者的表演,都未能引起他们的兴趣。请看波德莱尔的诗句、残篇及自白,请读福楼拜的著作和书信、贡古尔兄弟的报纸及其他不限于法国文学的作品,还要看英国作品,以便观察到上述精神状态,在大作家那里不是不知道痛苦的崇高,有时也有诗的净化,因此也真心诚意地向美致敬。在意大利,类似表现并不强烈,在1860 年至 1870 年引人注目,在那些年代人们探寻威尼斯和罗马,卡尔杜齐[③]吟诵其政治性诗篇。那时,人们再次说到"欧洲的衰落",正如以前说过那样,其后被那些无所事事、无所用心的人们不断重复,带着同 19 世纪——"进步世纪"的普遍信仰直接对立的情感。然而,更具特色的是,在新浪漫派那里,衰落从否定性概念往

① 博尔吉亚家族,西班牙巴伦西亚贵族世袭后裔,定居意大利。在 15—16 世纪的宗教与政治中起过巨大作用。此家族出过两位教皇、多位主教和政治领袖。家族成员以善搞阴谋与乱伦而闻名。——译者

② 泰奥多拉皇后(约 500—548 年),拜占庭查世丁尼皇帝之妻。其父为马戏团驯熊师,她很小就成为演员,查世丁尼爱其美貌、聪明,纳为情妇,后正式与其结婚,并加冕为皇后。她权势极大,曾组织镇压尼卡暴动。——译者

③ 卡尔杜齐(1835—1907 年),意大利诗人,诺贝尔文学奖获得者。被意大利人尊为民族诗人。主要由于当时政治的影响创作了颂扬撒旦的《撒旦颂》(1863 年)和《讽刺诗与抒情诗》(1867—1869 年)——译者

往转化为肯定性概念，从反理想转化为理想，因此，他们不仅偏爱衰落期的拉丁诗人（尼扎尔之前一代曾经对照分析和指责这些诗人的浪漫风格，而现在新浪漫派，在这些诗人那里，玩味或声称玩味神经感受及震颤及相应意象，在伟大的古典诗人那里找不到这些），而且用“颓废”一词对他们的时代加以修饰，还用这个名称命名他们的某些诗歌流派，从而称作“颓废主义”的那种性质的浪漫主义开始盛行。

同前50年的思想、感受、理想及政治行动相比，这种明显的落后或倒退，只有那种不认为或不坚信自由不是尔格而是能量的人才不可理解，同思想一样，自由总有新素材，往往是艰难并倒退的，应当同它斗争，以便控制并塑造它，有时仿佛征服它。那种自然主义、实证主义和唯物主义是何物？它们接替以前哲学的唯心主义和唯灵论，但它们没有摧毁以前哲学不可摧毁的真理，而不断尝试解决由那些真理产生的问题，与此同时，没有很好解决的问题保留下来，从而以这种方式报复。什么是对自由观以压倒优势神态崛起的纯粹强权政治？只是伟大民族迟缓、未竟的自由及政治形态的反应，这个民族的能力和美德曾经历史地致力于这一目的，现在反而给吹嘘那种优势让位。什么是经济活动的混乱的冲力？一方面它是欧洲文明的产物，另一方面未调整好它同欧洲文明其他部分的关系，现在这种关系特别妨碍欧洲文明发展，因此要积极规范它，甚至用其他性质的力量同它对抗，以遏制其过激，并将它导入河堤和河床，让它在那里平缓流淌。在人们抱怨的道德热忱的丧失中，在对于自由理想开始失去好感中，不需要部分归咎于努力与劳累的自然节奏，甚至“胜利的教会”（它远比“被迫害的教会”缺乏

活力),因此需要高度警惕,旨在不断地从尔格上溯到能量,从既成事实上溯到原来实践?

与此同时,事实是国家的民族构架(即使并未全部完成)和自由体制(虽然程度千差万别)几乎在全欧洲确立,作为一种成果,作为一种确有保障的拥有,欧洲为它付出长期艰辛;若精神显现出疲劳与困惑的某些迹象,则可以说发育良好的肉体在成长和健康生理生活中延续。精神与肉体的冲突,或者不用比喻,时隐时现的两种不同理想的冲突,在这种冲突中随后展开的历史,在某种意义上可以说是加富尔理想同俾斯麦理想的冲突不同交织、它们的复杂化及转化的历史,因它们把其他要素接纳于身,又以新方式对抗。

第九章　自由时代(1871—1914年)

在1870年以后的时期,在欧洲再也看不到旧专制王朝的复辟和新恺撒主义的崛起。哪怕类似尝试和想法都寥寥无几,即使某片显得危险的乌云出现,但很快消散,天空一片晴朗。

根据流行看法和最近80年法国历史的文件,法国被视为一个充满极端事件并且无能力过秩序井然自由生活的国家,法国建立并巩固其共和国,它在军事失败之中诞生,但意志坚定又十分谨慎。在那80年中它尝试了各种各样对立的体制,徒劳无益地探寻平衡点,但最终没有沉沦(人们害怕它而其敌人希望它堕落),是经验指引它走上正确道路,是因事物的力量它才走上此路,这是道路正确的标志。第三共和国,"保守共和国"和"没有共和派"的共和国,正像梯也尔(恰恰利用其语言和个人经验的权威)界定那样,即缺少导致第二共和国毁灭的1848年共和派的方式方法,第三共和国呈现暂时面貌,尽管事实表明它是持续的,也没有表明要被其他形式代替。在第三共和国初期,它不得不首先对付巴黎公社起义,这是被战胜但不屈服的武装人员的骚动,在骚动中荒谬的联邦观念再次浮出水面,并开始显现社会共和国的倾向;其后它必须避免君主制复辟,这种复辟将导致不稳定和无法容忍的条件,导致重受历经的灾难,自命不凡的尚博尔伯爵[①]帮助法国从这种危险中解救出来,由于他顽固不化地坚持使用波旁王朝的白旗以重登祖传的宝座,从而让人们清楚地认识到那种重登宝座会导致什么,并让他们度量过去与现在之间的深渊。然而,共和国还应当战胜另一种危险——由于惧怕"激进派"(正如人们称呼那样),由于1793年、1848年和1871年的景象日益逼近,它变得既保守又严酷,因此是立宪制的而不是议会制的,它将君主制权威赋予总统,并由军人和教士实际统治,正如麦克马洪[②]任总统期间一再妄图建构那样,他排列出相互争斗的各类内阁,直至他本人屈从自由不可抗拒的发展,最终辞职(1879年)。那些盼望他发动政变的人们相当失望;相反新总统格雷维在其致词中声明"真诚地服从伟大的议会法律",并声称再不用惧怕激进主义和革命,他还把议会从凡尔赛迁到巴黎。在法国两次重演反动政变危险或幻想,两次均以失败告终;第一次政变危险发生在1886年和1889年之间,由于主要受到民众欢呼而非本人崛起的布朗热[③]将军,平民总期待他向德国"雪

① 尚博尔伯爵(1820—1883年),法国波旁家族直系最后一个继承人,称亨利五世,1830年以后法国王位的觊觎者。1870年10月9日拿破仑三世倒台后,他发表宣言,要求法国重新统一在波旁王朝统治下。在1870年选举中,共和派获得少数选票,一度复辟似有可能。但他对革命恨之入骨,宣布不愿做"革命的合法国王",从而失去支持。1874年6月国民议会以压倒多数击败恢复波旁君主制的动议,次年1月30日,以一票之差批准实行共和制。——译者

② 麦克马洪(1808—1893年),法国元帅,法兰西第三共和国总统。1873年当选总统,11月20日国民议会通过七年法,赋予他为期7年的总统权力。在任职期间,解散国民议会,还迫使温和共和派内阁辞职。——译者

③ 布朗热(1837—1891年),法国将军,陆军部长。人们认为他能为普法战争雪耻,他成为仇视共和制各派的工具,受到波拿巴主义者和保王党人的支持。——译者

耻”并解脱形形色色政治灾难。虽然布朗热的行为与意图不够确定、明朗，但似乎他多少有意想要促进而不是阻碍向第二帝国靠近；于是，一位牢记第二帝国耻辱的老哲学家和政治家西蒙，准备在一本书中提醒健忘的法兰西国民不要忘记这一耻辱，书名为《请你记住12月2日》(1889年)。虽然布朗热在1888年选举中取得一鸣惊人的成功，并于次年1月在巴黎当选为议员，但法国的国务活动家当面对他表示愤怒和蔑视，称他是“来自咖啡馆音乐会的圣阿尔诺(12月2日的将军)”和“没有意大利战役的波拿巴”；他本人缺乏同其狂热支持者攻打政府驻地的勇气，从而最终受审、判刑，被迫流亡比利时，并在那里自杀身亡。第二次发生在10年以后，在围绕德雷福斯上尉事件及对其判决的正义还是非正义的长期冲突中。在这类司法与道德问题下，这种冲突包括对共和制的进攻和捍卫的重演，因为为了壮大反德雷福斯派和反犹主义者队伍，为使他们的政党巩固，他们发现同自己站在一起的有：布朗热的老拥护者、反动派、保王党人，大量教士、修士及整个教权派。他们为军队大唱赞歌，妄图挑唆军队反对共和国。然而，共和派和社会主义者的全部力量联合起来，英勇无畏地抗击他们，终于使德雷福斯从狱中释放，并在法律上承认其无罪，反革命尝试被挫败，自由秩序从斗争中再现，不仅未受损害，反而更具活力和战斗性，正如被胜利者随后着手进行的事业所证明，这种事业不是为报复过去，而是为未来采取良好预防措施。

在敌对的德国，帝国缔造者俾斯麦坚定不移地实行废除或限制自由的政策，他不认为宪法是最终的，这一宪法是通过联邦议会、普选制、政治计谋由他制定的，他抓住那些计谋，但它们并不符合其理想,其理想仍然是专制君主制,加上他——宰相的无限权力。每当他在议会遇到障碍、困境与麻烦,作为最直接医治手段,他的头脑立即浮现发动政变的极端政党:在他的信件、尤其在1878—1882年间的书信中可以见出,在那些信件中,他说到德国人不会使用"纽伦堡的玩具"(送给他们的礼物)并将玩具弄坏,他提到德国宪法,称那一时刻将来临——施瓦岑贝格在奥尔米茨就1849年奥地利宪法所说格言应当适用于它:"没有经受很好考验的一种体制";他一贯坚持德意志君主们才是德意志本质并牢固的东西,可能有一天要由他们来解决,若不适宜废止宪法并恢复老邦联议会,那就保留关税同盟和军事同盟,但定要摆脱议会。在他任首相的最后几年,他寄希望于后来称作威廉二世的青年,这位青年同其父——腓特烈王储截然不同,表现出对议会制度难以容忍,他是德国需要的真正"卫士"、"青铜堡垒"。但当这位青年登上宝座(巨大希望的标志),俾斯麦丁1890年重新愤恨地反对议会,用其不大顺从的方式向皇帝陈述其想法:要求议会批准增加新军费和通过尖锐对立的反社会党人法,若预见到提案被否决,就要解散议会两次或多次,要通过法令剥夺社会党人的选举权并废除秘密投票制,最后求助于大炮。那时新君主渴望得到议会和国民的拥护,没有听取他的意见;于是,俾斯麦在大约不间断地执政30年后倒台。俾斯麦没有政党和思潮的支持;他的那些谋算是一位孤独者的苦思冥想,这位孤独者擅长外交与军事的大事,但不擅长理解人类心灵及其根据不同时代提出的要求。在他引退之后,当听到威廉二世的言论,观察其行为举止,他改变了判断和想法,开始一再说:拯救之路在于"加强议会的作用",议会必须"批评、控制、告诫

并在某些情况下指导政府”;过去他办事“过于独裁”,过于压制国民代表制。由于这些迟到的反思,他开始发现其强健头脑缺乏并很少实施的东西,他,各邦的创建者,扮演各邦国民教育者的角色,首先做自己那邦国民教育者,在这方面更像自己那邦国民的教唆者。

由于,若未让他废除普选制和解散议会的话,那么也让他把德国停滞在立宪制阶段,阻止德国过渡到议会制阶段。在俾斯麦内阁的初年,自由当奋起反抗其欺压;在1866年战争之后,为了民族目的,自由党转而支持其对外政策,希望换取他开始国内政策的改革;构成议会最强部分的民族—自由派的这种支持,总受到那种希望的鼓舞,继续到1870年以后,这种支持使他获得军事内阁7年任期,完成财政改革和打击天主教中央党的任务。即使摄政王腓特烈也未掩饰对带内阁负责制的议会制的偏爱,他认为帝国现行宪法是“人为拼凑的大杂烩”。然而,当俾斯麦转向海关保护主义时,为这种政策和镇压社会主义,他要依靠保守派的支持,并暂时同中央党和解,以前的盟友不再为他服务,反而成了他的障碍;而他也不想知道那些人为进一步合作提出的条件——自由派右翼人士和其他左派或者进步派人士进入普鲁士内阁;他很坚决,仿佛不可动摇——不向党派内阁前进一步。此外,这对他来说根本不可能,鉴于旧普鲁士未化解在一个自由的德国,相反一个或多或少自由的德国加入到普鲁士,普鲁士宪法完好无损地保留了1848年反动中具有的特性——只做某些宪法让步和按阶级体制选举的议会:同在意大利发生的进程相反,那里,一个自由的皮埃蒙特同一个变为自由的意大利联合,并融为一体。德意志帝国的基础永远

是普鲁士,1898 年,俾斯麦的接班人霍恩洛厄首相在其日记中写道,当他在“普鲁士精英”中就座时,清楚地发现南方自由主义同北方封建主义的对立,自由主义不能同封建主义平起平坐,因为后者“人数众多,力量强大,国王、军队和天主教中央党都站在这边”。日耳曼的两种“精神”——普鲁士精神和德意志精神、波茨坦精神和魏玛精神,田园诗般结合或相反相成当作偶像崇拜,不是徒劳无益就是一种含糊修辞,因为其实只有普鲁士的或波茨坦的精神居统治地位;在帝国的最初几年,俾斯麦的言论是瞬息思想和短暂计谋:不再适合把德国“普鲁士化”,而是把普鲁士“德国化”。在议会就反社会党人非常法投票后,自由派同俾斯麦决裂,这标志着那一政党的解体,分裂成不同派别,其议员人数锐减。此外,自由党没有利用其自由信仰的活力、深刻性与坚定性弥补在国内处于少数的力量不足;因为自由派的不少成员,主要不是政治上的自由派,而是自由贸易主义者并表达他们时代德国经济的要求;而其他引人注目的自由派代表继续强调国家的首要性(即强调唯一关系的两个词汇中的一个),继续思考由国家让与或承认的权利形式表现的自由,他们向驱魔一样驱逐议会,把议会权利限制在行政联合会水平和存在反对派上。于是,德国议会的活动如此卑微,然而特赖奇克,这位 1870 年以前的自由派,逐渐变成俾斯麦主义者,仍惧怕议会确实犯“议会政治过火”的错误。从格奈斯特和拉班德到耶利内克的德国的学术与政论,全都受到这种愚蠢想法的影响,从而解释自由政治概念的本质所在;他们局限于并把时光消磨在“法治国家”的司法建设或试图实现其基本原则,比如所谓“地方自治”原则表现的形式主义式的自由,并证明在普鲁士“地方自治”符合格内

斯特的概念。在革命爆发的年代——1848年刮到德意志的自由之风，几乎没有留下任何痕迹；法兰克福议会受到蔑视就是标志，它被遗忘了，在一个仍未忘记在托伊托堡森林为阿米尼乌斯修建大纪念碑的国度里，人们忘记庆祝法兰克福议会成立50周年。千真万确的是，其后，在不幸的日子里，法兰克福议会不得不被回忆起并作为典范。

在其他民族那里，议会制不是长期以来就确立，比如在英国，就是议会制伴随自由原则一起引入，或者其实逐渐用议会制代替原初宪法更具君主制色彩的制度；譬如，在1898年和1900年间，在意大利，当有人应用“重返宪章”的格言，建议并试图逐渐实现向旧形式方向的倒退，引起普遍强烈的反对，在议会里反对派借助妨碍议事日程，使这一提案最终失败，这一提案因惧怕运动或特别迅速的运动才形成的，结果（类似于法国在不同情况下发生的结果）是自由运动以更加坚定的步法向前迈进。正如人们所说，欧洲社会整个走向民主，更确切地说，欧洲社会整个摆脱狭隘领导集团的保护，即摆脱在革命和国家新体制中引导欧洲社会的自由派贵族，并且逐渐形成其更广泛更灵活的政治阶级，正如要它落实并沉思的利益与需要的千差万别及千变万化所要求那样。这种不断进步的表现和手段是选举权的连续扩大，几乎在所有欧洲国家都开始实施普选制，以往确立并使用普选制是因保守派和反动派的意图，而现在却为运动与进步服务。法国从第二共和国和第二帝国接受这一遗产；1882年在意大利的改革使选民人数扩大4倍或5倍后，在1912年实行普选制；一直实行选民财产资格制度的比利时，从1892年起实行普选制，但受到多选票制的削弱，多选票制使投

票人扩大10倍;在1896年业已扩大选民的奥地利,在1907年开始实行普选制,它希望凭借民主和劳动者阶级的激情及斗争以平息众多民族间尖锐的冲突;在大部分欧洲国家也是如此,包括德意志的某些邦(巴登在1904年,巴伐利亚和符滕堡在1906年),而不是在普鲁士,它靠1893年改革,为保障保守派和中央党的优势采取了措施,其后又局限于重新分配选区,并增加10名议员。在瑞士,宪法被不止一次地审视,甚至做过国民直选政府的试验,既作为首创,也作为全民公决或认同。英国,通过1885年改革,选民增加了250万人;但向国民政府迈出最大一步是下议院的优势,甚至是同上议院(贵族院)相比,将绝对权力交给下议院,格莱斯顿在1894年最后一次报告中提出这一纲领并引起一场冲突,在所得税负担加重之际爆发,大约持续了3年,从1908年至1911年,在这场冲突中,自由派以工人议员和爱尔兰人作为盟友,但他们的目的达到了,废除了贵族院否决财政法及所有其他法律的权力,这些法律以前都是被贵族院否决的,这是下议院在两年中三次会议才通过的。在每个国家或多或少为国民代表发薪金或津贴,这同样是为改变政治阶级所必需的,因为以前政治阶级主要从地主阶级和大资产阶级中选拔。在几乎所有国家因确立议会制而幸存的王室,具有相当温和的面貌,因为有效的政治动力并不源于那部分;但受到尊敬,因为它们凌驾于党派斗争之上,是共同法定自由的守护者,并起着调解者和缓和者的作用。威廉二世皇帝喧闹地登上平静的欧洲君主制舞台,他乐于夸耀其皇权和自己,开始由于其新奇,引起混合印象——介于因赞赏而惊奇和因惊奇而心神不定,最终另一印象——滑稽可笑表演占了上风。此外,在普鲁士不是没

有先例，若早在50年前海涅曾经讽刺对过去如此滑稽模仿和如此混乱——“关于哥特式的幻想和现代谎言”，很久之后，在那位皇帝不断重复、我行我素的行为和危险的言论后，尤其在1908年接受《每日电讯报》的公开采访后，在德国引起公众舆论和议会的反对；他不得不承诺更好地遵守谨慎和沉默的法律，这是新时代的皇家法律。

由于欧洲社会已形成自由政体形式，它尊重文明的标志和条件，自然渴望在世界各地实现文明；在仍然缺乏文明的国家里，出现了文明的要求，若这类要求不是自发产生的话，也是从西欧、中欧引进或受其榜样及报刊政论的启示。在东欧、贵族制的俄国和受压迫的波兰，仍存在很大空白；因此欧洲自由主义厌恶沙皇制度，并且情愿促使它倒台或改革。正如上文所说，由于波兰起义和俄罗斯民族在政治上不成熟，亚历山大二世中断改革事业。这种不成熟还表现在俄国革命者采取的方式，他们浸透西方最极端学说，并将这种学说引导至普遍破坏的狂热，他们对其中少数未简单化推理而具有理性的人持怒斥和嘲笑态度，他们的思想日益极端化，要跨越自由时代或资产阶级时代（正如他们所称呼那样），他们要在俄国实现充分的共产主义或无政府主义的天堂：跨越（为使其神秘概念清晰）只是想要不搞政治与道德改革，以便只搞经济改革，而在经济改革中，只有当被经济的或唯物主义的神秘主义吞没或否定时，政治与道德问题才得以解决。妇女们加入革命者队伍，她们多数出身贵族，富于幻想、喜好推理、敢于造反，在疯狂仇恨的激励下，她们慷慨激扬并勇于献身。在国外学习的女大学生，在俄国移民秘密会议上更加成熟，当她们被迫返回祖国时，建议“走到

人民中间去”,唤醒城市平民甚至农民,鼓动他们接受根本变革的纲领;但所获成效甚微。然而,那时为“行动宣传”革命者结成秘密团体,进行反对沙皇、大公、法官、大臣、官员的恐怖暗杀活动,作为对帝国警察的惨无人道的报复与伸张正义,作为对那个国家决不宽容政策的抗议。这种暗杀实践早在1870年以前就开始了,在随后的10年间频繁地扩大,出现不少著名暗杀事件,比如贵族出身的女青年查苏利奇的谋杀就成为一系列类似谋杀的榜样和激励。在恐怖主义活动最狂热时,洛里斯—梅利柯夫被任命为彼得堡总督及最高执行委员会首领,该委员会具有独裁者的权力,以便镇压恐怖主义活动,他想要切断政府恐怖主义和革命者恐怖主义之间的循环,建议恢复改革,若不建立国民议会,应让省议会活跃,实行某种程度的新闻与政治评论的自由,召开贵族院会议,严防官员的过激和随意;沙皇赞成这些建议,就在沙皇接到包括这些建议的报告的同一天——1881年3月13日,他成为一系列针对他的暗杀活动中又一次暗杀的牺牲品。他的儿子亚历山大三世,立即把任何改革思想搁置一旁,再次强调严酷的专制制度和俄罗斯优越论,反对任何西方观念的污染;他捍卫东正教会,敌视其他宗教教会,迫害犹太人;他不信任大学并限制大学生人数,用宣誓者名单为自己辩护,窒息任何精神生活;虽然他对国家经济很关注,俄国经济受到从欧洲、尤其从法国获得贷款的帮助,他促进当时业已繁荣的贸易,并修建了西伯利亚大铁路。恐怖主义暗杀流行病逐渐减弱至消失,甚至可以说几乎结束,另一种方法已经超越这种方法,从巴枯宁学派转到马克思学派的俄国社会主义者现在宣传另一种方法。在19世纪末和20世纪初,在俄国移民中召开会议进行讨论;

在那个时期首次计划成立立宪民主党(或“人民自由党”),而社会主义者分裂为温和派和多数派(“布尔什维克”)。

然而,在新沙皇尼古拉二世的头10年,也没有改变政治方向的迹象,直至不幸的日俄战争才让它启动,并且是在欢呼与威胁、庆祝与混乱、激情与犯罪等伴随革命的氛围中,而政府方面以通常摇摆与犹豫不决的态度一点点地让步,先是许诺改革,接着是评议会,最后是立宪议会,俄国于1905年建立自己的第一个国民议会,它于1906年5月开会。危险在于两种性质截然不同的运动——政治运动和土地运动同时竞争和交织,它们注定要相互阻碍,其他姑且不提,因为最重要最能干议会党团是由立宪民主党当选议员组成,他们为了不让社会主义者超过,把没收地主土地纳入自己的政治纲领,虽然不是没有补偿,但这样就失去同其他自由温和派党团结盟的可能;代表专制制度的政府,为了加剧混乱和削弱议会的权威,反过来也充当彻底土地改革的促进者。这一切造成议会或“杜马”连续两次被解散,接踵而来的是越来越具限制性的选举法,根据这样的选举法,1907年组成第三届杜马,在这届杜马中保守派占上风,但它不是反动的,对腐败透顶的政府行政展开批判活动。由这届杜马投票通过的法律要经帝国枢密院批准和颁发,另一方面,拒绝议会制接受立宪制的斯托雷平大臣,想让通过农民法,这一法令将更多地解散农村村社,促进个人购买土地,使几百万农民变成小土地所有者。然而,尽管根本专制制度顽固坚持,并缺少对基本自由的尊重,废除已让与自由和反动崛起的危险日益逼近,但在俄国国民中真正自由精神微弱存在,自由生活萌芽也在那里形成。土耳其新历史大约在相同时期开始,由于不仅采用军

事条例和其他技术,而且采用西方自由形式,在土耳其成立争取团结与进步委员会,该委员会要求实施苏丹在 30 年前(1877 年)宣布的宪法,当他想要同欧洲列强和国民玩弄狡猾伎俩时,土耳其青年用造反力量强迫包括不同民族的土耳其国民议会开幕,共有 250 位议员,其中有 40 名基督教徒和几名犹太人。这一议会在反革命、政变和各种暴力的蠢蠢欲动中在形式上坚持下来,大量政治性报刊在土耳其繁荣发展,某种政教分离业已开始,土耳其政界人士已经同伊斯兰教人士分离。关于欧洲占主导的国家形式在全世界的作用,仅提日本足矣,由于美国和英国的行动,日本被迫走出闭关锁国状态,在短短几年就从封建主义过渡到行政君主制,并在 1890 年根据德国模式从行政君主制过渡到君主立宪制,后因反对派联合促使它向前发展,又从德国模式过渡到英国模式。

当然,纯粹体制与司法形式,即使具有其重要性,也不足以标志一个民族的自由程度,也不能保障这种自由的实际存在,因为有空洞的形式,还有很少地或奇怪地填充的形式,以致让人谈论“表面议会制”,正如俄国早期杜马被如此界定一样,还有尽管不同但很相似的土耳其青年议会。或多或少广泛的选举,甚至普选,对自由主义向广度与深度上的扩展也不能说什么,因为在某些情况下,更大的自由情感、习俗和行动是在选举不够广泛、而不是在那些选举相当广泛的国家内存在,正如上文所提到,因为普选制不止一次地为自由的敌人所珍视,包括封建主、修士、国王、民族头领或冒险家。英国的选举制比法国、意大利或德国的限制都多,因为设定选民拥有房产或由住房租金代表固定收入或其他所得等条件,但英国的自由生活程度绝不比法国、意大利低,并肯定远超过德国。西

班牙的选举制度非常广泛，但实际上西班牙政治是由国王制约，国王依靠军队和教士，政府更迭为卡诺瓦斯和萨加斯塔内阁、温和派和进步派的内阁差别不大，而文化没有权威和力量，大都沦为学究式的夸夸其谈。在奥地利，议会的争吵同政治活动的激烈性无关，而与帝国内各民族的忌妒及仇视有关，真正凌驾于这些冲突之上的是称作奥地利精神的宫廷贵族及官员，在很长一段时间内，在议会制的外表后面，其实是专制主义政府。在匈牙利，马扎尔人用严厉的专制手段统治，限制结社与言论的权利，约束或收买新闻界，在市政府和类似机构设王室专员，在 1913 年当对选举权进行改革时，竭力使权力掌握在马扎尔少数民族手中。一个民族自由生活现实真正在于公众舆论所起作用力的大小，在于领导这个民族的政治阶级的质量高低；英国、法国和意大利（从加富尔到焦利蒂）的政治阶级，多么深爱祖国和国家，多么果敢地接受并进行民族前进所要求的革新，多么智慧和谨慎，为教育功能，为了感激的责任，还为了从不公正判断中赎罪，有必要特别指出，诉讼方难以抑制的激情通常引起对那些人的谩骂与诽谤，进而攻击他们太浅薄，由于浅薄，某些错误和接踵而来的是所谓“丑闻”（在法国的“巴拿马”①，意大利的“罗马银行”）并不总能避免或不能避免，从而人们对崇高地履行自己职责的整个政治阶级投以某种不信任和名誉扫地的目光。

① 巴拿马丑闻，1892—1893 年被揭露的巴拿马运河公司舞弊案，有 104 名部长、议员和报界要人接受了运河公司的贿赂，数额从几万到几十万法郎不等。一时舆论大哗，“巴拿马”成为官商勾结、制造骗局的代名词。——译者

在这方面德意志民族的条件很独特，大约在欧洲所有民族中，它所受教育最好并最守纪律最勤劳，帝国利用重新统一和升为强国，使工商业、科学技术及各种学说和文化蓬勃发展，但是，如果说它自身善于涌现能干、廉洁的管理者及官僚阶级和英勇善战的军人阶级(在普鲁士的传统官僚政治与尚武精神)，那么则不善于培育真正政治家阶级。德国人缺乏政治感，当时不止一次地被德国人自己指出，这种奇怪的缺乏同其余一切出类拔萃相比令人惊奇；只是晚些时候人们才认识到这种缺乏的严重性，并想要对此现象进行适宜的病源分析。学者和教授很多从事那种职业，带着某种局限与天赋，往往以某种轻信和幼稚去判断实际公共事务，这种轻信与幼稚恰恰是他们的智力特征和生活方式，他们对俾斯麦在1888年讲话的坚定立场与强硬措辞很满意，他说“让他们憎恨吧，只要他们害怕就行”和“我们德国人只怕上帝，不怕世上任何人”；他们在其历史中赞美残酷无情者，据他们说，这些人锤炼了德意志；他们做出自己的贡献：在帝国庸人唇上培育所谓“撒旦的微笑”，培育德国人对其他民族的优越感，对衰落中或已衰落的拉丁种族、对它们道德的败坏、它们议会的争吵的蔑视，甚至对英国的藐视——一个伪造的日耳曼风格国家、一个充满商人而缺乏武士的民族。他们关于国家理论的文献汗牛充栋，同英国人在这方面的节俭与美国人的贫困形成鲜明对照，正如布赖斯所说，美国人不知道这种理论如何做到益于他们的立宪观念建立在法律与历史之上。俾斯麦并未请求教授们，反而乐于嘲笑他们，冷嘲热讽地警告他们“政治不是精确科学，不似教授先生们认为那样”；他绝没有利用议会辩论、党派斗争、政府更迭、国民及其代表之间活跃的交流，

来创造或准备另一种政治阶级，正如马克斯·韦伯在考察民族意识时所指出，他用国民的崇高精神驱使国民屈从于他，他让政治从上而降，经由忠诚勤奋官僚、一位首相（伟大或渺小）和一位皇帝（贤明或不够贤明）的思想和意志来执行。还有另一伙政治家，他们经历了1848年的和更近的1860年后普鲁士议会的经验，现在靠边站了，由于逐渐退出政治舞台而消逝或因其成员死亡而没有接班人。这样，涌现出新一代国务活动家，在比洛的回忆录中，人们可以认识他们的形象，比洛亲王就是那些相同形象的典型作者，他是俾斯麦在首相府的第三位接班人，他也是那种对制约民族命运者的作用及对公民与历史承担责任一无所知的人。中央党和社会党以某种方式幸运地维持政治面貌，它们曾是俾斯麦加以迫害并妄想根除的党派，它们具有自己的信仰和理想，不服从统治者的意图，也未沦为工农业利益或某个工业部门在议会的简单代表。俾斯麦对德国天主教徒的迫害招致危险，他发现在德国的亲奥地利和反普鲁士的残余分子，借助波兹南的教士，如何给他制造或能够制造麻烦，由于他们同归尔甫党的关系或加入其中，由于他们服从罗马教廷的超国家力量，从而在法国正统派之前，就要求新生帝国积极进行军事干预，以便让罗马教廷恢复世俗权力。然而，可能所有这些动因中没有一个、甚至全部都不能为俾斯麦迫害的形式说明理由，一部分要考虑伴随无限权力的愤怒（坏教唆者）和狂喜，并最终未发现无限权力在决定事物本性上的局限。1871年12月，俾斯麦想在刑法中添加一项涉及为政治目的滥用布道坛的特别条款，在普鲁士内阁取消天主教事务部，提交监督天主教学校的法律草案；在1872年，他解散耶稣会士之家及类似教团，并把非德国籍的耶稣会士驱逐出境;通过1873年5月法令,确定天主教士培训、大学授课的规则,任命要向省长呈递名单,设立帝国宗教事务法庭,规范教会涉及整肃及轻罪的权利;在1874年规定强制性世俗婚姻,并把普鲁士的户籍法扩展到整个帝国,制定对已免职但继续活动的教士采取拘禁或驱逐措施的法令;在1875年,废除普鲁士宪法中关于教会自由的条款,规定当主教和教区主教不服从国家法律或法令就取消国家资助,废除所有修会和教团,只有那些照顾病人的修会和教团除外;在1876年,颁布关于教会财产的法律。然而,天主教徒迎着反对教会的法令及措施的倾盆大雨,紧密团结在他们的教士和主教周围;教士们和主教们任凭被免职受迫害,却从不屈服;天主教社团扩大,天主教出版物重新崛起并广泛传播;而教皇从罗马抗议、猛烈抨击和谴责。俾斯麦丧失判断力,以致向意大利政府询问教皇言论及行为的原因,在梵蒂冈自由的教皇不可能向俾斯麦屈服,受他阻碍,正如在其他时代所做那样,凭借一条船或者在奇维塔韦基亚登陆;俾斯麦不仅没有获得意大利国务活动家的回答,反而讥笑他的愤怒和不老练——同教士们产生磨擦,因为他们受到不同待遇。其实,他本人逐渐发现已进入一条死胡同;对愤怒及专横的冲动的进一步反思,不仅反对奥地利、汉诺威、波兰和罗马教皇的天主教徒的最初不安缺乏理由,而且已开始感到需要天主教中央党的帮助以同保守派联手,为同民族—自由派彻底决裂,直至那时他一直在利用民族—自由派。从而,声明决不到卡萨诺的人,去了卡萨诺,在1880年同罗马教廷使节进行一系列谈判,其后在1882年重新召回几乎所有被撤职的主教,并把已经颁布的法令修改得更温和,从那时起在10年间,全部

战争立法逐渐消逝，只保留某些片断，比如户籍法和在1850年被废除的关于天主教徒的条款；这样就清楚证明那种迫害得以进行的目的的徒劳无益和不能实现。俾斯麦那时说，原则问题没有得以解决，“教士与国王之间最古老的斗争在德国没有最终结束”；由于他只能用那些陈旧的词汇——国王权威与教会权威——理解那种斗争。然而，他却让讨好的普鲁士教授们用“文化斗争”或“为了文化的斗争”的名称来装饰这种斗争，而这一名称被天主教徒讽刺地译成另一名称“反对文化的斗争”，天主教徒并非毫无道理，因为用暴力来强迫意识绝不是文化；另一方面，在德国——多种宗教信仰的国家，其中天主教徒只占总人口的三分之一多一点，这里科学与批判具有很大权威性，根本没有必要为文化特意开展残酷战争。

当时在一些天主教国家正展开更为纯真的文化斗争，一种一个多世纪来由这些国家的专制君主开始的斗争，他们逐渐地解除对神权政治的屈从和束缚的状态，这种斗争被自由政府自觉地继续，在那些君主国还不可能存在真正性质的冲突——倾向于用文化代替文化，思想代替思想，或者正如这里我们能够说的，用宗教代替宗教。在这种代替的事业中，暴力被排除，不仅由于暴力在精神事务中具有明显的易逝性和无效性，而且由于被接受的自由原则——同意遵守任何条约，即使暂时顺从对手并让对手暂时占上风。无疑，自由讨论和宣传并不总够用，因为社会集团及教会同粗鲁愚昧力量结成的联盟设置障碍，有时不得不转到更为直接的实际与政治的活动领域。虽然，在这种行动中需要十分谨慎和细致入微，以便不要用坏的根除好的或好的部分及萌芽。通过举例更为清楚:比如涉及宗教教育在小学遇到的困难,由于在小学完全引入世俗的和启蒙运动的教学,在某些情况下出现危险——同孩子家庭或母亲的教育的尖锐冲突,并且动摇了父母的权威;或者涉及离婚的困难,同宗教忏悔性质的抵抗结合或交替的是,其他归因于对家庭制度的尊崇和遏止个人利己主义的过分膨胀的崇高动机的抵抗,即使以牺牲个人幸福为代价;一般来说,人们在重复着所有涉及或多或少迷信或狂热的民间习俗的东西,对这些东西应当一次又一次地纠正、尊重、禁止和任其流行。在某些特殊情况下,并不排除采取严厉和彻底的行动;然而,为使这种行动实现其目的,就需要在对立一方先做工作,甚至不受伦理约束并冒犯道德情感,以便创造对目的有利的条件并为目的说明理由。

人们在当时的意大利可以观察到被称作"世俗化"的过程,在形成意大利统一和自由的国家时,就从最优秀的天主教徒手中夺走世俗权力(这些世俗权力因其行为追随教廷,而不再被捍卫并成为普遍蔑视的对象),并且最终完成由旧君主国开始却不完美的改革,或者那些旧君主面对如下改革止步不前:废除教会法庭和教士阶层其他特权,查禁修道院和女修道院,没收教会财产,大学取消神学教学,诸如此类,不一而足;教育与文化日益现代化。在所有这一切中,意大利得益于坚决果断,在令人恼怒和满怀希望之间,因为天主教会采取脱离意大利公众生活的政策,禁止教会和信徒参加大选(投票或当选),只允许参加市、省和地方行政选举:这就妨碍在意大利议会形成天主教或教士的党团,这对于计算政治家在议会投赞成票还是反对派起着举足轻重的作用,从而使得同罗

马教廷的关系顺利轻松地发展，这种关系以所谓保证宗教法[①]确定下来，正如被涉及教会的或公共教育的所有措施确定一样。更晚些时候，在30多年后，意大利国家解体或借助外国军队推翻它的希望落空之后（不仅庇护九世，而且利奥十二世更甚，长期抱有这种希望），由于法兰西共和国总统卢贝对罗马访问（1904年）这一事实，才使教廷的妄想彻底失败，于是新教皇庇护十世同意大利政府签订正式协议，废除对天主教徒的禁令，同意某些天主教徒议员（尽管当时尚未形成党团）出席议会。在最近40年的进程中，伟大的工作业已完成，并构成坚实的基础：批判精神日益增强并得到传播，世俗思想与知识的优越性日益明显，以致神职人员也到意大利大学上课，为从事科学研究与教学做必不可少的准备。教权主义江河日下，即使反教权主义也不再有适宜的土壤，并用低级手段同低级教权主义战斗；从事物的平静进程，从人们已完成的活动，从人们撰写并被人人阅读的书籍（但肯定不是教士们的书籍），人们似乎可以等待世俗文化进一步发展。

法国承受更长痛苦并不得不做更大努力，因为在第二帝国长期发号施令的法国教权主义者，在第三帝国的最初几年，当他们确信正统主义者复辟迫在眉睫时，他们的表现仿佛又重返查理十世时代：狂热欢庆宗教游行和朝圣，为教皇抗议意大利及其宗教法令，为让罗马重归教皇而要求发动战争。这一切都得到麦克马洪总统的宽容和纵容，布罗伊在镇压反教权主义和反教廷俗权的游

① 1871年意大利王国向教皇做出保证，保证其个人豁免权、政治独立和其他特权。——译者

行示威并禁止纯粹世俗葬礼时,称那些示威是“蔑视宗教”的场景。建立议会制共和国的重重障碍被教权主义者设置,他们怂恿麦克马洪发动政变,麦克马洪在宗教与教会事务中有位顾问杜庞卢阁下。于是,巩固议会制共和国和反对教权主义斗争结合进行,在1875年甘必大重新发出呼声(早在10年前就响起)——“教权主义是真正敌人”,而激进派从那时起就要求政教分离,与此同时议会在1877年投票通过反对教皇极权派游行的强制性议事日程。在1879年陆续颁布解散耶稣会及驱逐耶稣会士的法令,解散在1881年未获批准的宗教团体的法令,由于法卢法的作用,原先掌握在修士和修女手中的小学教育,现在已经世俗化并变成义务的和免费的,同时还建立新型公立女子中学;在1882年宣布学校的“中立化”,无疑(正如西蒙感觉那样)是个“神话”,然而恰恰是思想与批判的宗教神话,这种宗教代替了启示与奇迹的宗教;在1886年规定教学人员必须是非神职人员。什么也不能阻碍法国沿这条路走下去,于是根据枢机主教拉维日里建议,教皇列奥十三世承认法兰西共和国,抛弃其正统主义者老盟友,因为发生这一切,并没有实现教皇珍视的意图——“为改变立法而接受宪法”。在德雷福斯问题上天主教徒对共和国发起的进攻,以及罗马教廷在此问题上的立场,使灾难性形势急转直下。那种虚伪的疯狂(似乎从修士们的口中重新听到盖法的名言“一个人为百姓死是有利的”)激怒了文明世界;这种被爱国者和民族主义者假面掩盖的教士疯狂使共和派的眼睛雪亮,从而,反德雷福斯派遭受失败,圣母升天修会被解散,圣母升天修士及其报纸《十字架》在那次进攻中表现得厚颜无耻,不久之后就通过了反修会法令,此外各修会靠其采用的教

育方法，将法国人同法国人分离，将接受它们教育的青年同接受公立学校教育的青年对立起来，正如瓦尔德克—卢梭称呼他们——“两种青年”，从而削弱法兰西国民的道德统一性。法令通过议会变得更加严厉，实施时也同样严厉；数年后因法国同罗马教廷的分歧日益尖锐，法国撤消驻梵蒂冈大使馆，甚至（在1905年）发生政教分离，废除1801年法国同罗马教廷签订的协约，宣布国家是世俗的，承认全体公民平等享有意识与信仰自由，取消国家与市政府对一种特殊信仰的资助，将教会财产交由地方慈善机构所有，把教会建筑、主教及本堂神甫的住处交给获准成立的宗教社团使用。法国天主教徒，最终罗马教廷都适应不可抗拒的东西，正是他们的过错促使它不断壮大并赢得人心；只是在以后年代法国天主教徒和罗马教廷努力争取并获准建立不按国家规定类型社团，但那些被称作“符合教规又合法”的社团，其实更符合分开的自由概念。

在法国和意大利的公众精神中，存在拥护这种改革和立法的运动的力量；而在其他国家（比如西班牙）没有或者很少这种力量，迟至1910年西班牙才开始就双边协议同梵蒂冈发生冲突。比利时同西班牙截然不同，其公共生活进程始终是民间的和议会的；虽然国民大多数是天主教徒，并且因传统信仰相当好斗，而自由派不能改变这一事实状态，也不能抛弃自由方法抓住雅各宾派方法，此外他们也知道用雅各宾派方法不能根本改变它。于是，比利时自由派多年屈从这种力量悬殊的斗争，尤其在学校问题上，这一问题成为整个形势的本质所在和标志。在从1878年至1884年的某段时间内，他们能够把握政权并强制学校推行世俗化，使学校置于国家监督之下，将宗教课程从日常教学中排除，并使得学生更喜欢上公立学校而不是私立及天主教学校。然而,这一切激起罗马教廷的敌视和不满,并造成更为严重形势,自由派在国内遇到强烈抵抗,这个国家被天主教徒搅得不得安宁;天主教徒重新掌权,并维持政权25年,首先加速了自由派教育事业失败。在1893年选举权扩大,但以此为基础的选举出的天主教议员人数更多更强,自由党几乎被他们所消灭;在1895年新教育改革强制进行宗教教学,还提供向家长施压的手段,并促使教会学校在全国泛滥。那时在比利时的精神氛围更为严重,既不能更新,也不能使它轻松,因为每次新大选,天主教徒都获得压倒多数票,而自由党人要同社会党人结盟的意图本身就促使天主教徒所获选票大增。在1899年采用的选举比例制相应地改变自由党人的命运;但不久之后引起剧烈动荡,在1911年他们同社会党人联合推行义务教育法,这是1914年教育法的过渡法令。

在其他民族那里存在的这种宗教思想及宗教习俗的抵抗,在自由国家范围内也能见出,虽然不以典型形式表现也不伴随在比利时能够吹嘘的胜利。可能有那么一天,新的世俗宗教渗透到所有社会阶层,甚至渗透到在传统上是“异教的”落后的落伍的乡村平民?或者把渗透到领导阶级(以使它日益一致、自信、坚定和灵活)并听任平民和并非贱民的百姓暂时或始终信仰异教,只作为目的或未来目的提出?期望解体、净化和宗教重构过程表明相当艰难和漫长,不像启蒙运动思想家与雅各宾党人所认为那样;即使试图加速这一过程和迫不及待地吹嘘这样做也不适宜,因为用雅各宾党人的方式这样做,不是什么也得不到,就是结果比这更糟。现代文明面前有自由的道路,现在要由现代文明通过同旧信仰真诚

竞赛以加强自己的力量;天主教反动危险,类似反宗教改革的反动,只能说是想象的,因为缺乏一切实际条件,除了缺少一个提供军队和政治支持的西班牙以外,正如在16世纪发生的那样(虽然,这里要补充一个令人惬意的轶事,西班牙最后一位国王,不忘过去的阿方索十三世[①]来到罗马,向教皇献上他的宝剑以捍卫神圣事业)。还有某些人构建的罗马教廷国际权力概念应当视为夸大其词,因为各国的天主教徒同各自国家及在这些国家生存、活动的政党有着千丝万缕的联系;于是,显然,德国天主教徒反对俾斯麦,主要捍卫自己的事业而非遥远的教皇的事业;在一段时期内,在某些地方,意大利天主教徒遵循不参加大选的命令,当他们普遍地战胜怠惰和冷漠时,他们就投票选举更好地代表其利益或同其友好并被欣赏的人士当议员;当列奥十三世决定归顺法兰西共和国时,法国天主教徒发生分裂,并很不情愿地服从教皇;爱尔兰人不听教皇关于恐怖活动的警告及温和的言论,他们的民族抗议活动总伴随恐怖活动;当天主教士在1897年支持捷克人反对德意志人时,奥地利的德意志人做出反应,高呼“脱离罗马!”,成百上千人走出天主教堂。天主教会的巨大力量在于其教条及其纪律的确定性和不变性,这赋予它一个止步不前者(相对于奋勇前行者)的好处与坏处,这种力量时而丧失时而恢复。天主教内部改革的尝试,正如德国“旧天主教徒”的改革尝试(因为相对说来是最重要的,所以能代表那些尝试),不承认教皇无谬误的新教条,建议恢复7世纪的教会,想要废止教士的独身生活及类似东西,正如所有混杂物一样,

① 阿方索十三世(1886—1941年),西班牙国王。——译者

很快就枯萎并死亡。而当 19 世纪末 20 世纪初之际,在最有教养的天主教徒那里,因受世俗哲学和历史学的影响,突然崛起“现代主义”思潮时,即让天主教接受历史批判却保留教会统一、教皇权威、教条形式的矛盾思想,回避并抗议对新教的憎恨时,天主教会在装备精良的古老战壕里,坚决并顽强地自卫,最终用教皇通谕《放牧》(1907 年)谴责现代主义,拔除它并投入火中:尽管这次捍卫和胜利让天主教会丧失曾经拥有的大量富有学问的杰出的天才人物。然而,这种损失同丧失自身存在理由相比要轻得多,如果天主教会屈服或无论如何达成协议,其存在理由的丧失将不可避免。

正如在反对天主教徒的斗争中失败一样,俾斯麦在他发动的反对德国社会党人的更为残酷的斗争中也失败了。这种情况再次证明专制制度及其手段的无能,当在不是同外国竞争的领域实施时,专制主义政治很少走运。社会党人在德国工人中日益扩大宣传,其报纸发行量激增,其候选人所获选票不断增加,在 1877 年大选中已获选票达 50 万张,这对俾斯麦敲起警钟,并促使他按其本性求助警察与战争手段;从而,在他让国民议会接受刑法某些严酷条款的企图失败后(他利用 1878 年发生的两次谋杀皇帝的事件,并且夸大其重要性,还改变其政治含义),就解散议会并重新举行大选,还在 1878 年 10 月让议会投票通过非常法(之前此法令被拒绝),根据此法令,社会主义或共产主义性质的结社、集会和新闻均被禁止,授权禁止被视为的煽动者在某些中心居住,授权关闭社会党人聚会的酒店、书店及类似场所,授权在安宁仿佛受到社会党人威胁的地方颁布小戒严令。虽然起初这些禁令及其严厉刑罚引起迷茫、恐惧、背叛和接踵而来的卑鄙告发,其实社会党人维持住自

己的队伍，将他们的报刊转移到瑞士出版，他们的领袖流亡国外；虽然在1881年大选中社会党候选人所获票数下跌到30万张多一点，但在1884年大选中得票数远超过50万张，在1887年大选中几乎上升到80万张。有效期一年半的非常法被延长12年；俾斯麦不想改变其统治方法，他不拥有其他政党：以促使该法令更加严酷，甚至求助政变，取消社会党人的选举权；最终，他紧紧缠住的这个绝望的党，成为他倒台的机缘(正如我们已说)，以致应当说他离开政治舞台是因社会党人的缘故。俾斯麦不仅没有为社会党人的道路设置障碍，反而为他们铺平道路，因为从那时起社会党在德国议会的政治代表日益增多，在1912年成为德国议会中最强大党团，共有110名议员；而某些社会党人甚至在半封建的普鲁士议会露面，他们被柏林市民选出；在俾斯麦之后，人们不再妄图扼杀社会党人，或采取行动使他们丧失信心，虽然威廉二世皇帝在1893年和1895年间曾想发动政变(他禁止俾斯麦这样做，但他同自己的亲信曾谈论过)，他让其首相霍恩洛厄在1894年提出“颠覆草案”，即反颠覆法草案，此草案在议会没有通过，在1899年另一个反对罢工和罢工工人对未罢工工人施压的法律被提议。在对付社会主义运动时，俾斯麦认识并实践消极的、镇压的方法，他不相信也不实践那种积极的、自由的方法，他只运用社会法作为唯一积极方法，这些社会法通过满足工人阶级的合法需求，必然根除社会主义本身的基础与推动力；于是，在1883年为患病工人设立基金，在1884年设立劳动意外灾难保险，在1889年设立老年人和残疾人保险，这一切推动在整个欧洲的社会立法，都归功于俾斯麦，但从另一角度看，这一切是对早在50年前英国开始的东西的迅速恢复,姑且不提更古老的前例,由于那类法令对专制君主国已不再陌生。即使那类法令有益,但启示它们的专制—保守精神也只能引起工人们的怀疑,正如让与并不要求的东西,为了不让与所要求的东西一样,准备满足某些肉体需求,以麻痹精神削弱斗志:除了那些措施外,人们感觉到它们大部分是社会主义运动本身的结果,社会主义依靠其存在和表达或未表达的威胁,强加这些措施或使这些措施的思想产生。

社会主义若撇开乌托邦,即附着在社会主义上的人类赎救或神化的乌托邦,借助向纯粹经济的并因此是物质的或唯物主义的转向,若直接考察社会主义的有效实际,则社会主义是让在公共生活中通常消极而不是积极的社会阶层或群众上升或促进上升的运动,它是社会的而不是反社会的,是历史的而不是反历史的,因此不可能用暴力反击——妄图镇压或统治它,仿佛它是野蛮的放纵,也不能用仁爱和善行让它恢复健康,似乎它是疾病。由于那种上升导致参加公共生活的公民人数增加,并使领导阶级富有朝气并补充新人、拥有新激情和新能力,社会主义具有崇高政治性。千真万确的是,带有欺骗性的海市蜃楼消散后,相应虚假理论就被抛弃,若在这种形成新公民和更新领导阶级的有效现实中理解社会主义,则其活动表明本质上同任何人类进步并非不同,同任何其他伦理与政治的活动并非不同,这些活动同所有其他活动一样,都同自由领域有关。没有自由的社会主义,或未通过自由实施的社会主义,不是真正的社会主义;这里不说那种有时披上伪装的社会主义,即专制君主为拉下资产阶级(对他们构成威胁的有教养阶级)而安抚并挑唆平民的诡计,纯正社会主义不能是称作“天主教”的

社会主义,也不能是自称"国家"的社会主义,还不能是同"国家"社会主义相似、1870 年后在德国社会政治协会、靠科学家和教授的热忱形成并站住脚、被嘲讽地称作的"讲坛社会主义"。讲坛社会主义(使用歌德的一个表达方式,用于截然不同的事物)是很好的"陪同"而不是"引领",是用来陪伴而不是用来领导,是用来研究并提出技术手段及合适体制,而不是用来唤醒并培育工人们的政治精神;而"国家"的社会主义能用于这种目的,只有国家不是保守的和反动的,而是迎合国民行动的;天主教的或基督教的社会主义也脱离了政治,列奥十三世的臭名昭著的《新事物》通谕(1891 年)被献媚地吹捧为"基督教的劳动者宣言",其实显现出其政治思想的空洞。在比利时的天主教民主派,作为"青年天主教徒",可能比在其他任何国家都早脱离天主教旧政党,以后年代在其他国家同社会主义相比,自称是"人民的"天主教徒,他们重复教权派同自由主义相比所用的策略,把自由主义的大部分要求与手段据为己有,将它们的效果转为扩大教会的实力或至少保存教会的实力服务;除非他们投身于反对教会本身,逐渐表现出对社会主义、对不言明的民主或自由更直接更深刻兴趣,他们接近现代主义,在政治领域同样是现代主义者。

现在恰恰为了让纯真的有效的社会主义从属于自由世界,而其进步的尺度由争取自由的事业提供,虽然这种社会主义对此尚未意识或者较晚才获得该意识或者只有其少数使徒具有该意识。什么东西升华让拉萨尔确信劳动者夺取政权,从而结束雇佣劳动者奴隶制,给予所有人正义和福祉?他根据所谓"铜"的规律推断出相应政治行动,这种'铜'的规律是一种抽象的经济模式而不是历史的人类的现实。什么东西升华使马克思(于 1867 年出版其艰辛的《资本论》)提出一种不正确的剩余价值学说和更不正确的利润率趋于下降规律和对人类历史的粗俗解释？当然拉萨尔在 1862 年和 1864 年之间已经为德国工人运动指明方向，并建立了全德劳动者协会，同时要求普选制和秘密投票制，这是为劳动者的上升所必需：其后由于俾斯麦而赢得普选制，俾斯麦是为自己目的才同意实行普选制(这方面他仿效路易·波拿巴)，但劳动者用普选制转为自己目的服务并反对俾斯麦本人，俾斯麦再也不能废除劳动者的普选权。马克思通过 1864 年在伦敦成立的国际劳动者协会，它在 10 年间历经磨难，尤其因他引入该协会的学说(虽然起初这些学说比较克制，并同他视为正义与自由偏见所蔑视的不同观点精明妥协)，他高举一面旗帜，德国另一个工人协会向这面旗帜靠拢。这两个不同的工人协会，拉萨尔的和马克思的工人协会，在经历多年冲突并试图排挤对方之后，在 1875 年哥达代表大会上，由事物必然性引导实现联合，涉及学说观点进行了调和，将拉萨尔学说同马克思学说相结合，形成一个统一的德国工人政党。这个党开始把自己的议员派往帝国议会，1871 年 2 人，1874 年 9 人，1877 年 12 人；由于社会党议员人数和社会党候选人所获选票增加，引起俾斯麦的反动逆流。迎着并战胜这股反动逆流，社会党已经赢得社会法令，最终取得道德上的胜利，反动逆流失败，因为新皇帝(尽管很快就应改变立场)那时开始讨好工人及其要求，在世界面前庄严宣布社会问题的严重性与紧迫性，并必须准备“满腔热忱和头脑清醒地”大胆解决社会问题，他说这将是“德国在宗教改革之后第二个伟大事业”，与此同时他在柏林召开关于劳工问题

的国际会议。毕竟工人起义，比如1848年6月巴黎街垒战已成遥远回忆；1871年巴黎公社，显示如何建立并实行反对资产阶级的无产阶级专政，根据马克思为宣传而乐于的改观，根据在有产者和胆小怕事者的恐怖想象中呈现的景象，并未开辟新时代；过去的社会主义不具有榜样的推动力或前提的现实力量，却逐渐在党的圣徒传或传说中占据位置，它们的作者冠以“先驱”的名称而受到尊敬，从柏拉图的和原始基督教的社会主义，从多尔契诺修士中世纪社会主义，从托马索·蒙策尔和乔万尼·达·莱达的半中世纪社会主义，到欧文、圣西门和傅立叶的社会主义（其最后成员胸前被马克思贴上“乌托邦主义者”标签）。现在的新现实是选举集会和议会党团，以及所有由这一事实引起的结果，即使那些结果起初未被发现但缓慢地显现。

在1880年在瑞士召开的党代表大会上，德国社会主义最终同无政府主义决裂，几年前由巴枯宁领导的无政府主义者成为第一国际解体的主要原因；虽然由李卜克内西和倍倍尔领导的那种社会主义总标榜革命，但同无政府主义相比，显现出并被说成是“温和的”。其实，社会主义由于开除无政府主义，也就不知不觉地将共产主义本身剔除；因为巴枯宁及其信徒的无政府主义，若不是抽象共产主义和马克思及其追随者的压制的国家化的对立一极，就是对应的抽象个人主义；无政府主义是任何形式的国家的否定者和破坏者，但以国家终结公式表现的共产主义，不是超国家、甚至是专制的吗？一种观念同另一种观念相连并依靠另一种观念生存；一种观念衰弱，另一种观念在精神和实质上也衰弱，并且被迫逐渐接受在个人主义中合法的东西，为满足自己需要，因此向自由主义转向。1891年爱尔福特代表大会是社会主义向所需自由转向迈出的又一步,这次代表大会是在废除非常法后召开的首次代表大会,在此次大会上制定分为两部分的纲领;第一部分批判现存文明的基础,并把未来共产主义社会作为理想反对现存文明,这部分颇具装饰性;第二部分其后称作"最低纲领"并包括一系列实际改革,在现存社会可以实现,显然这部分具有现实政治性,即在其他政党面前能够提出并捍卫自己独特要求,其他政党将协调并接受一部分要求,摒弃另一部分存在分歧的要求,随时间流逝可能接受更多甚至全部要求,这样,社会主义就对社会渐进发展的共同事业做出贡献。虽然德国社会主义坚持断言同《共产党宣言》的最终结论一致,同马克思启示并指导的"国际"协会的思想一致,但它不是革命的,它越来越变成本国的,并颇具"拉萨尔的"色彩。当威廉二世的期望落空,就改变对待社会主义者的态度,他呼吁国民为了宗教、道德和秩序斗争,反对颠覆的政党,在1895年还威胁要召唤其忠诚臣民以阻挡那些"无祖国的年轻人",那些"无祖国者"不配称作德国人;但事实是自称无祖国的社会主义,由于事物与逻辑的力量,同德国的经济与政治整体结合,以致为了说明这种社会主义,晚些时候创造了一个字眼"社会爱国主义"。虽然德国社会主义的理论前提是粗俗的唯物主义,并且它轻视宗教,但当它不再把宗教视为对资产阶级有用的阶级欺骗时,正如在爱尔福特纲领中那样,而是把宗教贬低为"私事"、私人的事情时,即使它不能遵循旧宗教,却不知不觉地在其深处汲取新宗教——思想、批判和自由的宗教的营养。在1895年后,社会民主党开始对此有某种自觉意识,党内感到需要反思、进行讨论、纠正或代替马克思主义的哲学

前提,重新想起截然不同的哲学与伦理学传统,康德的传统;最终,恰恰涉及政治学说的异端,从一位长期正统的老马克思主义者伯恩施坦那里突然产生,他提出口号:“人们所说的最终目的(消灭国家的共产主义社会)微不足道,而运动才是一切”;运动,即自由的具体的和不断进步的事业,对于想要任何其他特殊目的来说,首先想要自身。多义的马克思,加上交替的世界末日观与进化历史观,在权威或实力崇拜与人类社会中自由崇拜之间摇摆,提供了民主主义的解释,还有历史主义的解释,从而让人们注意到:他从未主张社会主义绝对比资本主义优越,而是特定情况决定经济体制的优越性。社会主义者的形象变得亲切,不再令人发抖,人们在议会辩论中听到他们有理有据的讲演,在报刊上读到他们的文章,不似“国际主义者”形象那样空洞而神秘,20 年前人们说起“国际主义者”,往往同“虚无主义者”——手握炸弹、破坏世界的使徒混为一谈。虽然他们代表大会的决议强调理论的坚定性,但在实践中合作与改良主义战胜了坚定性。在 1913 年,在另一阵营,首相办公厅主任德尔布吕克虽然认为,因普选制和所谓资产阶级政党之间不和,在议会仍会发生令人不愉快的事情,但他公开承认“社会主义不再是革命的,除非是在对立党派中的极端分子和歇斯底里患者”。这种社会主义的“自由化”或“民主化”(正如人们更乐于说得那样)实现了,在其边缘到处形成具有革命者气质的人们构成的新集团,虽然这些新集团并不重要,晚些时候“斯巴达克团”就从这样的新集团中产生,老李卜克内西的儿子成为该团领袖之一。然而,当欧洲战争爆发时,这些不妥协者被党的多数、被正统的党所压服;在德国,正如在法国和比利时,社会党人也加入人们所说的所有政党的“神圣团结”。1914 年 8 月 4 日,德国社会民主党声明,他们热忱的选票将陪伴应召拿起武器的各党兄弟们,他们在危难时刻不会脱离祖国。

意大利社会主义大致走着德国社会主义的道路,因为在经过前期之后,在 1870 年至 1890 年间,在意大利社会主义中,巴枯宁的无政府主义和暴动主义的残余火星复燃,还伴随短暂工人马志尼主义,但它最终接受马克思主义理论,在 1892 年成立一个党——意大利社会党,该党也完全脱离无政府主义,在议会拥有自己的议员,并起草自己的最高纲领和最低纲领,还走上合法道路,鉴于西西里及其“劳动者联盟”的地区条件,当工人和雇农同警察发生冲突时,它不能反对工人和雇农,也不能反对破坏秩序和暴乱。新党后来受到迫害,因为该党某些领导人参加了西西里事变和 1898 年米兰动乱;但迫害很快中止,被大赦取代,因为意大利公众舆论反对迫害,它超越党派,表现出对被审判者和被判刑者的同情。在 1900 年限制议会制度的企图失败,议会制度取得更广泛发展,一方面,在如意大利这样一个拥有古老文化和无偏见智慧的国家内,科学批判迅速瓦解马克思主义的哲学、历史和经济的体系;另一方面,同时在德国发生的情况产生影响,意大利社会党分裂为革命与改良两种“倾向”,这两派在 1904 年博洛尼亚代表大会上达成协议,1906 年罗马代表大会上实现另一种妥协,直至 1908 年博洛尼亚代表大会上改良派明显占上风。在德尔布吕克对德国做类似观察之前,意大利内阁首相焦利蒂在意大利议会发言,说社会党人“已把马克思束之高阁”并变得更理性;他本人也竭力吸收社会党人中的精英入阁。在意大利,社会党人也未能保持是国际的和

“没有祖国”的;他们不仅参加意大利精神反对奥地利战争的准备,而且他们最大的理论家安东尼奥·拉布里奥拉成为意大利殖民事业与工商业扩张的支持者。具有革命气质者、随机应变改良主义的蔑视者、对正统社会主义衰落厌倦者,都在意大利致力于探寻同他们更相符合的新公式;索列尔用其工团主义提供了这种公式。索列尔使由他设想的社会主义同早期基督教相似,他派给社会主义的目的是从深层道德根源革新社会,因此他同早期基督教徒一样,要给社会主义灌输、培育同现存社会“决裂”的情感,避免同政治家发生任何关系,封闭在工人工会中并沉浸在总罢工的“神话”中。这是渴望道德整肃、渴望真诚的诗人的建构,对待现实存在他是个悲观主义者,却执意在那种现实中探寻隐藏的水源,似乎新鲜、纯净的泉水从那里喷涌;他的那种诗歌一经现实考验,在他眼前立即消逝。当欧洲战争爆发时,尽管正统社会党在1912年雷焦艾米利亚代表大会上同改良主义决裂,但仍然没有解决温和派和革命派之间的分歧,显现出其精神落后于事态发展,没有能力也很少想阻止意大利参战,成为悬在半空中的人,同国内生活、甚至同国际生活隔绝。

在法国,社会主义同自由主义汇合很少遇到阻碍和麻烦,因为马克思主义的历史与阶级的辩证法、经济基础与上层建筑理论、理想世界理论,作为经济利益的面具,具有整体异质性,从而必须同其他党派的概念及情感比较:它们都是邪恶的,因为是“资产阶级的”,同时必须将生产力和资产阶级文明推向极端,其意图是这样让资产阶级文明毁灭并导致向对立面转化;所有这些及类似东西,适宜一个富有理论修养并拥有各种复杂理论的民族,比如德意志民族,但在法兰西民族那里难以扎根并流行。法国社会主义的革命传统是布朗基的起义传统,即夺取市政厅,期望重组政府,根据理性制定法律;但对巴黎公社采取的军事行动及随后的流放,持续多年的戒严,禁止第一国际的扩展,同时回忆起义工人遭到贯穿一个世纪的频繁失败,根除对那种传统的希望和冲动。当共和国已经巩固并取消戒严时,开始对巴黎公社幸存者实行大赦,涉及劳动者的问题可再次提出,左翼共和派和激进派已经把称作"社会纲领"的特殊部分(法律上承认工会,缩短法定劳动时间,劳动者的社会保障,其后还有收入累进税,矿与铁路的赎买,全民武装,选举法官,诸如此类,不一而足)纳入他们的政治纲领,大致等于在德国被称作的"最低纲领";因此,社会党人在共和派和激进派中发现同盟者并与之合作,只要他们不再坚持未来共产主义社会和马克思主义的其他概念。从而,在一个马克思主义小组(盖德—拉法格)旁边,大约在1881年形成另一更为重要的工人政党,这是由命名为"可能派"(阿莱曼等人)的社会主义者组建的,因为他们建议要求并获得在现在实际上可能实现的改革。在这样的纲领中,包含议会中的合作,可能还有政府合作,1895年当选议员饶勒斯描绘出议会社会党,并同激进派达成协议。若马克思主义小组领袖盖德,在布朗热时代根据那个学派的风格,声明两个资产阶级政党之间的争夺对无产阶级来说无关紧要;相反,新社会党人同共和派结盟积极参与德雷福斯事业,即自由与世俗事业,反对教权主义者、军国主义者和反动派。在那次危机后,一位社会党人米勒兰在1899年进入瓦尔德克—卢梭内阁,担任工商业部长职务;这种情况扰乱马克思主义经院哲学建构,因此在德累斯顿代表大会或"主教公

会”上受到谴责，其后为了不破坏（正如人们所说）党的团结，被在法国召开的其他代表大会、被以前那些人所确证，正是他们曾经希望这一情况作为捍卫受到威胁的祖国的需要，作为社会党成熟执政的证据被通过；这最终导致法国社会党分裂为议会社会主义派和独立派。在1902年的选举中，就解散宗教修会和宗教政策展开斗争，社会党人加入左派联盟，取得巨大胜利；在1906年白里安为进入萨尔杰内阁而脱离社会党，次年另一位社会党人维韦阿尼担任劳工部长。

其后，马克思主义在英国的影响可以完全忽视，虽然马克思恰恰在那里形成自己学说并领导第一国际；大约在1884年由海因德曼创建的马克思主义的社会民主联盟追随者寥寥。相反，亨利·乔治关于土地国有化的理论令人振奋，在一个三分之一土地属于贵族，而且多为牧场、花园、猎场和游乐园的国家里这很自然。在英国人们从来不想迫害或镇压社会主义，也无需艰苦努力就可让社会主义逐渐汇合到自由主义，因为从一开始，涉及劳动的问题就自发地定位在英国社会和政治的框架内，无论自由党人还是保守党人全都关注这些问题，留给特殊的有效的社会主义的地盘不多。“费边社”社会主义（1883年）是精神自由派，“费边社”社会主义，正如名称本身所示，排除突然的和彻底的剧变，并建议用事业伴随事物自然发展，远离不受约束的自由竞争，引导到生产的社会体制；还有劳动独立党（1893年）表现出是改良主义的而不是马克思主义的政党，工人联合会致力于必须和可以实施的事情。伯恩施坦在伦敦居住多年，为了修正马克思主义和德国社会民主改革，从他在英国所观察的现象中发现样板并受到鼓舞，在1899年他写

道,那里“没有一个负责任的社会主义者还梦想通过一场大灾难立即获得社会主义胜利,也没有梦想依靠革命无产阶级迅速夺取议会;相反,工作越来越转向市政府和其他自治行政机构,并且改变蔑视它们的习惯,还到处同组合运动保持密切关系”。

社会主义的类似面貌与演变,相似事物进程,在比利时、瑞士、奥匈帝国、荷兰和斯堪的纳维亚国家也能显现出,在指出自由主义逐渐取得对社会主义的思想胜利这一重要普遍特征之后:自由主义邀请社会主义并引导它进入其圈内,自由主义说服它为合作停止分裂,清除千年期待的想象,让它转向现在,让它从唯物主义的简单化的头脑变为历史的和人道的头脑;自由主义还不应特别关注社会主义在这种变化中取得的胜利,这种变化显得好似胜利而不是屈从。社会主义那时成为政治学家和政治家的主要对象,它也拥有年轻大才中的佼佼者和那个时代的高尚激情:文学本身、小说、戏剧、抒情诗发出了社会主义的呼声。一位英国政治家说道:今天,我们大家都是社会主义者。人们决心迎合选举权的扩大和普选制,为使劳动者需求找到其代表,劳动者需求并同其他社会需求相结合,惩罚劳动投资者和富人的利己主义,为使那个社会阶级通过讨论、选举、监督,培育其政治感与责任感:关于义务教育、扫除文盲、举办夜校和民众大学等法令,用事实否定指控——“资产阶级”想要让人民“无知”,并让某些反动分子徒劳地低声抱怨,这些反动分子与其说可恶不如说可笑,他们叹息丧失对辉煌旧时代的捍卫。建议、推动和接受社会措施的立场和良好愿望是普遍的,不再并不仅由于专心致志的保守党人(此外,他们值得赞扬,若如人们所说,他们关注社会和平及拯救共同文明遗产免受灾难和野

蛮破坏)，而是作为对权利的庄严承认。继德国之后，其他所有国家逐渐施行俾斯麦关于养老、残疾和工伤的保险法令；在德国和所有其他国家，在实施其他许多卫生性质的法令后，以不同方式及不同节奏，继而实施关于劳动者与雇主义务平等、禁止夜间劳动或限制童工和女工、强制休息、减少每天劳动时间的法令：在 1890 年前后，要求每天劳动时间限制在 8 小时，并肯定从每天 14 小时(以前在许多工厂很平常)降低不少(在英国，在迪斯累里时代，每周劳动时间限定为 56 小时；在 1904 年的法国，每天劳动时间限制在 10 小时)；还实施其他关于家政劳动、工人之家、优先选择劳动合作社承接公共劳动项目等法令，诸如此类，不一而足。工会、劳动联合会、职业同盟，得到法律上的承认；设立劳动委员会并在各个部特设分支机构，最终甚至设立劳动部。这样，托马斯·莫尔表达的另一指控也站不住脚，他说国家是富人同盟，或按维科说法——祖国是党派事业；关于“阶级斗争”和关于“资产阶级”作为统治阶级的现代理论也必然动摇并不能成立，根据这种理论，“资产阶级”只为自己牟利并顽固地反对劳动者。那个所谓反社会主义的“资产阶级”，其实是公正的文化——生活新形态之母，正如它(无论无产阶级还是资产阶级都不在其经济含义上理解)不仅激起社会主义，而且继续培育社会主义。早在 1897 年就可将社会福利政策总目集册；在 1900 年成立争取劳动者保护法国际协会，其总部设在巴塞尔；1904 年法国提出建议，意大利率先接受建议，制定工人国际法规。同政治社会主义一起，对提高国民地位进程做出贡献的，还有那些被潮流推动的非政治的或极少政治色彩的、国家的、讲坛的、天主教的、基督教的、合作社的社会主义。在 1889 年第二国际召开的争取 8 小时工作制代表大会上，决定设立“五一”国际劳动节，它作为争取世界革命的国际会合日，引起怀疑和恐惧，在最初几年遭到反对并导致示威和冲突，其后被平静地欢庆，不再有人反对，并被接纳入习俗。新型劳动者正被描绘或已被描绘，正如那种“进化与自觉”的工人类型，有时面带微笑；但也是受到各种司法保障的工人类型，这种新型劳动者与日俱增。对那些继续把社会主义置于将来、或长或短的将来的人们，对那些想象社会主义一次成功并一劳永逸、同时没有看到或不理解在自己周围发生事情的人们，可以回答说：社会主义就在现在，“在生成”，并且总以这种方式“在生成”，正如人类所有思想与行动，正如整个世界，不是永恒存在而是处于永恒变化之中。

社会主义运动及其最重要成果的社会措施，使自由主义与自由贸易主义、道德与经济、伦理原则与经济原则之间特别紧密关系相分离，以前它们几乎融为一体，这是半个世纪前确定的关系，而社会主义运动及社会措施并未打算这样做。在前期，自由为各个民族的道德与政治生活开辟的健康之路，似乎就是自由竞争应当在经济领域开辟的健康之路，欧洲工商界的、尤其是英国工商界的富有朝气的冲动帮助这种推论和幻想，在这种偶然经验基础上，形成带有宗教色彩的绝对价值学说；此外，它从其初期就有怀疑者和批判者。然而，当那种青春时代走向衰落，因经济条件变化，通过自由竞争创造的奇迹使“社会问题”自发消逝的希望落空，人们发现垄断魔鬼以卡特尔与托拉斯的形式从自由贸易主义内部走出，人们发现面对有待对付的社会问题，除自由贸易经济手段外，还有伦理与政治的美德，这种美德使前种手段服从自己的目的，当那些

手段益于伦理与政治美德时，就运用那些手段；当那些手段不益于或损害伦理与政治美德时，就弱化或抛弃那些手段。英国的曼彻斯特学派衰落，老对手以现代新面貌（不同于反谷物法时期具有的面貌，并且现在有迪斯累里作为其代表人物）崛起，让人们明显看到这种改悔和转变。不仅保护工人阶级的必要性要求国家干预（以前遭到反对），而且国家感到必须保持某种经济自主权，在世界经济的涨潮落潮中，为了保障战时的武器和物资供应，为了阻止某些社会阶级（这些阶级在民族生活中的作用不可替代）的破产，为了在社会调整时避免过于频繁过于强烈的震动，为了支持刚起步的民族工业，还由于多少紧迫的财政原因。于是，有利于劳动者阶级的国家干预，以或大或小程度伴随关税保护主义，这种关税保护主义时而损害时而有利于劳动者阶级利益（总是有害或有利于这一阶级或那一阶级），但似乎对国家的整体利益和普遍和平有益。在这方面，还是德国的俾斯麦最早或最早一批做出榜样，于 1879 年颁布海关税则，除英国外，几乎其他所有国家仿效，英国能够大致维持自由贸易主义的路线；但那时保护主义受到贸易条约的限制，一般说来并未使工业和运输业萧条。显然，争论是自由贸易主义还是保护主义包含绝对真理，这种争论犯有根本性错误，因为自由贸易主义和保护主义是唯一关系的两极，人们总是推崇前者或后者，只有应用具有纯粹经验价值的公式，才能这样争论；一切在于：在实践中、在逐个情况下，在千变万化的历史形势中，抓住关键之点，这一点也可能是经济上有益那点，但这一点从未被纯粹、抽象的经济考察所确定。

尤其在 1890 年后，工业实力与财富高速增长，这一时期在欧洲发生:技术发明及其应用,生产的多样化,市场的扩大,日益快捷的运输工具,成为众所周知的事情,大家都记忆犹新,因此可以省略,在考察智力、道德及政治生活的叙述中作为前提,这种生活为令人惊奇的生产活动及生产率提供条件,而这种生活又从那种活动中汲取理论与手段。欧洲人口从世纪初的1亿8000万增长到世纪末的4亿5000万,就是有价值的象征,还未算上欧洲将其儿女派往南北美洲和其他新兴国家的上千万人,仅仅美利坚合众国的居民人数就从1800年的500万增长到1900年的7700万。无论目光投向什么统计,都会发现启示此类事实的数据,这些数据也可作为象征,比如比利时的统计:比利时在1850年投入工业的资本总额是3亿比利时法郎,而到1913年就上升到70亿比利时法郎;在比利时的安特卫普港,1840年装运货总量为24万吨,到1913年就增长到1400万吨;世界煤炭产量,1860年为1亿3000万吨,到世纪末就上升到6亿5000万吨。殖民扩张进程迅猛异常,特别是从1880年以后,当几乎所有国家都渴望拥有殖民地时,都竭力仿效当时在扩张、巩固和调整的英国,大英殖民帝国建立在全球四分之一可居住面积上。法国将其帝国从不足100万平方公里扩展到约1200万平方公里和5亿人口;德国直至1884年尚无殖民地,但很快通过征服非洲、澳洲及某些远东港口,就跃居第三;意大利占领厄利特里亚,更晚些时候占领的黎波里塔尼亚;比利时多亏国王列奥波德二世,才拥有刚果国;西班牙丧失古巴和菲律宾,即古老殖民统治的最后地盘后,开始攻占摩洛哥海岸;俄国继续在亚洲扩张;美国在1896年后推行自己的帝国主义。驱使这种扩张活动的情感非常复杂:部分实际和部分想象的经济利益,强权

与政治威望，想把自己语言、文化和习俗扩展到世界其他地方的爱国心（殖民主义者费里在1885年说道：“法国不希望仅仅成为一个自由国度，而希望成为这样一个大国：它能把其风俗习惯、语言、武器、旗帜及其才华撒向各个角落”），最终，还有对人类与普遍文明更加广阔的爱。英国赋予自己帝国自由特性，让帝国内称作自治领的部分——加拿大、澳大利亚、新西兰和晚些时候的南非，拥有自由和民主政体，自己的法律和政府，自主的贸易关系，自己的军队（某些国家已经要求建立自己的舰队），它们同宗主国以自发形式联合，由于利益一致，由于共同的语言和传统，由于理想的认同。经济日益变成世界性的；欧洲依靠世界其他地方生产的谷物养活，它自己生产的谷物远远不够，一方面由于谷物被其他作物种植代替，另一方面因土地被占作他用。

同财富的生产同步，普遍福祉也在发展，即使暂时地在某个地方或某个国民阶层尚未战胜艰辛与贫困，甚至由于邻国的繁荣感到更加难以忍受，即使有时因经济急速变化引起贫困加剧。到处可见城市人口与农村人口比例的变化，由于工业人口的集中与增长，造成手工业和小企业的减少或消失，并且形成企业技术人员与职员的无比强大的阶层。教育在所有社会阶层中都得到发展，人们阅读更多的并通常是多语种的读物：凭借电报与电话，每天发行报纸，甚至每小时发行报纸，介绍世界各地的生活。有时发生这种情况：一次辩论，一场论战，一个问题，在一个国家发生，却引起各个国家人们的关注，比如德雷福斯事件。

然而，对如此勤奋并享有如此长期和平（欧洲从未经历）的时代，却做出“平庸”及“怀疑与不满”的“时代”的判断，人们已经在历史学家的著作中看到这种判断:这种判断发音奇怪并非常费解,若不把这种判断同 1848 年后开始并在 1870 年达到顶峰的精神危机相连的话,上文我们已经描述过这种精神危机。对于在自由秩序中活动并从中获益匪浅的实践来说,不再需要结合那种实践的崇高意识,这种意识要理解其充分意义并承认其无法估量的价值:因此,宗教与伦理的冲动减弱,在批判概念中深化与革新的能力降低,意识的本质生活遭到凌辱,在这种生活中仅有的痛苦、悲伤和焦虑,汇集成净化的艰辛,并转化为慰藉与革新的力量。在 18 世纪末和 19 世纪最初几十年间,成为近代哲学的雅典的德意志,在两千年后,献给整个人类一种同样原创和丰富的思辨成果,当它提高到伟大的民族的和政治的力量时,人们就确信能让那些思辨产生新的伟大成果,而那些思辨却被降级,在精神上变得贫乏,丧失曾具有思想和所有民族知识的坚强认识者和繁荣者的作用,虽然德国科学家继续勤奋地工作,而且他们的学问博大,但再没有提供天才的闪光,而把继承的遗产——古典时代作品束之高阁或完全忘却或不屑一顾。在康德和黑格尔的祖国,现在人们在思想领域看到的是新批评家、心理学家和类似令人尊敬的人士,他们满怀正直愿望,但缺乏活力和勇气,全都趴在地上。斯宾塞们和阿尔迪戈们在其他地方非常走运,空洞的实证主义和进化论使得头脑昏昏欲睡。还有当人们捍卫自由并将自由理论化时,捍卫和理论都是经验式的和表面的,正如斯图亚特·穆勒在论述此题目的一部名著中所见。大火已经熄灭,或在某些人那里潜伏,在那里只爆发出几个火星;那时通常的吞吞吐吐和平庸的语调就在于此。人们抱怨在新一代中没有同马志尼们、加里波第们比肩的革命英雄,同加

富尔们和林肯们媲美的政治英雄;这样的抱怨是绝望的想象引起的:他们在风平浪静之时,欣赏在狂风暴雨中,经顽强拼搏把船开抵港口的船夫;但他们对于新人适应新时代的纯粹有益和正义事业的评价犯有不公正错误。对那些乐于讽刺和嘲笑第三共和国政治家和国务家的法国文人,贝克在1896年当面回答:若没有那些政治家和国务家,他们这些文人会沦为奴仆或死在监狱,正如在第二帝国时代一样;若他不得不在最近25年中在政治工作和文学工作之间进行选择,凭良心说,他会毫不犹豫地选择政治工作。然而,由于这一切,有待承认:那时诗人、思想家、先知、使徒,很少给在所有时代和所有条件下,在人们的头脑和心灵中不断展开的斗争,带来光和热(而那种斗争需要救助和指导);这些人很少被人倾听并很少产生影响。物理学家、博物学家、社会学家不可能死守自己的地盘,那时肯定不缺少这类人,但限于他们的基本原则,他们只应用技术,而不应用凌驾于任何技术之上或其深层中的东西。

缺乏精神力量、经常意志消沉和接踵而来的悲观主义立场,使人们用习以为常接受和解释的方式,观察事物进程带给社会和政治不可避免的变化;相反,应当下定决心,发现问题,制定决策,坚决执行。放任自流和不闻不问,即绝对经济自由主义的乌托邦,作为医治社会弊病的灵丹妙药,已被事实所粉碎;人们没有做到,区分上述学说中空想部分和真理部分,理解并珍重这种真理,正如对任何真理应做的那样,在保障真理的局限内,信守这种真理;却对那种信仰与希望的丧失痛心疾首,没有尝试用另一种真理代替,甚至也未尝试用国家干预和保护主义的学说代替,另一方面,人们还发现后一种学说的弱点和危险,从而在两种对立观点之间迷惑不解,也没有能力进行协调。此外,由于人们停滞在同自由主义概念懒惰地相连的自由贸易主义概念上,因对自由贸易主义公式的不信任,导致对政治自由真理本身的不信任,其实自由主义是更高层次的概念。同样,另一事实——政治斗争不再按两党模式进行(经典地区分并对立的保守和进步的两党,两军对垒,针锋相对和轮流执政),让人们错误地判断议会制度在器质上患病并很快死亡,其实作为根本条件的如此模式化和活跃的两党是议会制的前提,但需了解——区分与对立的那种清晰性反映自由形成与巩固以及自由体制初期的特性,而当有待讨论和解决的事物呈现出千差万别状况,尤其是议会党团的构成更加复杂,结果是政治聚集及组合的类型多样化:在此种情况下,完全不用担心保守与进步、过去与未来、历史与生活的理性缺失,因为这两个永恒环节是以千差万别的特殊形式活动的。那些"贵族"、自由贵族也不会消失,他们最先在有限选举制下领导选举,指定候选人,现在按扩大选举制或普选制选举,再不能维持和行使相同职能,正如人们所说,他们无可挽回地听任选举受偶然、受蛊惑人心宣传摆布,因为,其实主要是新条件要求探索新方法,而这些新方法已开始出现并进行实验。为对在选举中出现徇私舞弊、尔虞我诈、私下交易、滥用职权感到惊奇,需要把过去历史理想化;还需要闭眼不见并不思考,这方面现在在伟大的美利坚共和国发生的更为糟糕的,但被自发道德理论和公众舆论纠正并减少危害的情况。很自然,由于选举权扩大,在议会中,议员身份、演说方式、行为举止和风俗习惯都会发生变化,而变化的方式并不总能令人愉快;即使在那些往往庸俗的形式或外观中,也存在对所有人自由的保障,譬如,尽管在阿方索十二世或阿

方索十三世时代的西班牙，立宪与自由生活并不完美，但比起在斐迪南七世或卡尔洛主义给予西班牙的政治生活要好得多；从而，与其得出结论——应当废除议会制度，不如关注引导并领导议会改善的方式（正如实际发生那样），这种议会不会和任何时代的议会截然不同，有时所有议会都是软弱的、敏感的、混乱的、接受贿赂的，所有议会都需要找到善于操纵它们的人物。人们乐于以伟人的神态从事伟大发现：比如发现选举权和议会的“谎言”，其实这里没有其他谎言，只有在司法形式和历史实在之间的差异，司法形式恰恰不能同历史实在一致，因为司法形式形成就为了规范历史实在，而只有交替使用严格性和灵活性，才能规范它。类似的不假思索，启示对德国、对其反议会主义、对其“强国”（激进派和社会党人强调）、对其“伦理国家”（似乎实现德国教授们建构的“伦理国家”观念）的奴颜婢膝的赞赏，将德国经济的发展和活力归因于那种政治建构，然而，德国的弱点就在于那种政治建构。反议会主义、反民主主义、反自由主义开始风行，到处构成称作（英国发明的一个字眼）“装绅士派头”的本质部分。至少，在那些词语中（罪恶就在人们说到那些词语的内容中），经常轻率地泼掉洗澡水并连孩子一起抛弃。

大约在1890年，当社会主义和马克思主义关于历史与国家的学说，从欧洲怠惰思想及黯淡无光、死气沉沉的政治文献中绝处逢生时（这种学说自诩是德国古典哲学的女儿，这虽然是虚假的，但在问题的定位及辩证—历史方法上保留其某些优点），无疑，具有不小的益处——唤醒头脑反思人类社会及其历史的本身原则，重新提出相应伦理及逻辑的问题；另一方面，一种理想（无论是推导的还是设想的),重新在思想的高峰上闪闪发光,重新让心灵对行动和使命感兴趣。然而,通过伴随接受那一学说很快进行的批判(那种学说已占领阵地 10 年多),正如很自然,若那些马克思主义学说不能坚守自己阵地,并撤退到经济领域,作为剩余劳动和剩余价值的理论,撤退到哲学领域,作为物质的形而上学和辩证法,相反,从中不能产生关于人类精神性和作为自由史的历史的清醒意识。甚至,运用马克思主义和历史唯物主义(马志尼曾惧怕其人性与美德上的缺陷)产生相当熟悉的作用,使头脑惯于并倾向于思考历史中的积极力量是“经济阶级”——封建主、资产阶级、地主、企业家、银行家、工人、农民、产业无产者和流氓无产者,诸如此类,不一而足;惯于并倾向于通过计算斗争中不同阶级的利益与力量来处理政治问题,并探寻可以依靠的经济阶级:这就妨碍真实理解历史和人类生活,并且丧失精神统一性,这种精神统一性制约一切,超越抽象经济的经验主义图解和智者的计算。发现并断言——在经济阶级之上总存在一个只能被伦理理想推动的“政治阶级”,似乎是件大事,肯定要付出艰辛与努力:然而,这种观察应当导致、却没有导致实在观的整个变化,没有导致新哲学(仍然难以理解),经济主义和自然主义仍然占据新哲学的位置。

因此,若那个时代的作品显得平庸和狭隘,发生如此情况,不是由于它伟大地促进伟大历史以前时代的事实,而是因为考察形成中作品的智力,将它置于黑暗之处的想象,不欢迎它不让它发扬光大、而同它脱离或蔑视它的心灵,既平庸又狭隘。思想和理想的危险的空虚,若一段时间内未造成太大危害,则很快就充斥形形色色虚假理想的诱惑,在 19 世纪最后几十年的低劣浪漫主义或颓废

主义文学中已经闪现，在 20 世纪初就遍地开花，政治思想本身受到毒害。还有某种哲学的恢复和优化，在世纪之交自然主义的粗俗和实证主义的狭隘变得无法容忍，只有一小部分指示走上伟大哲学之路，而大部分走上神秘主义、实用主义和其他形式的非理性主义。然而，精神的衰落和内心的死灭，均可通过批判、教育得以克服；或者它们作为不具内在价值与活力的东西自生自灭，导致其对立的及更好的东西产生。除这种思想与情感的危险外，还需补充另一种实际的有效的危险，这种危险因欧洲国际关系的条件产生，这样的条件为那些精神立场提供物质，培育那些立场并最终激发它们、促使它们行动。

第十章　国际政治、行动主义与世界战争(1871—1914年)

其实,如果民族特性的和政治自由的观念,在几乎所有欧洲国家的领土划分和国内秩序中获得稳固结构,并且在法律和习俗中得到体现,那么从自由运动开始起,被推导或被预见的自由原则的另一结果却以截然不同方式发生:预言那一原则扩展到国际关系,以世界自由民族联盟形式,或以欧洲自由民族联盟形式,准备实现"欧罗巴合众国"。马志尼总用他那双先知和使徒的眼睛凝视这一蓝图;有过某些时刻,似乎欧洲克服巨大障碍,朝着这一方向发展:尤其在1859—1860年,意大利获得独立统一和自由;在俾斯麦之前德意志仿佛做类似准备;欧洲自由主义用自己的选票加速奥地利失败,期待奥匈帝国进一步解体,被民族国家所代替;波兰自治重现希望,俄国实现现代化和欧洲化;这一切给人留下深刻印象。然而,以后在这方面遇到意想不到的障碍:出现中止和转向,并且最终在1870年后放弃那种想法,此种想法被视为乌托邦,以致严肃的人们要么再不提起它,要么面带微笑地提到它,有时带着忧郁的口吻称那是年轻人的天才梦想,有时带着嘲笑的口吻说那是孩子般天真幼稚的想象。在随后几十年内,由于1877—1878年的俄土战争,塞尔维亚、黑山、罗马尼亚、保加利亚和希腊根据民族性原

则，分别实现国家完善，它们要么获得独立或挣脱土耳其奴役的最后枷锁，要么扩大了领土；挪威人也拥有自己的民族性和特性，在1905年脱离瑞典而独立，以前它通过1814年条约而不是政治体制与经济条件的共性，同瑞典结为联盟；格莱斯顿建议并支持在爱尔兰实行自治或地方自治法，在经历30年的拒绝、再建议、动乱、起义之后，终于在1914年由下议院通过地方自治法，这就使爱尔兰自治具有法律的力量，虽然暂时尚未实行自治。然而，波兰的命运仿佛无可挽回，波兰国家的重建甚至不再成为自由派的希望和政论的对象，最后还有芬兰丧失自治权，而普鲁士在境内的波兰人居住区推行非民族化。在奥地利，德意志、捷克、斯洛文尼亚、波兰等民族永无安宁地相互冲突，致使1893年塔费伯爵调解各民族冲突的企图落空，并使议会活动很难或几乎不能开展；由于1907年选举法改革，奥地利赢得短暂的喘息机会，从而在帝国议会中少数派阻挠多数派议案通过被克服（在地区议会中尚未克服），但很快不可调和冲突伴随以前暴力重新发生。在探索扩大同奥地利关系中自治权的匈牙利，马扎尔族同其他民族发生冲突，只赞同在司法和行政事务中有限度地使用其他民族语言，却通过小学教育竭力扩大匈牙利语的应用范围；当时，斯洛伐克人、罗马尼亚人和塞尔维亚人，在欧洲发现新时代的维克多·雨果——挪威人比昂松①，在文明世界面前，他做他们的保护者和复仇者；与此同时，克罗地亚人同塞尔维亚王国的塞尔维亚人达成协议，“三民族体制”显得

① 比昂松（1832—1910年），挪威诗人、剧作家、小说家。1903年获诺贝尔文学奖。——译者

绝望,某些人欣赏这种观念,但在奥匈帝国,在一个旧时代、承袭国家时代残存的政治形态中,要求对精神和社会、政治关系的彻底颠覆。比奥匈帝国顽固抵抗在欧洲充分实施民族原则更加严重和危险的是,人们对建立自由欧洲联盟的希望完全破灭,1870—1871年普法战争造成的形势使这种联盟决不可能实现,这场战争使法国伤痕累累,并因两个古老省份被夺走而怒不可遏,渴望报仇雪耻;而德国正像一位猎物颇丰的猎人,保持高度警惕——防止猎物被夺走;围绕这两个不可平息的敌对国家,其他国家结为集团:于是,在所有民族发现对自己劳动与进步最为有益的联盟的地方,人们不得不凭借结盟与反结盟和裁减军备谈判,适应欧洲均衡的传统机制,好像是适应维护和平的唯一权宜之计一样。

然而,在欧洲各个生产领域及其文明与文化的奇迹般增长中,和平如此美好,对欧洲不可或缺,凭借那种均衡,长期用以阻止一场欧洲大战(大家都恐惧地注视着)的爆发。俾斯麦是这种和平政策的主要创造者,他非常关切为德国赢得的东西(也是他个人荣誉)不受威胁,他认为德国(如他所预见的领土和国力)再不需要一次战争,正如他所说,那就太"贪婪",即使能给德国带来实际收获的胜利战争也不行。这样,在1878年的柏林会议上(在俄土战争之后),俾斯麦自诩为了维护和平以正直中间人对待各方,俄国曾认为通过俄土战争能够只按俄罗斯方向解决东方问题并解放"斯拉夫兄弟",却促使其他强国,首先是英国,捍卫自己利益;在交战国和未交战国之间重新分配战利品,那时似乎是为实现这一目的利大弊小的手段。与此同时,俾斯麦促成德国同奥地利结盟,并把意大利吸收到那个联盟中,意大利正想进一步扩张,损害法国在地中海的利益,同奥

地利发生冲突，相应重提罗马问题，于是产生三国联盟；同时，俾斯麦同俄国签订再保险条约[①]，并通过意大利还把英国同三国联盟联系起来。在这个领域，俾斯麦是位大师，他运筹帷幄、适可而止，他思路开阔又谨慎小心；他让法国（对它封闭任何在莱茵河上雪耻的通道）在其他地方扩张，不受干扰地建立其庞大殖民帝国，高度警惕不使它参与同德意志帝国竞争；他同样避免妨碍英国通过新占领巩固印度之路，并扩张殖民帝国；此外，他对土耳其与俄国事务、对海峡的控制、对所谓“东方问题”不感兴趣，他在一定限度内帮助奥地利在巴尔干扩张，这一政策符合他的想法——奥地利的使命在东方，在东方，奥地利代表德意志文化，却不认为奥地利的德意志人应同德意志帝国联合，还让他曾经憎恶并怀疑的天主教徒占优势。这样，和平在欧洲得以维护，即以经验方式而不是以彻底的宪法的方式，为此付出代价的不仅是一位外交天才不懈努力、警觉与技巧，而且有德国和全欧洲不断增长的庞大军费开支，以及几百万军队的扩充。在以如此手段维持的和平下，在做好战斗准备的军队的重压下，敌对立场日益加剧，并孕育战争危险：法国自打1870年后最初几年，就把目光转向俄国——抵御强大邻国并渴望收复失地的可能盟国；英国和俄国不仅因君士坦丁堡、而且因在亚洲扩张而发生冲突，在亚洲两个势力范围相接触；意大利因被称作“尚未收复”的土地，认为同奥地利有算不清的账。此外，各个民

① 1887年6月18日，德国和俄国签订秘密条约，约定缔约国任何一方与第三国发生战争时，则另一方必须保持中立。但德国对法国、俄国对奥地利作战时，上述条款则不适用。——译者

族和国家听任把实现自己愿望推迟到或多或少遥远未来,由于遵守强迫它们和平相处的均衡,更由于对和平本身的热爱,它们惧怕一场战争对现有领土可能造成的后果,正如对它们的政治、社会和经济造成的后果一样,对国际主义、无政府主义和革命社会主义威胁人类社会产生的后果一样。“欧洲音乐会”并不等同于欧洲文明使命,在战争中因各国利益不统一,一般显现出对土耳其的无能,虽然1876年在保加利亚大屠杀和1894年、1896年的亚美尼亚大屠杀,在欧洲引起对土耳其的恐惧,尽管一位国务活动家格莱斯顿称土耳其苏丹是“大屠夫”;但在1897年,刚刚能够限制,却不能阻止希腊-土耳其战争爆发,其后在巴尔干战争中更是无所作为。只有某些德国历史学家敢于赞誉“那种以前从未见过的历史”,作为地球上主要国家普遍联合的例证:1900年列强决定征伐中国,“堪称19世纪终结史”,因此具有重大的“世界史”意义;威廉二世皇帝对这次征伐进行美化,他用慷慨激扬的演说使它带有阿提拉色彩,其实八国联军烧杀抢掠无恶不作。

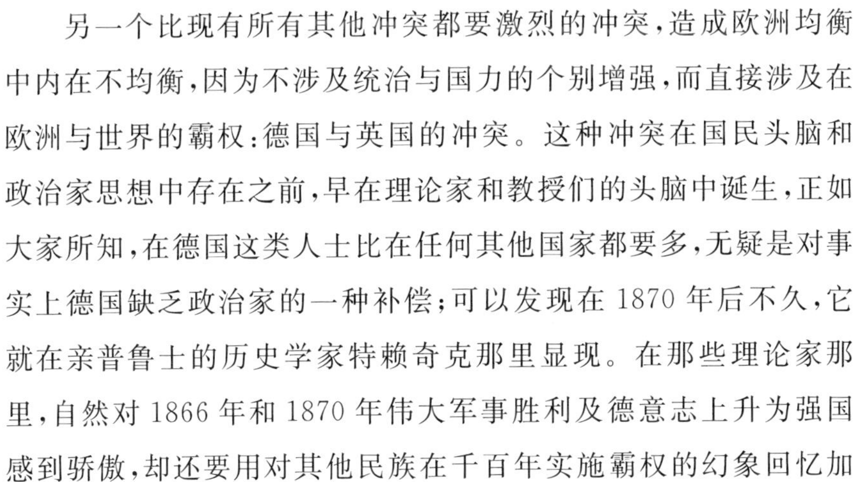

另一个比现有所有其他冲突都要激烈的冲突,造成欧洲均衡中内在不均衡,因为不涉及统治与国力的个别增强,而直接涉及在欧洲与世界的霸权:德国与英国的冲突。这种冲突在国民头脑和政治家思想中存在之前,早在理论家和教授们的头脑中诞生,正如大家所知,在德国这类人士比在任何其他国家都要多,无疑是对事实上德国缺乏政治家的一种补偿;可以发现在1870年后不久,它就在亲普鲁士的历史学家特赖奇克那里显现。在那些理论家那里,自然对1866年和1870年伟大军事胜利及德意志上升为强国感到骄傲,却还要用对其他民族在千百年实施霸权的幻象回忆加

以补充:希腊、即早期欧洲对东方实施的霸权;罗马对当时已知世界实施的霸权;德意志通过其萨克森及斯瓦比亚的皇帝们,从10世纪到13世纪能够实施的霸权;相反,却以忌妒的目光观望英国现时在大部分陆地和海洋实施的霸权,痛苦地回忆起英国总能机警、迅速地击败其大陆主要对手——西班牙、荷兰、法国;从这些前提得出结论:现在比武场已向德意志开放,德意志通过霍亨索伦王朝承继其中世纪皇帝们的光辉事业,这是新希腊反对新波斯,新罗马反对新迦太基,从来不会遭遇荷兰的命运。德意志到处莺歌燕舞:朝气蓬勃,英勇善战,学术繁荣,各个领域成绩斐然,国民道德蒸蒸日上;英国已成落叶老树、凋败枯萎,全面衰落,一个可定性为“反动”的国家、虚伪的国家(如同一个感到衰老和虚弱的人),由思想贫乏、狭隘的政治家管理,享有一种明显不合时宜的强权,这是在以往时代悄悄地确立的,那时海战和雇佣军决定世界重要战争的胜负,在外国占据堡垒和海港都是合法的,因此这种强权在民族国家和国家军队强大的时代已经不被承认。现在,正义希望德国要求重新瓜分世界,它不接受现在的瓜分,因为瓜分时它正受到内战的困扰,阻止它建成大国;公平要求把被英国卑鄙窃取并无力维持的霸权交给德国,因为德国充分准备肩负起领导世界的重任,用更强健的臂膀,用更现代的思想,用可能更广泛发展,甚至还用创造东方与西方的新综合、人类的新宗教。这些理论家和教授,根据通常的历史分期、分类和规律,根据四大王朝接续的古老历史哲学和圣经观念的断简残篇,向聚精会神听讲的学生们讲述;四大王朝恰恰是依次轮到某个独特民族、国家的霸权及其艰难生存,现在以至永远应认为它们已经衰落,在历史上已经不再积极、活跃,它们靠其他民族才艰难度日,被另一个民族或国家支配或者指挥,这是个重任在肩或者凭借人群或人种的优越(比如日耳曼人,生来就要指挥他人)实施霸权的民族,诸如此类,不一而足。所有这些抽象和神话,几乎按实在对待,并且代替兼具更简单及更复杂、更少神学与自然主义色彩的纯粹、具体的实在。以这样的理论与判断为基础的教授们,在对英国的控告中大肆卖弄学问,这种控告同其他控告大同小异,指责英国不知不觉、悄然无声地建立大英帝国,即大英帝国是自发涌现,述说自己事情;而他们呼吁的帝国应当通过哲学或历史的推演建立,而且根据一个蓝图:不是通过小战役或纯粹海战的偶然一击得以实现,而是通过各个民族的陆地大战(类似萨多瓦战役和色当战役那样的大战)来实现。以这种方式准备政治,人们通常在德国文学和艺术中发现类似缺陷:批判或理论公式通常先于事实,并想让事实按其方式发生;然而,在政治上这种错误的后果更加危险。晚至19世纪末,英国才将幅员辽阔的帝国(在两个世纪中夺取的)上升到称作的"帝国意识"。无论如何,由于在国际关系中,只存在为获得所要求东西的两条途径——军备谈判或决议,由于排除同英国谈判的可能,从而不能声称英国衰落、老朽、懦弱并准备将海洋、殖民地、自治领和指挥棒让给德国,因为一个民族是否真正衰落或衰亡,另一民族是否真正生机勃勃和富有力量,只能看证据,证据可能引起绝望和惊异,如果那些理论家想要通过人民行动,让实际事物按他们希望的进程发展,从而他们成为国际领域的促进者,那么他们清楚地想要迟早或在适当时刻发动战争。于是,德国和英国之间争霸世界的斗争种子就播在头脑中。

俾斯麦不相信政治按历史学家和哲学家构想运行，他不信任那些教授，他小心翼翼绝不支持那些好战的世界纲领；此外，他对殖民地并不狂热，在1884年当他向殖民主义者的压力屈服，开始将某些南部非洲领土纳入德国的保护国时，他坚持认为那不是德国应走的路。在他被撤职后、离世前一年，当海军上将提尔皮茨向他介绍海军扩军计划时，建议用一支强大舰队保护德国商船，抵御英国对海洋的统治时，他对这种技术人员危险的政治理论化的东西怒不可遏。但是，从另一种角度看，德国看待国际关系的方式，通晓靠大战打击改变世界形势的思想，某种归因于决断或果敢的理想的言语的流行犬儒态度（这种犬儒主义使那个优秀、善良民族中佼佼者的面庞变成可怕怪相），都来源于他——他的榜样，他的教诲，他乐于对自己行为及取得对敌人成功（他让他们失望，他对付并战胜他们）的满意评价，他的"伦巴族人的奸笑"（正如某些老意大利文人所说）。他坚定不移地希望和平，因为他认为由于他完成的事业，德国已经满足自己的需求；然而，当刚刚消化完第一顿大餐，新饥饿感，对新食物的渴望又显现出迹象，将会发生什么事情，他那肥胖的身体会骚动不安吗？正如从未否认过其榜样和其教诲一样，不值得讽刺其尖刻现实主义，并未抛弃其情感和其立场的传统，就能说服这种传统在政治上建议截然不同的目的，追随截然不同的自由的国际政治的或欧洲的概念？当他不再为航船掌舵，或者他被闲置一旁，作为一位受痛苦折磨的老人而不再是他本人，其他接续他的人们，并不拥有他的深刻洞察力、他的机警谨慎、他的天才，而只记得他的言行，因此只准备外在地模仿他，即准备拙劣地模仿他的事业，那将会发生什么事情呢？

新饥饿感、新对外政策、新人都出现了,新时代也来临,恰恰由于威廉二世皇帝登基,人们称作“新进程”。德国应当获得世界霸权的观念很快压倒其他所有观念,这种观念被教授们灌输,渗透到普通思想中,为同其他国家关系确定另一个方向,而由俾斯麦织就的布匹业已支离破碎。1890 年,在俾斯麦下野不久,同俄国签订的再保险条约并未续签,业已同法国达成默契的俄国,因此更加靠近法国,直至在 1894 年结成某种形式的联盟。在几年内德国同俄国迫在眉睫的战争危险日益严重,直至俄国把目光转向远东。1896 年威廉二世皇帝给克鲁格总统的著名电报,公开反对英国人及其南非政策,鼓励布尔人投入战斗,其后德国却没有支持战斗中的布尔人。在 1898 年,这位爱冒险的人物在演讲时使用如下格言:“我们的未来是在海上”,一年后他又重复说:“我们必须建立强大的舰队”,并且着手建立那支舰队,按提尔皮茨的规划和俾斯麦所不赞成的目的。威廉二世皇帝到东方旅行,在大马士革他宣称是“3 亿穆斯林的朋友”并准备捍卫土耳其。在那时的德国,对英国的反感已经变成大众的情感,正如很自然,遭到对方回敬的同样反感,虽然这种反感缺乏理论论证。英国对德国的言论及事态感到担忧,在那儿人们说到被毁灭的迦太基,与此同时,采取必要的预防措施,放弃“光荣的孤立”,英国政府在 1904 年同法国达成协议,而德尔卡塞辛勤工作,推行被称作包围德国的政策。在 1905 年,威廉二世为摩洛哥事务召开阿尔赫西拉斯会议,德国对于会议的结果很不满意,因为缺少三国联盟中一个强国意大利的支持,虽然意大利没有脱离三国联盟,但维护它同英国悠久、持续的关系,并且同法国保持一致;在 1908 年,德国因摩洛哥又同法国不和,关

于协议的谈判尚未结束，皇帝发表在《每日电讯报》上的采访引起轩然大波；在1911年，德国派遣一艘炮舰“黑豹号”到阿加迪尔，战争几乎一触即发，英国准备在那一时刻同德国决裂，如果不是当时形势因法国与德国之间的新协议而转好的话，德国从法国那里得到法属刚果的一大块领土。英国没有停止在外交上和军事上做准备，在1907年，英国同俄国就波斯、阿富汗和西藏达成协议，同日本同样达成默契。与此同时，德国让它同意大利的关系尽可能发展，并加强同奥地利的密切关系，奥地利因国内民族冲突，因在巴尔干（尤其是塞尔维亚）引起反对它的其他冲突，因同俄国争夺对斯拉夫民族的保护，已对自己未来缺乏信心，这一切导致对欧洲和平的威胁更频繁更迫近。在1908年因修改柏林条约，奥地利宣布吞并波斯尼亚—黑塞哥维那，在1911—1912年的意土战争和1912—1913年的巴尔干战争的进程，1913年奥地利下定进攻塞尔维亚的决心（因意大利反对才被阻止），都显现出这点。战争机器在德国、法国、英国，在所有国家，都在加速运转。

今天，当我们重读1912年至1914年在德国的著作、小册子和报刊上印刷的文字，就会产生身处战争氛围的印象。伯恩哈迪将军在1913年出版其论《德国和下次战争》的著作，其他军事著作家和许多团体、协会对他做出回应，那些协会是为促进陆军和海军军备、为战争教育和战争煽动才成立的。德国几乎向英国发出最后通牒：要求英国放弃世界霸权，听任德国在大陆放手大干、让其成为中欧联盟中心、并打倒法国、夺取其殖民地、让比利时和荷兰的领土扩大，同意大利瓜分法国在北非的属地，不受阻碍就实现对东亚的经济渗透。人们不断重复如下议题：德国人生育力，移民美洲和为祖国牺牲的两百万德国人,德国人超过英国人的聪明才智,法国与英国的衰落与垂死,德国不应代行保障和保险公司之职。人们筹划让土耳其、保加利亚和罗马尼亚加入三国联盟;与此同时,人们重提莫尔特克致布伦奇利信中的名言和戈尔茨将军更近的言论,人们赞扬战争与鲜血的道德化美德,选择最强最优者,靠血的洗礼对弱者的赎救,只有战争推动文明,只有战争拥有从萧条、从"驯化"(从"驯养",正如用一个德语新词所说)中拯救人类的力量。在 1913 年和 1914 年前几个月,德国人一次次地听到宣布或警告——对德国有利时机已来临,不能让它溜掉。在 1914 年 7 月,一位军人发表"论帝国决定命运的时刻"的小册子,王储对它大加赞扬,命令广泛散发。在相同年代(1913 年 2 月和 3 月),历史学家克拉姆博在伦敦主持关于德国与英国的系列讨论会,想要让英国人很好认识德国人的暴力狂热和坚定意志的起源、方式和原因,他并未嘲笑这种暴力狂热和坚定意志,相反看作严重危险和最高捍卫的悲剧性斗争,轮到英国同一个强大的可尊敬的对手较量。

面对这样的政治规划和战争愿望,心灵高尚、智慧超群的人们也参与其中,比如斯特莱斯曼[①],在其后年代他们被召唤到相反事业中,承认遭受普遍狂热的痛苦,竭力促使德国和整个欧洲的精神符合和平(即使此前斯特莱斯曼也为德国要求"阳光下的位置"并夺取他人殖民地,推动扩大陆军和海军军备),在德国本土当然也存在努力让人倾听忠言的人士,其中包括另一位德尔布吕克,这位军事史学大师,一度担任腓特烈王储的家庭教师,他发现构成德国

① 斯特莱斯曼(1878—1929 年),德国魏玛共和国总理和外交部长。——译者

未来真正危险的不是社会党，而是“泛日耳曼主义”，他发现战争将要给德国人和整个文明世界带来“空前绝后的灾难，因为战争无用，此外在欧洲目前条件下要想获胜值得怀疑”。一位名叫安吉尔的英国人在1910年发表《大妄想》一书，此书后多次再版并补充上随后几年的争论，它被译成所有文字，在各国被争相阅读，其观点是：如果在其他时代，战争能为征服民族赢得土地和统治，现在战争已不能满足这种需要，因为可能的胜利者不可能占有另一民族的财富，由于世界经济的相互依存，使得刚一接触这些财富，它们立即消逝；甚至让胜利者的财富也消逝；既不能强加自己的语言和习俗（正如在现有国家内对少数民族都做不到）；也不能使高级理想获胜，因为不可能：在某些国家存在的理想，另一国不拥有，在所有国家各种理想同样冲突；另一方面，必须深表怀疑：通过战争产生适合现代文明的人类才能与美德。由于决心使用武力，其特征之一肯定是个功利事实，这种功利计算（事件证实其准确）符合逻辑并适当；但人们并非永远接受推理的结论，如果之前经验尚未证实这些结论，不管这种经验多么艰辛和苦涩。

其次，由于另一特征和另一方面，那种战争心理不是纯粹功利事实，而关系到一种道德立场，这种道德立场必须在自身中探察和理解，如果没有苦涩的经验和预见的灾祸，通过单纯批判分析很难改变。人们早已说过，1870年后的欧洲，对道德和政治的积极沉思减弱，只由这种积极沉思产生并更新的信仰以及伴随信仰的满腔热忱也随之减弱，人们业已提到这种软弱无力和精神空虚有多么危险，当被唯物主义、自然主义和实证主义并重新开始更加迷信的哲学思维时，危险不是减小，而是变得日益严重，人们乐于走上神秘主义和非理性主义的布满陷阱的险恶之路:危险在于形成并崛起一种虚假理想。适合这一切的条件已经存在于现代世界的力量本身,存在于其工商业、技术发明、制造越来越强大机器、地理探险、殖民化与经济剥削等乐此不疲的活动中,存在于越来越重视科学与实际研究而不是思辨与人文研究的倾向,存在于开始并扩大娱乐本身和社会游戏、即被称作体育的东西,从小艇和帆船赛到汽船,从拳击与足球到滑雪,大家都以不同方式竞相广泛参与习俗并关注身体强健及灵巧,相比之下,智力与情感部分受损。伴随国家用于防御与进攻的军备竞赛,马克思主义色彩的社会主义也与此种效果趋同,在其意识形态(已渗透到它与之战斗的社会阶级中)中,强调一个阶级反对另一个阶级的斗争、总罢工、夺取政权、用暴力推翻现存社会秩序、建立无产阶级专政等等;从而,那些个人主义者和蔑视人民者(即反社会党人),也把思想转向类似手段,他们也都贪婪地攫取,他们反过来煽动"群氓",即不是煽动国民,而是煽动头脑简单、盲目、冲动或容易冲动的人群,每个大胆者都可为自己目的而利用的热烈鼓掌或大喊大叫的蠢人。人种学家和伪历史学家的种族斗争理论和人造政治意识,对颂扬暴力起着推波助澜作用,根据种族斗争理论,精心炮制的日耳曼、拉丁、斯拉夫、斯堪的纳维亚的、或伊比利亚或希腊的种族的人造政治意识,似乎不仅是实际事实,而且是有待让一个种族反对其他种族、奴役或灭绝其他种族的自然价值。战争、流血、屠杀、冷酷无情、残暴,不再是反对、厌恶和感到可耻的对象,而是作为为达到目的所必需的东西,它们变得可以接受并求之不得,还用带有诗意的魅力进行伪装,甚至产生某种宗教奇迹的激情,由于人们说美存在于战争和流

血之中，并且只有通过那条路，人们才能赞颂并享用英勇的狂热。可用语言表现这种理想，到处都在说“行动主义”这个词：这个一般词汇，包含所有特殊形式，因此显得更恰当。虽然它被称作“帝国主义”，但需注意此词大约于1890年在英国诞生，本身并未说明什么，只是使英国殖民政策有个更有力更一贯的良好开端，其后只有行动主义才赋予帝国主义另一特征。虽然还被更为普遍地称作“民族主义”，必须记住这个名称产生于反德雷福斯时期的法国，它具有反犹主义及反动或专制君主制的内容，但民族观念本身，在从马志尼开始所具有的经典形式中，是人道主义的和世界主义的，因此同变为行动主义并被格里尔帕策[①]“人性，经过民族性，转化为兽性”的公式所预言的民族主义相对立。

在欧洲精神中形成并崛起的这种“行动主义”理想，就其本质看是什么呢？虽然它矢口否认，但自由主义首先是它唯一不能接受并从不结盟的要素（正如它准备接受任何其他要素并结成任何联盟，包括同天主教及罗马教会结盟）：尽管如此，甚至恰恰如此，其原初冲力只存在于自由原则之中，这种原则在现代社会中根深蒂固，以致决不能缺少它。因为，如果剔除自由的道德灵魂，如果让自由脱离过去及其值得尊敬的传统；如果要求自由不断创造新形式而剔除这种创造的客观价值；如果对自由接受的斗争、战争、牺牲与英雄主义剔除目的的纯洁性；如果用外在引导与指挥的纪律代替自由自发地服从的内在纪律；那么，只剩下为行动而行动，

① 格里尔帕策（1791—1872年），奥地利戏剧家，其作品总是回顾、模仿古典和浪漫主义的成就，并表现了从幻灭的唯心主义到与现实妥协的痛苦转变。——译者

为破坏而破坏,为革新而革新,为斗争而斗争,而战争、屠杀、英勇献身和泰然牺牲,似乎成为自身追求并渴望的东西,也包括服从,但服从是在战争中应用的;这样,“行动主义”就应运而生。因此,在这种翻译、改写和用唯物主义语言对伦理理想痛苦的拙劣模仿中,行动主义本质上是对热爱自由的倒错,是对占据上帝之位的魔鬼的崇拜(但仍然是崇拜),是作黑弥撒(但仍然是弥撒);如果它憎恶自由主义,那是因为魔鬼是上帝的猴子,但魔鬼保留某种魅力,类似于附魔天使的魅力,或用更少想象色彩的语言说,正如塔西陀给予邪恶的吸引力——“自由的假象”的吸引力。行动主义并非直接地本义地反动,正如因其某些幻想细节,因偶然以旧制度——路易十四君主制、反宗教改革等作装饰,被认为在旧历史上缺乏任何根据,并把当代工业主义及促进它的心理的征兆公开展示,以致,由于这一特征,有时还被称作“美国主义”。其后,这种向着自由的冲动偏离正轨,引起或倾向反对自由和运用反动方法,完全符合其进程的逻辑,行动主义导致一个人对其他个体的统治,对其他个体的奴役,并由于这一切,导致对个性的压抑,然而在最初时刻它曾幻想强化个性,其实是放纵并让其缺少道德意识,让其丧失内心生活并走向堕落。这就是行动主义的道德本性及宗教本性,或者(同样成立)是非宗教的不道德的本性;我们在上文提及的,是在 19 世纪末 20 世纪初促使它发展的机遇,并且赋予它内容与特色。然而,其深远的渊源总是在病态浪漫主义中,这种病态浪漫主义从未被彻底战胜,虽然在一段时间内昏昏欲睡(彻底战胜和完全根除它,肯定永远都不可能,因为它也是人类精神不断反复出现的危机),1860 年后重现以脱离实践与政治和“颓废主义”形式的浪漫

主义，现在出现丧失其原初时期所有崇高理想要素的浪漫主义，都倾注到（这是严重的事情）实践与政治中：以致在“门外汉”那里也能耳闻目睹这些货色，经验丰富的老政治家对他们感到厌恶和怀疑。业已充斥色情和病态景象的文学，很快就填满这种新浪漫主义、虚假英雄主义、残酷与血腥的倾向，这种文学确证新倾向并把它灌输到人们心灵中。重新兴起对拿破仑的崇拜，这种崇拜已经不是在近卫军老兵那里，不是在伟大军队的幸存士兵和军官那里，也不是在倾听叙述史诗的青年那里，却在由司汤达业已确立、而其当代人既未理解也未倾听、但现在大为时兴的形式中（根据其作者司汤达预言，指出大致走运的时期是 1880 年）；人们渴望效仿那位英勇、果敢、目光犀利的活动家，他从不迟疑不决和谨小慎微，他善于抓住时运并赢得世界，人们还向往模仿形形色色同他相似或以相同方式被理解的人物。一位更像诗人的哲学家——尼采，同样被粗俗地解释，还把他奉为行动主义的先知。在意大利有邓南遮们，在法国有巴雷斯们，以及许多类似他们的登徒子和性虐待狂，他们都转向淫乐，或因反常刺激心血来潮和激动，转向这种新浪漫主义。这种新浪漫主义在多次尝试隐逸风格之后，未能满足启示行动主义理想，也丧失此风格的纯洁性，在艺术相同形式中，变为行动主义的或“能动的”风格，被称作“未来主义”。

非常自然，青年人被这些貌似伟大的景象所俘获，并受到那些抛弃过去鼓动的冲击，连同过去谨慎小心也被摒弃，大批地成为“民族主义者”、“帝国主义者”、“能动主义者”、“体育主义者”和“未来派”，或兼备上述多重身份。在欧洲的各个角落，甚至在欧洲之外，都发生了这种情况；不仅仅在德国，在这方面德国并不比其他国家对病态的钟爱更重或更轻些,也未孕育出在他国未孕育出的那种思想,尽管此种思想符合德国的某些传统,它特别喜爱人种主义与种族主义,并把行动主义归于日耳曼主义,从中产生接受某些文学作品的兴趣和好感,具有这些倾向与想象的作品构成历史哲学和形而上学。这种"行动主义"的精神状态真正引发欧洲战争并迅速变为世界战争,除非在国际形势下存在的战争危险消除,正如在多年内能消除一样,当"行动主义"精神状态尚未占统治地位,并且良知靠散文坚守阵地,正如当抽象考察时,似乎在若干机遇中可让它们消除,在 1908—1909 年、在 1911—1912 年屡次尝试交涉同英国签订海军协议,提尔皮茨反对这些协议,他未发现有人能够有效地反对他。机遇是供给善于抓住它们的人的,个体完全可以或者根本不能抓住它们,这取决于公众精神是否给予他们有待运用的力量,是否帮助他们正确实践并制约他们、纠正他们的错误;听从以往历史和交织事件造成的形势的民族和国家,很难抓住这些机遇。这表明要追究个人或民族的所谓"战争责任"将会多么失望,因为大家都会用三段论法推理,把他人要他们承担的罪责回敬他人,他人再回敬其他人,直至归咎于世界的作者,在此种情况下,他肯定是真正的责任人,因为是他而不是别人做出安排:欧洲生活在经历无数考验和经验之后,又要经历行动主义的浪漫主义和盲目、愚蠢的民族主义的考验和经验。

正如在德国存在反对泛日耳曼主义和扩军备战的人士,他们告诫要实行更加严肃的政治,于是,当时以不同名称和不同形式呈现的行动主义,同样拥有批判者、讽刺者、告诫者、怒斥者;还可以回忆起他们撰写的许多东西——反对本能和兽行的疯狂,反对变

成激情的潮流，反对空洞机械主义（它是非精神化或失魂落魄的过程），反对破坏“任何精英文化”的体育，反对空洞帝国主义和空洞民族主义及其浮夸华丽的辞藻，它们如此，因为充斥唯能论的词语和景象，诸如此类，不一而足。然而，风已经朝那个方向劲吹，众人甚至没有发觉航向，命运靠凌驾于个人之上的力量起作用。

命运把人们拖向战争，业已在欧洲精神中活跃的战争，现在作为用武器战斗的战争，在此刻的欧洲爆发，那里民族自由和民族主义倾向的混乱要求同时骚动，那里奥地利帝国主义和沙俄帝国主义在争夺霸权；战争烈火一旦点燃，就蔓延成世界大火。所有人，无论情愿还是不情愿，都被卷入其中，不可能抵御毫无节制的力量，不得不得出业已提出前提的结论，由于他们被迫参战，因为不可能置身战争之外，或者将面临未来更大的损害。战争体现为德国与英国之间争夺霸权的战争，英国政治家奥特韦在1870年所作预言证实这点，几乎整个欧洲（还有附加欧洲——北美共和国）联合或协约反对德国，起初德国只同奥匈帝国在一起，其后又拉上土耳其与保加利亚。

战争的道德题目很快被协约国构想并传播，作为捍卫受到查理五世新帝国威胁的各民族自由，这是捍卫自由制度，反对普鲁士和奥匈帝国、霍亨索伦王朝、哈布斯堡王朝的专制制度，是对仍受压迫和奴役民族的最终解放，是把德国人从强加给他们的古老政治制度（同整个自由与议会制的西欧不同，）中拯救出来，是从霸权体制和均衡体制最终过渡到民族之间联盟体制。相反，德国人在陈述他们发动战争的理由时很笨拙，因为他们不会把对其国民的“神圣捍卫”放在首位，认为这太一般，由于都在战斗这一事实本

身,对所有战斗中的民族都一样,这种“神圣捍卫”缺乏历史内容,因为没有确定政治理想——用以反对协约国的政治理想;当德国教授们想要提供缺乏的这种确定性时,他们就德国为统一欧洲将采取的方法(这种方法类似于普鲁士为统一德国所采用的方法),就泛日耳曼,就霍亨索伦王朝及其官僚统治的世界将享有的幸福与道德,撰写不少幼稚可笑东西,这些货色会引起所有自由心灵的颤抖或愤怒或嘲笑。在这之后,此外,他们惊奇地发现,协约国的“战争宣传”(正如人们所说)非常有效,或(还如人们所说)组织得比他们好。在那一时刻,加富尔精神和俾斯麦精神针锋相对地重新复苏;不要感到惊奇:前一精神仍对人类发出那种光芒,散播热量,唤醒后一精神不可能给予的激情。

然而,当德国人控告协约国提出的意识形态的虚伪性时,他们确有几分道理。若说全部的或预谋的虚伪性,本书作者永远不会赞同,他作为一位意大利人,不仅清晰记得战争爆发时及意大利保持中立数月中存在的、或重新唤醒老自由派和政治家的、在国民思潮中表现的情感与思想,而且那些开赴卡尔索和阿尔卑斯山牺牲的意大利青年的音容笑貌、行为举止、著作书信,都历历在目。他们是意大利民族复兴运动的年轻精华,他们受其父辈、导师和诗人,我们最后一位伟大诗人卡尔杜齐的热爱自由、正义与人道的教育。在其他国家也孕育着类似思想与情感,在英国自由派真正确信他们赞同服从的战争,应当是最后一次战争,在战后国际关系应在新基础上建立,均衡、结盟、反结盟、秘密条约的体制,将被捍卫和平的公约所代替;美国总统同样严肃地设想其向交战国国民提议的著名“十四点计划”。然而,那种控告是真实的,由于全部自由

意识形态，在我们描述的心理（在欧洲相当强烈）中没有发现共鸣和回应，这在协约国国民之中和在德国国民之中完全一样；由于尽管自由意识形态保留说服他人或大众的优点，但帝国主义者和民族主义者及类似政治家与报刊专栏作者都可以伪善地和虚情假意地利用自由意识形态，来为自己的政治目的服务，正如“不信神的天主教徒”对待天主教那样，蔑视自由与人道的自由派与人道主义者也如此对待自由意识形态。无论如何，德国国务活动家中的狡诈者，糟糕地仿效俾斯麦，声称“条约是纸片”和“必然性无规律”，而德国民族主义者及种族主义者中的狡诈者，在罗马—基督教的欧洲，在宗教改革的欧洲，在法国大革命的欧洲，挖掘出阿尔米乌斯、尼伯龙根人及日耳曼神话，在德国前线的战壕里，他们乐于提及沃丹、瓦尔西里、西格弗里德和哈根的名字。在长期的残酷战争中，从心灵中剔除对真理的任何尊重，所有武士的口吻都是非人道的、利己的和残暴的；其他国务活动家代替起初的国务活动家，或者那些国务活动家改变了立场，全都被仇恨和永不餍足的贪婪的浪潮席卷。如果德国政治家在他们军队赢得局部胜利时，强加无耻的布列斯特—立陶夫斯克和约[①]和布加勒斯特条约[②]，那么协约国的政治家在大战获胜后，不是上升到更高境界，而是用凡尔赛会议与条约交换上述条约：那里人类良知被战胜者的盛大欢庆场面

① 德奥同乌克兰和苏俄分别在1918年2月和3月签订的和约。根据和约，苏俄将失去乌克兰、芬兰及其在波兰和波罗的海沿岸领土。——译者

② 罗马尼亚在第一次世界大战中败于同盟国后被迫接受的条约。根据条约，罗马尼亚把南多布罗加归还保加利亚，给予奥匈帝国控制喀尔巴阡山口权利，向德国出租油田90年。——译者

痛苦地违犯,战胜者把其英勇的流着身经百战的鲜血的对手拖上法庭,高高在上冒充道德法官和正义执行者,强迫他承认自己的罪行,其实他们也有罪,即使他们不情愿说到罪过,当然不是共同的错误,正如我们认为,因此也不需要共同赎罪。各国政治家向本国国民宣布战争时许诺的精神普遍净化,在战争的进程中和结束时,根本没有兑现。

跋

谁要将战争前后政治地理加以比较，就会发现：德意志共和国代替霍亨索伦王朝的德国；奥地利帝国解体，新生的或扩大的民族国家，加上领土缩小的德意志人的奥地利及马扎尔人的匈牙利，代替奥地利帝国；法国重新收复在1870年丧失的省份；意大利将尚未收复的领土合并，还把其边界推进到布伦纳罗；波兰重建；俄国不是沙皇的而是苏维埃的；而美利坚合众国承载不少欧洲政治因素；以及其他所有在领土和力量关系上发生的巨大变化。另一方面，谁若爱好回想以往那个秩序井然、富足、交通繁荣、生活舒适宁静、自信的欧洲；并十分痛苦地观察其后那个贫困、动荡、悲伤、海关壁垒森严的欧洲，以往欧洲各国首都接纳的活跃国际社团现已销声匿迹，每个民族都忧心忡忡、害怕局势恶化，因此对精神事物漠不关心，思想、艺术、文明的正常生活中止或几乎中止；就会在两个欧洲之间"设置"不可逾越的鸿沟，并同1914—1918年战争路线或深渊划清界限。然而，相反那人从外在、次要转向内在，并探寻欧洲精神的激情与行动，很快在思想上恢复两个欧洲之间的连续性和同质性，从表面看仿佛不同，但认真考察，不被表面印象所迷惑，就会在两种面貌中发现相同特征，即使在战后一段时间内特征被激化；就会在改变的政治条件中发现相同立场和相同精神冲突，即使它们被愚笨与迟钝搞得更尖锐，杀戮几百万生灵的战争习惯于暴力，却不习惯于头脑的批判性与建构性的辛勤工作，不习惯作精力集中、严谨细致的练习，战争伴随其大悲剧的严肃效果不能不产生这些现象。

行动主义像以往一样迅猛扩展，甚至更加猛烈；民族主义者和帝国主义者的冲动，使战胜国国民（因为获胜）和战败国国民（因为战败）焦躁不安；新生国家涌现，增添新民族主义和新帝国主义；对自由秩序的不耐烦导致公开或隐蔽的专制，导致到处都想要建立专制。战前作为平静信仰或缺乏信仰的实践的自由，那里即使在体制上未被推翻，也在精神上被推翻，被行动主义的自由意志论代替，结果比以前更加向往战争、革命和破坏，并陷入混乱冲动，关注引人注目却贫乏枯燥的作品，忽视或蔑视用爱、用对过去虔诚的情感、用开辟未来的勇敢力量而专心致志地建构的作品：这样的作品，涉及从心灵到心灵的行动，述说真理之言的沉思，帮助意识到人类在劳动和斗争中艰苦奋斗地创造成果的历史，这是诗歌的诗歌，因此才美。过去曾以社会主义名义，进入政治与国家生活、历史进程中的共产主义，现在以分裂与严厉面貌重新出现，它嘲笑自由主义是天真的道德主义，因此是自由主义尖刻的敌人；这种共产主义和行动主义一样，并且往往和行动主义相混合，它是不结果实的，或者压制思想、宗教、艺术，所有要求为它服务的东西，若不服从，就加以摧毁。它们在判断与理论中再现，仿佛是具有年轻真理的刚刚诞生、朝气蓬勃的观念，其实是历史唯物主义的所有缺陷和衰弱诡辩，对那些诡辩了如指掌者，知道在观念批判及观念史上应思考什么，但那些诡辩显得既新颖又现代，只是由于它们从欧洲转

到俄国，又从俄国重返欧洲，比以往更加简单化和庸俗化，并且在庸俗化、简单化和轻信的时代时来运转。另一方面，曾妄图用非理性主义和神秘主义恢复活力的天主教，接收并不断接收大量心灵脆弱者或思想混乱者或不可靠的精神冒险家。甚至在战前文学中可以听到的悲观主义和衰落之声，现在再次响起，并且西方的没落、甚至人类的没落被不断宣讲，（新哲学家和先知认为）在尝试从兽类上升到人类之后，马上就要重新坠入野蛮生活。

这一切都是事实，不值得否定它，也不需要把它缩小到少数人和这个或那个国家及民族，因为，作为继续的事实，既属于欧洲也属于整个世界。由于是一个事实，应当在精神的发展、在社会与人类的进步中履行某种职责，若不是作为新价值的直接创造者，至少作为使古老价值充满朝气、继续深化和扩展的材料和推动力。只有它的任何职责被将来的历史学家认识并描述，在到达他的终点时，他将面对着我们投身的运动和他将开始的东西；但我们不能认识并描述运动，恰恰因为我们投身其中，我们置于运动并在其中活动，可以观察并理解许多东西，事实上我们在观察和理解，但不是尚未发生的东西，因此也不是提供历史思考的东西。

实际上，对我们每人来说，若不能思考这样的历史，又有什么要紧呢？这关系到：不是通过沉思不能沉思的东西来参与历史，而是应当通过分派给每人的角色、靠良心指引、职责指挥的行动参与。反对梭伦[①]古老告诫的人们，竭力去判断并理解“结束之前”

① 梭伦（约公元前638—前559年），雅典政治家和诗人，传为古希腊“七贤”之一。——译者

的生活，他们在猜想与预见中迷失方向，他们应当警惕在不可能认识的“云雾”中漫步，其实只能启示一个凶残魔鬼，这个魔鬼哄骗他们懒惰的同时，让他们无所事事。

不是“未来的历史”（正如老专题论文作者界定预言那样），而是现在述说的过去的历史，这是作品和行动不可或缺的，它若不被真理之光照耀，就不是这样的历史；从这种必要性，产生对 19 世纪史的沉思，这是我们曾经希望做的，并且希望大家都做的。同现在比较，必须考察，无论如何必须考察今天被接受的或建议或尝试的那些理想，以便发现它们是否具有消除、超越、纠正我们的理想的优点，与此同时由于批判，解除或改变我们的理想，我们的理想经过批判被通过，无论如何，为了更加坚定地确立我们的理想。

先验性真理的、道德及实践规范的理想，以及从天而降的附加政府的理想（由教会描绘的一位牧人在人间行使），今天不能由那种内在思想辩护词充实，在数世纪的进程中，人们发现这类理想中缺乏这种辩护词，这点显而易见，正如在所有就明显事物展开的论战中，再坚持这点似乎令人不快，还要冒显得心胸狭隘的危险。然而，这是本质的一点；在战后数年革新后的教会态度傲慢，由于各国政府遇到困难并因此纷纷忏悔，如果引起愤怒，这件事本身也没有什么重要意义，只是一件众所周知和暂时事件。这里提及一位德国天主教徒最近撰写的文字令我受益匪浅“只是在表面上，在其自然存在的表层上，近期天主教获得收获，但赋予它统一性的伟大观念不再生机勃勃，它从未如此缺乏信心，毫不稳定并被物质的偶然的东西所缠绕”；和最后部分比较，确实要怀疑加入天主教的人

士的素质所能提供给教会的力量。无论如何，驱使精英分子逃亡到或重返天主教（或其他不配尊敬、缺乏持续权威的类似避难所）的精神动因只是一种需要，即在相互抵触和不断改变的情感及观念的吵闹中，需要一种稳固真理和强制规则：面对任何真理的决定性与相对性一体的概念，面对需要不断地批判和自我批判，以使真理伴随发展和革新的生活，每时每刻也在发展和革新，表现出不信任和放弃，软弱和幼稚的恐怖感。然而，一种道德理想不可能符合弱者、丧失信心者和胆小鬼的要求。

同样，道德理想不能适应那些陶醉于为行动而行动的人们的做法，这样被感知、设想和困扰的行动，身后留下对任何令人着迷或能令人着迷事物的厌恶和冷漠，对任何客观劳动的无能。人类已经获得民族主义、帝国主义及类似努力与征服的经验，并已经说过：我发现更加苦涩的不可思议。行动主义还在广泛流行；但在行动主义中，哪里有心灵的平静、信任和生活欢乐呢？在那些人（他们之中的实至名归者）的额头上有着痛苦的印记，因为哪里看不到痛苦，就更为糟糕，只有粗陋和愚蠢。行动主义放任的那些相同过激行为、辩论的激情、其危险的震荡，标志着欧洲和世界所患高烧在不远将来会退去：是高烧而不是理想，即使高烧不想提升到理想。

人们通常说在俄国业已落实并实现的共产主义，根本没有作为共产主义实现，而是以共产主义评论家们为它指示的方式实现，这种方式同其内部矛盾一致，即作为一种专制主义形式，它去除了俄国国民在以前沙俄专制统治下，拥有或争取的不多的思想和自由的喘息。消灭国家，“从必然王国走向自由王国”，这是由马克思

理论化的，不仅没有发生，共产主义没有消灭（它不能消灭，任何人也永远不能）国家，而且具有讽刺意味的是，还建立了不可想象的最为庞大的国家。即使如此，我们不想诽谤俄国革命者走这条道路而不是其他道路的必然性；也不想诋毁在那样的条件下，他们从事并推进的工作的伟大，他们努力使那片土地的富饶生产力更加繁荣，以及从他们各项事业中可汲取的不同教诲；不想诽谤使他们备受鼓舞的神秘主义的热忱（虽然是唯物主义的神秘主义），只有这种神秘主义才能使他们承受巨大负担，并且赋予他们践踏（正如他们所为）宗教、思想与诗，所有因神圣受到崇敬、所有因崇高被热爱的东西的勇气。然而，由于这些，我们想强调指出，虽然他们现在用言论、暴力行动及压制手段断然地否定，但他们没有解决，用那种方式永远不能解决人类社会的根本问题，即自由问题，人类社会只有在自由中才能繁荣昌盛、硕果累累，自由是地球上人类生活的唯一理由，没有自由，生活就不值得被生活：不可消灭问题就在那里，它从事物的核心产生，他们应当在自己使用的相同人类材料中感受到它的骚动，并且想要根据自己的概念塑造它。如果他们在未来处理这一问题，或者他人为他们处理这一问题，将摧毁他们的建筑的唯物主义基础，建筑本身应当以不同方式支撑并进行大改动；正如现在纯粹的共产主义并未实现，在未来同样不会实现。在俄国之外，那种伪共产主义，虽然靠以古老格言“尊严因距离远而更大”表达的附加力量逼近心灵，靠在时空中悠远的魅力，并因此获得具有吸引力的奇异外观，但迄今没有发展或刚一出现就被镇压，在西欧和中欧确实缺少在俄国的两个条件：沙皇传统和神秘主义；于是，12 年前米留可夫的说法似乎并不错：列宁“在俄国的

完美古老专制主义传统的坚实土地上正在建设,但涉及其他国家的那些东西,他是在设计空中楼阁”。若在欧洲其他地方进行这种试验,那么将会发生:那种伪共产主义移植到宗教、文明、文化、习俗、传统不同,总之历史不同的各国,在相同名称和类似外观下,完全变成其他东西;或者要经历时间或长或短的隐痛,自由或人道的萌芽或迟或早从中重新萌发。

因为,这是唯一具有以往天主教才有的稳固性和天主教没有的灵活性的理想,是唯一总要面对未来、不想在特殊偶然形式中终结的理想,是唯一经受住批判并代表人类社会平衡点的理想——在频发的不平衡中,在不断的动荡中,围绕此点不断地恢复平衡。因此,当听到发问——未来是否属于自由,应当回答——自由拥有更好的东西:永恒。虽然今天自由遭到冷落、轻蔑和嘲讽,但存在于我们体制、习俗、思维习惯的方方面面,并发挥着有益的作用。更加珍贵的是,在世界各地存在的许多崇高智慧者,他们分散并孤立,几乎沦为贵族式的小小的文学共和国,他们坚信自由,对自由无上崇敬,用比在未受攻击和怀疑其绝对统治的时期更英勇无畏的爱去追求自由,那时平民聚集在自由周围,并高呼其名,从而使自由的名称沾染上庸俗性,而现在已经克服了这种庸俗性。

并非只有自由活在这些人心中,并非只有自由存在并固守在许多大国体制、基本准则与习俗中,但自由的优越性在其中发挥作用,并持之以恒地披荆斩棘开辟道路:正如主要在那些激励人们的情感和思想中所见,即休战和裁减令人生疑的军备、欧洲各国和平与结盟、各国国民之间目的与努力协调一致的情感与思想,各国国民为了世界的福祉,除拯救它们在世界的经济与政治优势外,还要

拯救它们作为文明创造者和促进者的百年优势，它们投身永不停息事业所获得的才干。在战后形成的许多政治规划中，这是唯一没有迷失方向和销声匿迹的政治规划，甚至一年年地扩大阵地，并且把厌恶它或不相信它或向往却不敢相信它的心灵归向它；抱有如下希望将受益匪浅：此政治规划不要落空，凭借国务家的艺术，各国国民的意愿，经受所有反对，战胜并克服重重障碍，最终得以实现。若世界战争（可能未来的历史学家将认为它把所有民族主义引导至荒谬）因结束战争和约不公正与愚蠢，使某些国家间关系紧张，却在各国国民心灵深处增进沟通，越来越使他们承认：他们的美德与错误、力量与弱点是相同的，他们屈从于相同命运，为相同的爱伤感，被相同的痛苦折磨，为相同的理想遗产而自豪。与此同时，在欧洲各地业已产生一种新意识、一种新民族性（因为，上文指出，民族不是自然产物，而是意识状态和历史形态）；同样，70 年前，一位古老王国的那不勒斯人或一位皮埃蒙特-撒丁王国的皮埃蒙特人，变成了意大利人，并未否定他们以前的存在，反而提升这种存在并在那种新的存在中解决以前存在；同样，法国人、德国人、意大利人和所有其他民族提升到欧洲人，并且他们的思想趋向欧洲，他们的心脏为欧洲跳动，正如以前为较小祖国跳动一样，他们并未忘记以往的祖国，而是更加热爱自己的祖国。

这种欧洲联盟的进程，同民族主义的竞争直接对立，它反对民族主义，并最终把欧洲从民族主义中彻底解放出来，同时它倾向于把欧洲从同民族主义相连的全部心理中解放出来，这种心理支持民族主义并产生类似方式、习惯与行动。假若这件事发生，或者当这件事发生之际，自由的理想将在人们心灵中完全恢复并重新统

治。然而，不能想象恢复这种理想就是恢复以往条件，即当时浪漫主义梦想的回归过去，把这种理想放置在甜蜜、美好的牧歌中。正如那些业已发生的事情，那些不能半途而废而即将发生的事情要发生；古老自由主义的某些基本原理有待不同程度地加以改变，或被其他更合适的基本原理所代替，同以前构成不同的政治领导阶级崛起；过去的经验将产生其他概念，指引不同的愿望。伴随这样的思想与道德立场，将重新提出称作"社会的"问题，虽然它们不是今天才产生的，几百年来思想家和政治家围绕这些问题辛勤工作，在不同时期一次次地加以解决，但在19世纪它们成为引人注目并热忱关切的对象，当时也一次次地尽可能解决，结果极大地改善劳动者条件，改善他们的生活水平，提高他们的司法和道德形象。正如通常被称作"理性化的"经济，现在成为辩论中的首要内容，也不是本质上的新事物；辩论也不应围绕替换个体经济或自由企业经济展开，它们都是人类生活和经济进步本身不可或缺的，只应根据材料、时间、地点和其他情况，围绕分派给前者和后者多大比例展开：这是技术专家和政治家讨论的题目，要由他们一次次地加以解决，以便有利于生产增长和财富分配更平等。然而，如果自由未做好准备并且没有维护这一事业必不可缺的智力与道德的环境，也没有提供司法体制保障（在司法体制下，才能实施），技术专家和政治家就不能履行自己的职责，也不能希望他们不虚假地实施自己的建议。

这里匆忙提及的东西，不是预见，对我们和所有人来说，都要禁止做出预见，只因为预见是空洞无物的，而是指出道德意识及现状观察为那些人描绘的道路，他们关于19世纪事件的指导性概念与解释，同 19 世纪历史中对它们的叙述一致。其他人，思想不同，概念不同，文化质量和气质不同，将会选择其他道路，如果他们用纯洁心灵去做这一切，他们将服从外在指挥，他们同样将为未来做好准备。符合自由思想的历史，不可能（即使在其实践与道德的推论中）由于不同感受与思维者的绝对摒弃和谴责而终结。这种历史只对同它同步思维的人们说：请沿着为你们指引的道路努力工作，每日每时，用你们全部力量，投入你们每个行动；你们让神意行动吧——它比我们每人知道得更多，它和我们一起工作，在我们之中又凌驾于我们之上。类似话语，通常在我们基督教教育和生活中学习并述说的话语，都有自己的位置，正如其他同一起源的话语，在“自由的宗教”中也有自己的位置。

1931 年 12 月

人名译名对照表

Aberdeen, G. H. lord　阿伯丁伯爵
Absburgo, Casa di　哈布斯堡王朝
Alarico　阿拉里克
Alberto di Coburgo　阿尔伯特·科堡亲王
Albrecht, W. E.　阿尔布雷希特
Alessandro Ⅰ　亚历山大一世（俄国沙皇）
Alessandro Ⅱ　亚历山大二世（俄国沙皇）
Alessandro Ⅲ　亚历山大三世（俄国沙皇）
Alfonso Ⅻ　阿方索十二世（西班牙国王）
Alfonso ⅩⅢ　阿方索十三世（西班牙国王）
Allemane, J.　阿莱曼
Amedeo di Savoia　阿梅德奥·迪·萨沃伊（西班牙国王）
Angell, N.　安吉尔
Ardigo, R.　阿尔迪戈
Argenson, R. L.　阿尔让松侯爵
Aristotele　亚里士多德
Arminio　阿米尼乌斯
Attila　阿提拉
Babeuf, F. N.　巴贝夫
Bach (von), A.　巴赫
Bakunin, M.　巴枯宁
Balbo, C.　巴尔博
Balzac (de), H.　巴尔扎克
Bandiera, A.　班迪耶拉兄弟
Bandiera, F.　班迪耶拉兄弟
Barante　巴朗特男爵
Barbes, A.　巴尔贝斯
Barres, M.　巴雷斯
Barrett Browning, E.　巴蕾特·布朗宁
Barrot, O.　巴罗
Bastiat, F.　巴师夏
Batthyany, L.　包贾尼
Baudelaire　波德莱尔
Bebel, A.　倍倍尔
Bacque, H.　贝克
Beecher-Stowe, H.　比彻尔·斯托
Bentham, J.　边沁
Berchet, G.　贝尔盖特
Bernetti, T.　贝尔奈蒂（红衣主教）
Bernhardi (von), F.　伯恩哈迪
Bernstein, E.　伯恩施坦

Berry, duchessa di　贝里公爵夫人
Bismark (von), O.　俾斯麦
Björnson, B.　比昂松
Blanc, L.　路易·勃朗
Blanqui, L. A.　布朗基
Blücher (von), G. L.　布吕歇尔
Blum, R.　布鲁姆
Bluntschili, J. K.　布伦齐利
Bonald (de), L. G.　博纳尔
Bonaparte, Gerolamo Napoleone　波拿巴，热罗姆
Bonaparte Luigi　波拿巴，路易（拿破仑三世）
Bonaparte Giuseppe　波拿巴，约瑟夫（那不勒斯国王）
Borboni di Francia　波旁王朝（法国）
Borboni di Napoli　波旁王朝（那不勒斯）
Borboni di Parma　波旁王朝（帕尔马）
Borgia, famiglia　博尔吉亚家族
Borne, L.　博尔内
Boulanger, G. E.　布朗热
Bourmont, L.　布尔蒙
Bravo Murillo, J.　布拉沃·穆利洛
Briand, A.　白里安
Bright, J.　布赖特
Broglie (de), A.　A. 布罗伊
Broglie (de), J. V.　J. V. 布罗伊
Broglie (de), duchessa　布罗伊公爵夫人
Brouckere, H. (de)　布罗盖雷
Bryce, J.　布赖斯
Buchez, Ph.　布赫兹
Bulow (von), B.　比洛亲王
Buonarroti, F.　博纳罗蒂
Byron, G.　拜伦

Cabet, E.　卡贝
Calvino　卡尔维诺
Canning, G.　坎宁
Canovas del Castillo, A.　卡诺瓦斯·德尔·卡斯蒂略
Capece Minutolo, A.　卡佩切·米努托洛（卡诺萨亲王）
Capponi, G.　卡波尼
Caracciolo, D.　卡拉乔洛
Carducci, G.　卡尔杜齐
Carlo Ⅰ　查理一世（英国国王）
Carlo Ⅴ　查理五世（神圣罗马帝国皇帝）
Carlo Ⅹ　查理十世（法国国王）
Carlo Alberto　卡尔洛·阿尔贝托（撒丁-皮埃蒙特王国国王）
Carlo Felice　卡尔洛·费利切（撒丁国王）
Carlocs di Borbone (don)　卡洛斯（波旁的）
Carlyle, T.　卡莱尔
Carrel, A.　卡雷尔
Cartesio　笛卡儿
Castlereagh, R. S.　卡斯尔雷子爵
Catone　加图
Cavaignac, L.　卡芬雅克
Cavour (di), C.　加富尔
Chambord, H.　尚博尔伯爵
Chateaubriand (de), F. R.　夏多布

Foy, M.　富瓦（将军）
Francesco Ⅰ　弗朗西斯一世（两西西里王国国王）
Francesco Ⅱ　弗朗西斯二世（两西西里王国国王）
Francesco Giuseppe　弗朗西斯·约瑟夫（奥地利皇帝）

Gagern, H.　加格恩
Galeotti, L.　伽莱奥蒂
Galileo　伽利略
Gambetta, L.　甘必大
Garibaldi, G.　加里波第
Gaskell, E.　盖斯凯尔夫人
George, H.　乔治，亨利
Gervinus, G. G.　格维努斯
Gesu　耶稣
Giannone, P.　加诺内
Gioacchino da Fiore　约雅敬
Gioacchino Murat　穆拉特（那不勒斯王国国王）
Gioberti, V.　焦贝尔蒂
Giolitti, G.　焦利蒂
Giovanni da Leida　乔万尼·达·莱达
Giulio Cesare　恺撒
Giuseppe Ⅱ　约瑟夫二世
Giusti, G.　朱斯蒂
Gladstone, W.　格莱斯顿
Gneist, R.　格奈斯特
Gobineau (de), A.　戈宾诺
Goethe, W.　歌德
Goltz (von der), C.　戈尔茨
Goncourt, E. e J.　贡古尔兄弟
Gorciakov, A.　戈尔恰科夫
Gorres, J.　格雷斯
Gregorio Ⅶ　格列高利七世（教皇）
Gregorio ⅩⅥ　格列高利十六世（教皇）
Grevy, J.　格雷维
Grillparzer, F.　格里尔帕策
Grimm, J. e W.　格林兄弟
Grote, G.　格罗特
Guerrazzi, F. D.　古埃拉齐
Guesde, J.　盖德
Guglielmo　威廉（普鲁士王储）
Gugielmo Ⅰ　威廉一世（普鲁士国王，德意志皇帝）
Guglielmo Ⅱ　威廉二世（普鲁士国王，德意志皇帝）
Guglielmo Ⅳ　威廉四世（英国国王）
Guizot, F.　基佐
Gunther, A.　根特尔

Hallam, H.　哈勒姆
Haller (von), A.　哈勒
Haynau (von), J.　海瑙
Hegel, G. W. F.　黑格尔
Heine, H.　海涅
Herder, J. G.　赫尔德
Herzen, A.　赫尔岑
Hirzel, M.　希泽尔
Hohenlohe-Schillingsfurst, C.　霍恩洛厄-希灵斯菲斯特
Hohenzollern, dinastia　霍亨索伦王朝
Hohenzollern-Sigmaringen　霍亨索

伦-西格马林根王朝
Hood,T.　胡德
Hugo,V.　雨果
Hyndman,H. M.　海因德曼

Innocenzo Ⅲ　英诺森三世(教皇)
Isabella Ⅱ　伊莎贝拉二世(西班牙女王)

Jaures,J.　饶勒斯
Jellinek,G.　耶利内克
Jordan,C.　乔丹

Kant,I.　康德
Kingsley,C.　金斯利
Kossuth,L.　科苏特
Kruger,S.　克鲁格

Laband,P.　拉班德
Labriopla,Antonio　拉布里奥拉,安东尼奥
Lacordaire,J. B. H.　拉科代尔
Lafargue,P.　拉法格
La Farina,P.　拉法利纳
Lafayette,J. P.　拉斐特
Lamarck,J. B.　拉马克
Lamarque,M.　拉马(将军)
Lamartine (de),A.　拉马丁
Lambruschini,R.　兰布鲁斯基尼
Lamennais(de),F.　拉梅内
Lamoriciere (de),C.　拉摩里西尔
Lassalle,F.　拉萨尔
Lavigerie,C. M.　拉维日里(红衣主教)
Ledru-Rollin,A.　赖德律-洛兰
Lenin,N.　列宁
Leonardo da Vinci　列奥纳多·达·芬奇
Leone Ⅻ　利奥十二世(教皇)
Leone ⅩⅢ　利奥十三世(教皇)
Leonida　莱奥尼达斯
Leopardi,G. G.　莱奥帕尔迪
Leopardi,M. M.　莱奥帕尔迪
Leopoldo di Baden　列奥波德大公(巴登的)
Leopoldo Ⅱ　列奥波德二世(比利时国王)
Leppoldo Ⅱ　列奥波德二世(托斯卡纳大公)
Leroux,P.　勒鲁
Lessing,G. E.　莱辛
Lezay (de),A.　莱萨伊
Liebknecht,k.　李卜克内西,卡尔
Liebkneicht,W.　李卜克内西,威廉
Lincoln,A.　林肯
Lorena,Casa di　洛雷纳家族
Loris-Melikov,M.　洛里斯-梅利柯夫
Loubet,E.　卢贝
Luigi Ⅰ　路易一世(巴伐利亚国王)
Luigi ⅩⅢ　路易十三(法国国王)
Luigi ⅩⅣ　路易十四(法国国王)
Luigi ⅩⅤ　路易十五(法国国王)
Luigi ⅩⅥ　路易十六(法国国王)
Luigi ⅩⅧ　路易十八(法国国王)
Luigi Filippo　路易-菲力普(法国人的国王)

Lutero　路德

Macaulay, T.　麦考利
Machiavelli, N.　马基雅维利
Mac-Mahon (de), M.　麦克马洪（伯爵）
Maistre (de), J.　迈斯特尔
Malthus, T.　马尔萨斯
Manin, D.　马宁
Manteuffel, O.　曼陀菲尔
Manzoni, A.　曼佐尼
Marat, J. P.　马拉
Maria　马利亚（葡萄牙女王）
Maria Cristina　马利亚·克里斯蒂娜（西班牙女王）
Martignac (de), J. B.　马蒂尼亚克
Marx, K.　马克思
Massimiliano Ⅱ　马克西米连二世（巴伐利亚国王）
Mastai-Ferretti, Giovanni　马斯代-费雷蒂，乔万尼（庇护九世教皇）
Mazzini, G.　马志尼
Melbourne, W.　梅尔本（子爵）
Menzel, W.　门采尔
Metastasio, P.　梅塔斯塔齐奥
Metternich, K.　梅特涅
Michelet, J.　米什莱
Mignet, F. A.　米涅
Miguel (don)　米格尔（葡萄牙国王）
Miljukov, P.　米留可夫
Millerand, A.　米勒兰
Milton, J.　弥尔顿
Mohamed Ali　穆罕默德·阿里
Mole, L. M.　莫莱伯爵
Moltke (von), H.　莫尔特克
Montalembert (de), C.　蒙塔朗贝尔（伯爵）
Montanelli, G.　蒙塔内里
Monti, V.　蒙蒂，文琴佐
Montlosier, F. D.　蒙洛西耶
Morny, C. A.　莫尔尼公爵
Moro, T.　莫尔，托马斯
Muller, J.　米勒
Munzer, T.　蒙策尔
Murat, L.　缪拉

Napoleone Ⅰ　拿破仑一世（皇帝）
Napoleone Ⅲ　拿破仑三世（皇帝）
Narvaez, R.　纳瓦埃斯
Niccolini, G. B.　尼科利尼
Nicola Ⅰ　尼古拉一世（俄国沙皇）
Nicola Ⅱ　尼古拉二世（俄国沙皇）
Niebuhr, B. G.　尼布尔
Nietzsche, F.　尼采
Nisard, D.　尼扎尔

Obrenovic, dinastia　奥布廉诺维奇（王朝）
O'Brien, W.　奥布赖恩
O'Connell, D.　奥康奈尔
Ollivier, E.　奥利维耶
Orleans, Casa di　奥尔良王室
Orsini, F.　奥尔西尼
Ottone Ⅰ　奥托一世（希腊国王）
Ottoni, imperatori　奥托（诸皇帝）
Otway　奥特韦（英国政治家）
Owen, R.　欧文

Schwarzenberg,F.　施瓦岑贝格
Sclopis,F.　施洛毕斯
Scott,W.　司各特
Serre (de),P.　塞雷
Settembrini,L.　塞滕布里尼
Shakespeare,W.　莎士比亚
Shelley,P. B.　雪莱
Siebenpfeifer,P. J.　西本斐斐尔
Simon,J.　西蒙
Sismondi (de),J. C. L.　西斯蒙第
Socrate　苏格拉底
Solone　梭伦
Spaventa,S.　斯帕文塔
Spencer,H.　斯宾塞
Stael,madame de,　斯塔尔夫人
Stahl,F. J.　施塔尔
Stein,L.　施泰因,洛仑兹·迪
Stendhal (Henry Beyle)　司汤达
Stirner,M.　施蒂纳
Stolypin,P.　斯托雷平
Stresemann,G.　斯特莱斯曼
Stuart,dinastia,　斯图亚特王朝
Stuart Mill,J.　斯图亚特·穆勒
Sue,E.　欧仁·苏
Svevi,imperatori,　斯瓦比亚(诸皇帝)

Taaffe(von),E.　塔费伯爵
Tacito　塔西陀
Taine,H.　泰纳
Tanucci,B.　塔努契
Techow,G. A.　泰硕沃
Teodora,imperatrice,　狄奥多拉皇后
Thaon de Revel,O.　塔翁·迪·雷韦尔
Thierry,Aug.　梯叶里,奥古斯丁
Thierry,Am.　梯叶里,阿梅德奥
Thiers,A.　梯也尔
Tirpitz (von),A.　提尔皮茨
Tocqueville(de),A.　托克维尔
Tolstoi,L.　托尔斯泰
Tommaseo,N.　托马塞奥
Tosti,L.　托斯蒂
Treitschke,H.　特赖奇克
Troya,C.　特罗亚
Turghenjev,I.　屠格涅夫

Veuillot,L.　维伊奥
Vico,G. B.　维科
Villele (de),J. B.　维莱尔伯爵
Villemain,A. F.　维莱曼
Vittoria,regina d'Inghilterra　维多利亚(英国女王)
Vittorio Emanuele Ⅰ　维托里奥·埃马努埃莱一世(撒丁王国国王)
Vittorio Emanuele Ⅱ　维托里奥·埃马努埃莱二世(意大利王国国王)
Viviani,R.　维韦阿尼
Voltaire　伏尔泰

Waldeck-Rousseau,P.　瓦尔德克-卢梭
Washington,G.　华盛顿
Weber,M. M.　韦伯
Weber,W. E. W. E.　韦伯
Weitling,W.　魏特林

克罗齐生平著作年表

1866 年

2 月 25 日，贝内德托·克罗齐(Benedetto Croce)出生在阿奎拉的贝斯卡塞罗里的名门望族。祖父贝内德托·克罗齐是那不勒斯大学法律系毕业生，后任波旁王朝大法官。父亲帕斯夸莱·克罗齐是个富有的资产者。母亲路易莎·希帕莉是个很有文化教养的妇女。克罗齐受家庭、尤其是母亲的影响很大。后来他回忆道："我的家庭为我树立了和睦、井井有条和勤劳不懈的榜样：父亲整日关在书房里，处理着公文；母亲起得最早，天刚破晓就东奔西忙，帮女仆料理家务。"

1875—1883 年

入那不勒斯"上帝之爱"公学学习。在整个童年时代，表现出重视和酷爱历史和文学的倾向。在公学的最后三年，其宗教信仰发生动摇；像患了脏病，在家注意掩饰，对朋友耻于启口。上高中时，就到那不勒斯大学听堂叔贝尔特兰多·斯帕文塔讲授的黑格尔逻辑学。1882 年 9—11 月，撰写文学批评文章，发表在《意见》杂志文学副刊上。此时，反复阅读意大利文学批评家德·桑克蒂斯和诗人卡尔杜齐的作品。

1883 年 7 月 28 日，正值他同家人在伊斯基亚岛上度假，突发的地震夺去双亲和姐姐的生命。他被埋于瓦砾之中，受了重伤。这场灾难之后，移居罗马堂叔西尔维奥·斯帕文塔(著名自由派政治家)家，堂叔成了克罗齐及弟弟的监护人。

1883 年

罗马居住前期，是其一生最痛苦、灰黯的时期。失去亲人、前途未卜、郁郁寡欢，使他对生活失去信心，常常夜晚蒙头大睡，清晨不起，甚至萌生过自杀的念头。其后克服了精神危机，到罗马大学法律系学习。

1884 年

1—2 月，结识罗马大学教授安东尼奥·拉布里奥拉。他对拉布里奥拉讲授的赫尔巴特伦理学十分感兴趣："那些课程以理性形式恢复了对生活的信心，对生活目的和责任的信仰"。他在罗马大学并不专注听课，也不参加考试，而是经常去图书馆博览群书，研究自己喜欢的题目。

1886 年

移居那不勒斯。开始出入文艺沙龙。

1887—1892 年

赴德、奥、法、荷、西、葡六国考察。开始从事历史研究。1892 年完成《1799 年那不勒斯革命》、《那不勒斯的历史与传说》、《巴罗克时代的意大利》、《从文艺复兴至十八世纪末那不勒斯戏剧》等著作。

1892 年

4 月，在《那不勒斯邮报》编辑部结识诗人卡尔杜齐。首次也是唯一一次会见作家邓南遮。

1893 年

论文《艺术普遍概念下的历史》发表。

1895 年

论文《文学批评及其在意大利的条件》、《关于文学批评》发表。拉布里奥拉将《论〈共产党宣言〉》手稿寄给他，他自费出版该书。中止历史研究，致力于经济学研究。为索列尔主编的《社会变化》杂志撰写系列论文，阐述对马克思主义的理解。

1896 年

5 月 3 日，在彭塔亚纳学院宣读论文《论历史唯物主义的科学形式》。社会党机关报《前进报》创刊，在赞助者名单上列有克罗齐。在反实证主义的斗争中，结识比萨师范学院学生金蒂莱，并开始合作关系。

1897 年

发表论文《对一些马克思主义概念的解释与批判》。参加关于“马克思主义危机”的辩论，批判“马克思的历史概念与经济概念”。

1898 年

8 月，致函帕累托谴责米兰法庭对社会党领袖屠拉蒂及其他社会党人的起诉。其后，在复活节期间，给屠拉蒂寄贺卡，被当局扣押，为此在那不勒斯《晨报》上刊登抗议书。

1899 年

在佩鲁贾结识德国语文学家卡尔·沃斯勒。

1900 年

在彭塔亚纳学院学报上发表论文《作为表现科学和普通语言学的美学的基本论点》。

1901 年

结识普利亚年轻的出版家拉泰尔扎。担任那不勒斯市政府公共教育专员。

1902 年

4 月,《作为表现科学和普通语言学的美学》(《精神哲学》第一卷出版)。

11 月,宣布创办文史哲杂志《批判》。

1903 年

1 月 20 日,《批判》杂志创刊。确定办刊宗旨,首先介绍意大利近代文化成果,由金蒂莱研究 1850 年以后的意大利哲学史,由克罗齐研究同期的文学史。在《批判》杂志编辑部的勤奋工作,使他心境平和、精神愉快。同时还积极从事政治活动,担任人民陪审员。他在致友人的信中说:“当你面对着贫困与人的腐败,当你因自己的言辞而将人判以重刑,你就能理解托尔斯泰。而当你看到一个个证人登场亮相,倾听一个个律师慷慨激昂的辩护词时,就会像维科一样,不再相信历史的真实性。”

1905 年

4 月,在彭塔亚纳学院学报上发表《作为纯概念科学的逻辑学概要》。

1906 年

随着《批判》杂志的发行,克罗齐重视对欧洲哲学思潮的介绍和本国文化遗产的挖掘。先后编辑出版四套丛书:《现代文化书库》、《现代哲学经典》、《意大利作家丛书》和《外国作家丛书》。克罗齐的《黑格尔哲学中的活东西和死东西》出版。

1907 年

翻译并出版黑格尔的《哲学全书》。在彭塔亚纳学院学报发表《将法哲学复归经济哲学》。文德尔班邀请克罗齐参加哲学大会。

1908 年

参加在海德堡召开的哲学大会,宣读报告《艺术直觉的抒情性》。《作为表现科学和普通语言学的美学》修订版出版，删除自然主义和康德主义的残余影响。《实践哲学—经济学与伦理学》(《精神哲学》第三卷)出版。

1909 年

《作为纯概念科学的逻辑学》(《精神哲学》第二卷)出版，这是论文《作为纯概念科学的逻辑学概要》的扩展与深化。发表小册子《金蒂莱事件与意大利大学的耻辱》，抗议那不勒斯大学拒绝让金蒂莱任哲学史教授。

1910 年

1 月 26 日，任意大利王国参议员。

1911 年

专著《维科的哲学》和《十七世纪意大利文学论丛》出版。

1912 年

在彭塔亚纳学院学报上发表关于历史理论的首批论文。

1913 年

《美学纲要》出版。多年的生活伴侣安杰莉卡去世，克罗齐十分悲痛，他在致友人的信中说："请允许我思念她，她是那么善良；思念她，在这痛苦的时刻：我肝肠寸断、寝食不安。我们不能仅靠对人与物的爱活着，我们应相爱并结合，但要准备好不因分离而跌倒。为了不跌倒，只有弘扬自身的人生责任感。否则还会有什么呢？可耻的自杀和卑劣的癫狂。"在《呼声》杂志上发表《哲学家朋友间的争论》，将同金蒂莱的分歧公开化。

1914 年

3 月 7 日，同罗希结婚。她是位都灵大学生，1913 年为准备毕业论文来那不勒斯请克罗齐指导。他们育有一男四女(男孩因患肺炎在襁褓中夭折)。

1914—1915 年

在关于第一次世界大战意大利是否参战的争论中,站在“中立主义者”一边,反对“干涉主义者”。

1915 年

《历史学的理论和历史》(《精神哲学》第四卷)用德文出版。长篇论文《自我评论》发表。《批判》杂志开始连载《伦理学拾零》。

1915—1918 年

在第一次世界大战期间撰写的文章,以《战争书稿》集册。

1917 年

《历史学的理论和历史》意文版印行。

1919 年

《爱国者家庭及其他》出版。

1920 年

《阿里奥斯托· 莎士比亚· 高乃依》出版。6 月,在第五届焦利蒂内阁中任教育大臣。他对这一任职“并未感到不悦”:“我仿佛在服迟到的兵役,部分弥补战争期间我过于舒适的条件,即使未享受”;“公共事务令人生畏,因为它不仅属于祖国,而且属于整个世界”。作为大臣,对教改方案持怀疑态度。

1921 年

5 月大选后,焦利蒂内阁倒台。克罗齐返回那不勒斯,重搞学术。

1922 年

《但丁的诗》和《伦理学拾零》出版。开始，对法西斯主义持观望态度，甚至抱有幻想："当时仿佛有一股新的年轻的力量投入意大利政治生活，给被长期战争搞得贫乏衰竭的政治阶级注入新的血液。当时鲜为人知的墨索里尼，被描述成一个暴烈的平民，但又是一位大公无私的爱国志士"。法西斯掌权后，拒绝担任任何公职。

1923 年

最初几月，在那不勒斯《晨报》上声明"我的思想与伦理存在都源于民族复兴运动的自由传统"。

1924 年

社会党议员马泰奥蒂被暗杀，阿文蒂诺抵抗议会成立后，力劝反对派领袖阿门多拉重返议会。当墨索里尼声言"要恢复宪法准则"后，克罗齐在参议院对政府投信任票。主要是他误以为墨索里尼对暗杀马泰奥蒂不负责任，轻信法西斯党魁要恢复宪法权威的谎言。另外怕分裂激怒法西斯，造成对自由的危险。克罗齐加入自由党，参加党代表大会，会上呼吁立法自由。《政治概要》出版。

1925 年

1 月 3 日法西斯政变后，墨索里尼实行恐怖政策。5 月 1 日，应阿门多拉之邀，撰写《反法西斯知识分子宣言》，并征集数百知识界著名人士签名，在《世界报》和其他大报上发表。6 月 28 日，在自由党代表大会上发言："我们不应对斗争结果和可能尽快胜利抱有幻想，而应守住阵地并战斗不懈。"11 月 20 日，在参议院投票通过反共济会法时弃权。《那不勒斯王国史》出版。

1926 年

克罗齐被取消所任一切官方学术机构头衔。秘密警察监视克罗齐，官方媒体声讨克罗齐，11 月 1 日晚，法西斯匪徒闯入克罗齐住所捣乱。这一暴行遭到国际舆论一致谴责。

1927 年

《旧意大利的人与物》出版。

1928 年

《1871—1915 年意大利史》印行三版，大获成功，招致官方舆论的恶毒攻击。《美学精要》和《政治生活的道德性》出版。

1929 年

《意大利巴罗克时代的历史》和《理想的国家与教会及它们在历史上的持续斗争》出版。5 月 24 日，在参议院辩论时反对法西斯政权同梵蒂冈缔结拉特兰条约。墨索里尼辱骂克罗齐是“历史上的逃兵”。

1930 年

在法西斯统治年代到国外旅行，先后去柏林、巴黎、伦敦、比利时和瑞士等地，会见反法西斯文化名人。这年在牛津会见苏联美学家卢那察尔斯基。

1931 年

在德国旅行期间，同托马斯·曼和爱因斯坦建立友谊。游览意大利中北部文化名城。《伦理与政治》和《十七世纪意大利文学新论丛》出版。

1932 年

题献给托马斯·曼的《十九世纪欧洲史》出版。

1933 年

论文《民间诗与艺术诗》和专著《十四至十六世纪意大利诗歌研究》出版。

1935 年

《近期论文》和《文明史和文学史的差异》出版。

1936 年

《诗歌》、《诗和文学的批评及历史的导言》、《冒险、信仰、激情的生活》出版。

1938 年

《作为思想和行动的历史》出版，这是继《历史学的理论和历史》之后又一部关于历史学理论的力作。

1941 年

《现代哲学的特征》、《古代诗与现代诗》出版。

1942 年

《各种文学趣闻》出版。

1943 年

建议重建意大利自由党。9 月 22 日，向美军杜诺万将军建议组建意大利志愿军，协同英美联军作战。10 月 14 日，应杜诺万将军之邀，起草征集志愿军宣言。积极主张废黜国王，让王室成员流亡国外。

1944 年

1 月，参加在巴里召开的解放委员会第一次代表大会，并作《在世界

初版译后记

《十九世纪欧洲史》是克罗齐的一部史学力作，翻译它为我提供了一次学习欧洲史的极好机会；反过来，学习又使翻译工作受益匪浅。这里，要特别指出的是，专名（包括人名、地名、机构名、组织名、运动名等）的译法，主要参照中国社会科学出版社的《新编剑桥世界近代史》和人民出版社的“国别史系列”。即便如此，由于我没有专门研究过欧洲史，仍难免有错译和疏漏之处，切望读者和专家指正。

在译稿即将付印之际，我要感谢王焕生、张伯霖、李理和鲁旭东诸位朋友，是他们帮助我排除拉丁文、法文、德文和英文的障碍。

我也不会忘记，去年 11 月我在乌尔比诺大学和意大利哲学研究所（那不勒斯）从事短期研究时，洛苏尔多（Domenico Losurdo）教授和加尔加诺（Antonio Gargano）教授对我的帮助。尤其是洛苏尔多教授及其两名助手，就克罗齐历史观和史学理论，同我专门讨论两次，从而保障“译序”的顺利完成。

最后，我想就《十九世纪欧洲史》补充两点意见。一、克罗齐在书中批判德皇威廉二世美化侵华战争，一针见血地指出“八国联军烧杀抢掠无恶不作”。二、克罗齐在“跋”中，对 1915 年后至 1931 年的欧洲历史做出概括性总结，并对历史远景做了前瞻性描述（他本人反对使用“预见”这个概念)。这就不能回避法西斯主义和共产主义两大运动。作为文化界反法西斯主义旗手的克罗齐,在本书中未能直接点名批判法西斯主义,应视为当时意大利政治形势所迫。但读者可透过克罗齐对“行动主义”的批判,了解他对法西斯主义的态度。对于共产主义,一方面,克罗齐肯定作为社会思潮的历史必然性和优越性,肯定俄国共产主义运动的历史必然性和取得的伟大成就;但另一方面,他否定作为政治制度的共产主义,并认为纯粹共产主义不可能实现。这既反映了克罗齐的阶级局限性——他是资产阶级的自由主义思想家,也反映了时代的局限性——当时只有苏联模式的共产主义(意大利共产党总书记、杰出的马克思主义理论家葛兰西,在20世纪30年代也深刻洞察苏联政治制度的弊病)。总之,希望读者在阅读时注意到这一点:作为思想家的克罗齐,对共产主义的看法远胜过资产阶级政客;但作为自由主义思想家,又不能避免资产阶级的局限性。

田时纲

2005年6月30日,北京南方庄田舍

修订版附记

2005 年 8 月，克罗齐的史学代表作《十九世纪欧洲史》中译本出版，受到读者欢迎（现已告罄），《中国新闻周刊》刊登介绍文章。同年 10 月，我应邀携书赴那不勒斯，参加在意大利哲学研究所举办的新书发布会；那不勒斯市长出席，意大利总统钱皮发来贺信。

2009 年、2010 年，该书先后荣获中国社会科学院哲学研究所和中国社会科学院的优秀科研成果奖。

感谢商务印书馆为我提供修订再版机会。此版，修改译文若干处，还纠正一些错别字。

田时纲

2013 年 3 月 12 日

图书在版编目(CIP)数据

十九世纪欧洲史/(意)克罗齐著;田时纲译. —北京:商务印书馆,2017
(汉译世界学术名著丛书:120年纪念版:珍藏本)
ISBN 978-7-100-14275-5

Ⅰ. ①十… Ⅱ. ①克… ②田… Ⅲ. ①欧洲—近代史—19世纪 Ⅳ. ①K504

中国版本图书馆CIP数据核字(2017)第140238号

汉译世界学术名著丛书
(120年纪念版·珍藏本)
十九世纪欧洲史
〔意〕克罗齐 著
田时纲 译

商 务 印 书 馆 出 版
(北京王府井大街36号 邮政编码100710)
商 务 印 书 馆 发 行
北京中科印刷有限公司印刷
ISBN 978-7-100-14275-5

2017年12月第1版 开本710×1000 1/16
2017年12月北京第1次印刷 印张20½
定价:98.00元